Molière

L'Avare
Comédie en cinq actes

Der Geizige
Komödie in fünf Aufzügen

Französisch / Deutsch

Übersetzt und herausgegeben
von Hartmut Stenzel

AF186009

Reclam

Der französische Text folgt der Ausgabe: Molière. Œuvres complètes. Bd. 2. Hrsg. von Georges Couton. Paris: Gallimard, 1972. (Bibliothèque de la Pléiade. 9.)

RECLAMS UNIVERSAL-BIBLIOTHEK Nr. 8040
1984 Philipp Reclam jun. GmbH & Co. KG,
Siemensstraße 32, 71254 Ditzingen
info@reclam.de

Die Aufführungs- und Senderechte für Bühne, Hörfunk, Film und Fernsehen vergibt der Verlag Felix Bloch Erben, Hardenbergstraße 6, 10623 Berlin

Druck und Bindung: Esser printSolutions GmbH, Untere Sonnenstraße 5, 84030 Ergolding
Printed in Germany 2025
RECLAM, UNIVERSAL-BIBLIOTHEK und
RECLAMS UNIVERSAL-BIBLIOTHEK sind eingetragene Marken der Philipp Reclam jun. GmbH & Co. KG, Stuttgart
ISBN 978-3-15-008040-5
reclam.de

Acteurs

HARPAGON, *père de Cléante et d'Élise, et amoureux de Mariane*

CLÉANTE, *fils d'Harpagon, amant de Mariane*

ÉLISE, *fille d'Harpagon, amante de Valère*   5

VALÈRE, *fils d'Anselme, et amant d'Élise*

MARIANE, *amante de Cléante, et aimée d'Harpagon*

ANSELME, *père de Valère et de Mariane*

FROSINE, *femme d'intrigue*

MAÎTRE SIMON, *courtier*   10

MAÎTRE JACQUES, *cuisinier et cocher d'Harpagon*

LA FLÈCHE, *valet de Cléante*

DAME CLAUDE, *servante d'Harpagon*

BRINDAVOINE ⎱
LA MERLUCHE ⎰ *laquais d'Harpagon*   15

LE COMMISSAIRE *et son* CLERC

La scène est à Paris.

L'Avare

Der Geizige

Personen

HARPAGON, *Cléantes und Élises Vater, verliebt in Mariane*
CLÉANTE, *Harpagons Sohn, Geliebter der Mariane*
ÉLISE, *Harpagons Tochter, Geliebte des Valère*
VALÈRE, *Anselmes Sohn, Geliebter der Élise*
MARIANE, *Cléantes Geliebte, von Harpagon geliebt*
ANSELME, *Valères und Marianes Vater*
FROSINE, *Heiratsvermittlerin*
MEISTER SIMON, *Geldvermittler*
MEISTER JACQUES, *Koch und Kutscher Harpagons*
LA FLÈCHE, *Diener Cléantes*
FRAU CLAUDE, *Magd Harpagons*
BRINDAVOINE } *Lakaien Harpagons*
LA MERLUCHE
DER POLIZEIBEAMTE *und sein* SCHREIBER

Ort der Handlung ist Paris.

Acte Premier

Scène I

Valère. Élise.

VALÈRE. Hé quoi? charmante Élise, vous devenez mélancolique, après les obligeantes assurances que vous avez eu la bonté de me donner de votre foi? Je vous vois soupirer, hélas! au milieu de ma joie! Est-ce du regret, dites-moi, de m'avoir fait heureux, et vous repentez-vous de cet engagement où mes feux ont pu vous contraindre?

ÉLISE. Non, Valère, je ne puis pas me repentir de tout ce que je fais pour vous. Je m'y sens entraîner par une trop douce puissance, et je n'ai pas même la force de souhaiter que les choses ne fussent pas. Mais, à vous dire vrai, le succès me donne de l'inquiétude; et je crains fort de vous aimer un peu plus que je ne devrais.

VALÈRE. Hé! que pouvez-vous craindre, Élise, dans les bontés que vous avez pour moi?

ÉLISE. Hélas! cent choses à la fois: l'emportement d'un père, les reproches d'une famille, les censures du monde; mais plus que tout, Valère, le changement de votre cœur, et cette froideur criminelle dont ceux de votre sexe payent le plus souvent les témoignages trop ardents d'une innocente amour.

VALÈRE. Ah! ne me faites pas ce tort, de juger de moi par les autres. Soupçonnez-moi de tout, Élise, plutôt que de manquer à ce que je vous dois: je vous aime trop pour cela, et mon amour pour vous durera autant que ma vie.

ÉLISE. Ah! Valère, chacun tient les mêmes discours. Tous les hommes sont semblables par les paroles; et ce n'est que les actions qui les découvrent différents.

Erster Aufzug

Erster Auftritt

Valère. Élise.

VALÈRE. Wie denn, reizende Élise, Ihr werdet trübsinnig, nachdem Ihr die Güte hattet, mich Eurer Liebe durch so bindende Zusagen zu versichern? Ach, Ihr seufzt, während ich voller Freude bin! Bedauert Ihr etwa, mich so glücklich gemacht zu haben, und bereut Ihr vielleicht das Versprechen, das meine Liebe Euch abzuringen vermochte?

ÉLISE. Nein, Valère, ich vermag nicht zu bereuen, was ich für Euch getan habe. Eine allzu süße Macht hat mich dazu gezwungen, und ich habe nicht einmal mehr die Kraft, zu wünschen, es wäre anders. Doch, um Euch die Wahrheit zu sagen, das Ergebnis beunruhigt mich, und ich befürchte, Euch ein wenig mehr zu lieben, als ich eigentlich sollte.

VALÈRE. Ach, Élise, was könnt Ihr denn bei all Eurer Zuneigung zu mir befürchten?

ÉLISE. Ach, leider hunderterlei zugleich: den Zorn eines Vaters, die Vorwürfe einer Familie, die Kritik der guten Gesellschaft; vor allem aber, Valère, die Wandelbarkeit Eures Herzens, jene ruchlose Kälte, mit der die Vertreter Eures Geschlechts so oft die allzu glühenden Bekundungen einer unschuldigen Zuneigung belohnen.

VALÈRE. Tut mir nicht das Unrecht an, mich nach den andern zu beurteilen. Traut mir alles zu, Élise, nur das nicht, daß ich jemals vergesse, was ich Euch schuldig bin: dafür liebe ich Euch zu sehr, und meine Liebe zu Euch wird dauern, solange ich lebe.

ÉLISE. Ach, Valère, das sagt ein jeder. In ihren Worten sind sich alle Männer gleich, erst ihre Taten zeigen, wie verschieden sie sind.

VALÈRE. Puisque les seules actions font connaître ce que
nous sommes, attendez donc au moins à juger de mon
cœur par elles, et ne me cherchez point des crimes dans
les injustes craintes d'une fâcheuse prévoyance. Ne m'as-
sassinez point, je vous prie, par les sensibles coups d'un   5
soupçon outrageux, et donnez-moi le temps de vous
convaincre, par mille et mille preuves, de l'honnêteté de
mes feux.

ÉLISE. Hélas! qu'avec facilité on se laisse persuader par les
personnes que l'on aime! Oui, Valère, je tiens votre cœur   10
incapable de m'abuser. Je crois que vous m'aimez d'un
véritable amour, et que vous me serez fidèle; je n'en veux
point du tout douter, et je retranche mon chagrin aux
appréhensions du blâme qu'on pourra me donner.

VALÈRE. Mais pourquoi cette inquiétude?   15

ÉLISE. Je n'aurais rien à craindre, si tout le monde vous
voyait des yeux dont je vous vois, et je trouve en votre
personne de quoi avoir raison aux choses que je fais pour
vous. Mon cœur, pour sa défense, a tout votre mérite,
appuyé du secours d'une reconnaissance où le Ciel m'en-   20
gage envers vous. Je me représente à toute heure ce péril
étonnant qui commença de nous offrir aux regards l'un de
l'autre; cette générosité surprenante qui vous fit risquer
votre vie, pour dérober la mienne à la fureur des ondes;
ces soins pleins de tendresse que vous me fîtes éclater   25
après m'avoir tirée de l'eau, et les hommages assidus de
cet ardent amour que ni le temps ni les difficultés n'ont
rebuté, et qui, vous faisant négliger et parents et patrie,
arrête vos pas en ces lieux, y tient en ma faveur votre
fortune déguisée, et vous a réduit, pour me voir, à vous   30
revêtir de l'emploi de domestique de mon père. Tout cela
fait chez moi sans doute un merveilleux effet; et c'en est

VALÈRE. Da denn nur die Taten zeigen, was wir sind, wartet wenigstens ab, bis Ihr Gelegenheit habt, mein Herz nach ihnen zu beurteilen, und sucht bei mir nicht nach Missetaten, die nur eine ungerechtfertigte Angst Euch befürchten läßt. Tötet mich nicht durch die empfindlichen Schläge eines beleidigenden Argwohns und gebt mir Zeit, Euch durch tausend und abertausend Beweise von der Ehrenhaftigkeit meiner Liebe zu überzeugen.

ÉLISE. Ach, wie leicht läßt man sich von denen überzeugen, die man liebt! Nein, Valère, ich glaube nicht, daß Euer Herz imstande ist, mich zu betrügen. Ich glaube, daß Ihr mich wahrhaft liebt und mir treu sein werdet; ich will daran nicht im mindesten zweifeln, und meine Sorge soll nur noch die Mißbilligung sein, die ich von den anderen befürchten muß.

VALÈRE. Warum denn diese Befürchtung?

ÉLISE. Ich bräuchte nichts zu fürchten, wenn jeder Euch mit meinen Augen sähe, denn mir ist Eure Person Rechtfertigung genug für das, was ich für Euch tue. Mein Herz hat all Eure Vorzüge als Entschuldigung, und es wird darin durch die Dankbarkeit unterstützt, zu der mich der Himmel Euch gegenüber verpflichtet. Immer wieder stelle ich mir jene furchtbare Gefahr vor, in der wir beide uns zum ersten Mal sahen, diese unverhoffte Hochherzigkeit, die Euch Euer Leben aufs Spiel setzen ließ, um das meine dem Toben der Wellen zu entreißen; die liebevolle Fürsorge, die Ihr mir nach meiner Rettung aus dem Wasser so innig zukommen ließet, und die beharrlichen Huldigungen jener glühenden Liebe, die weder Zeit noch Schwierigkeiten zu entmutigen vermochten, die Euch, Eltern und Vaterland nicht achtend, hier festhält, Euch um meinetwillen Eure wahre Herkunft verheimlichen läßt, und, um mir nahe zu sein, Euch dazu gezwungen hat, bei meinem Vater eine Anstellung als Bediensteter anzunehmen. Das alles hat gewiß einen tiefen Eindruck auf mich gemacht; es genügt mir selbst, die Verbindung

assez à mes yeux pour me justifier l'engagement où j'ai pu
consentir; mais ce n'est pas assez peut-être pour le justifier aux autres, et je ne suis pas sûre qu'on entre dans mes
sentiments.

VALÈRE. De tout ce que vous avez dit, ce n'est que par mon 5
seul amour que je prétends auprès de vous mériter quelque chose; et quant aux scrupules que vous avez, votre
père lui-même ne prend que trop de soin de vous justifier
à tout le monde; et l'excès de son avarice, et la manière
austère dont il vit avec ses enfants pourraient autoriser des 10
choses plus étranges. Pardonnez-moi, charmante Élise, si
j'en parle ainsi devant vous. Vous savez que sur ce chapitre on n'en peut pas dire de bien. Mais enfin, si je puis,
comme je l'espère, retrouver mes parents, nous n'aurons
pas beaucoup de peine à nous le rendre favorable. J'en 15
attends des nouvelles avec impatience, et j'en irai chercher
moi-même, si elles tardent à venir.

ÉLISE. Ah! Valère, ne bougez d'ici, je vous prie; et songez
seulement à vous bien mettre dans l'esprit de mon père.

VALÈRE. Vous voyez comme je m'y prends, et les adroites 20
complaisances qu'il m'a fallu mettre en usage pour m'introduire à son service; sous quel masque de sympathie et
de rapports de sentiments je me déguise pour lui plaire, et
quel personnage je joue tous les jours avec lui, afin
d'acquérir sa tendresse. J'y fais des progrès admirables; et 25
j'éprouve que pour gagner les hommes, il n'est point de
meilleure voie que de se parer à leurs yeux de leurs
inclinations, que de donner dans leurs maximes, encenser
leurs défauts, et applaudir à ce qu'ils font. On n'a que
faire d'avoir peur de trop charger la complaisance; et la 30
manière dont on les joue a beau être visible, les plus fins
toujours sont de grandes dupes du côté de la flatterie; et il
n'y a rien de si impertinent et de si ridicule qu'on ne fasse

zu rechtfertigen, in die ich eingewilligt habe; vielleicht
jedoch genügt das noch nicht, sie anderen gegenüber zu
rechtfertigen, und ich weiß nicht, ob man Verständnis für
meine Gefühle hat.

VALÈRE. Von allem, was Ihr gesagt habt, will ich allein durch
meine Liebe etwas bei Euch gelten; und was Eure Bedenken angeht, so sorgt doch Euer Vater nur allzusehr dafür,
daß Ihr vor aller Welt gerechtfertigt seid; sein übermäßi-
ger Geiz und die Armseligkeit, in der er mit seinen
Kindern lebt, könnten noch viel ungewöhnlichere Dinge
entschuldigen. Verzeiht mir, liebste Élise, wenn ich vor
Euch so darüber spreche. Ihr wißt, daß man über diesen
Punkt nicht schicklich reden kann. Wenn ich aber, was
ich sehr hoffe, meine Eltern wiederfinden kann, dann
wird es ein leichtes für uns sein, ihn uns günstig zu
stimmen. Voller Ungeduld warte ich auf Nachricht, und
kommt sie nicht bald, werde ich selbst sie mir holen.

ÉLISE. Ach, Valère, geht bitte nicht fort von hier, und seid
vor allem darauf bedacht, Euch bei meinem Vater beliebt
zu machen.

VALÈRE. Ihr seht ja, wie ich mich bemühe, und welche
Geschicklichkeit und Gefälligkeit ich ins Werk setzen
mußte, um in seine Dienste eintreten zu können; hinter
welcher Maske von Sympathie und gleicher Gesinnung
ich mich verstecke, um ihm zu gefallen, und welche Rolle
ich vor ihm tagtäglich spiele, um seine Zuneigung zu
gewinnen. Ich mache hierin bemerkenswerte Fortschrit-
te, und ich erkenne, daß es, will man die Menschen für
sich einnehmen, keinen besseren Weg gibt, als sich vor
ihnen mit ihren Neigungen zu zeigen, ihre Grundsätze zu
loben, ihre Fehler zu verherrlichen und allem, was sie
tun, Beifall zu zollen. Man braucht gar nicht zu befürchten, die Beflissenheit zu weit zu treiben; die Art und
Weise, sie zu hintergehen, mag noch so leicht durch-
schaubar sein: auch die Schlauesten sind leichte Opfer der
Schmeichelei, und man macht sie das Unverschämteste

avaler lorsqu'on l'assaisonne en louange. La sincérité
souffre un peu au métier que je fais; mais quand on a
besoin des hommes, il faut bien s'ajuster à eux; et puisqu'on ne saurait les gagner que par-là, ce n'est pas la faute
de ceux qui flattent, mais de ceux qui veulent être flattés. 5

ÉLISE. Mais que ne tâchez-vous aussi à gagner l'appui de
mon frère, en cas que la servante s'avisât de révéler notre
secret?

VALÈRE. On ne peut pas ménager l'un et l'autre; et l'esprit du
père et celui du fils sont des choses si opposées, qu'il est 10
difficile d'accommoder ces deux confidences ensemble.
Mais vous, de votre part, agissez auprès de votre frère, et
servez-vous de l'amitié qui est entre vous deux pour le
jeter dans nos intérêts. Il vient, je me retire. Prenez ce
temps pour lui parler; et ne lui découvrez de notre affaire 15
que ce que vous jugerez à propos.

ÉLISE. Je ne sais si j'aurai la force de lui faire cette confidence.

Scène II

Cléante. Élise.   20

CLÉANTE. Je suis bien aise de vous trouver seule, ma sœur; et
je brûlais de vous parler, pour m'ouvrir à vous d'un
secret.

ÉLISE. Me voilà prête à vous ouïr, mon frère. Qu'avez-vous à
me dire?   25

CLÉANTE. Bien des choses, ma sœur, enveloppées dans un
mot: j'aime.

ÉLISE. Vous aimez?

CLÉANTE. Oui, j'aime. Mais avant que d'aller plus loin, je

und Lächerlichste schlucken, wenn man es nur mit Lobsprüchen würzt. Die Aufrichtigkeit leidet zwar ein wenig
bei dem Geschäft, das ich betreibe, aber wenn man die
Menschen braucht, muß man sich ihnen wohl oder übel
anpassen; und da man sie nur so für sich gewinnen kann,
fällt die Schuld nicht auf den Schmeichler, sondern auf
die, die nach Schmeichelei verlangen.

ÉLISE. Aber weshalb versucht Ihr denn nicht, die Unterstützung meines Bruders zu gewinnen; schon für den Fall,
daß die Dienerin auf den Gedanken käme, unser Geheimnis zu enthüllen.

VALÈRE. Man kann nicht beiden zugleich zu Gefallen sein;
Vater und Sohn sind in ihrer Gesinnung derart verschieden, daß es unmöglich ist, der Vertraute beider zu sein.
Aber wirkt Ihr doch Eurerseits auf Euren Bruder ein,
bedient Euch der Freundschaft, die zwischen Euch besteht, um ihn für unsere Interessen zu gewinnen. Er
kommt; ich ziehe mich zurück. Benutzt die Gelegenheit,
mit ihm zu sprechen, aber teilt ihm von unserm Geheimnis nur mit, was Ihr für notwendig haltet.

ÉLISE. Ich weiß nicht, ob ich die Kraft finde, es ihm anzu-
vertrauen.

Zweiter Auftritt

Cléante. Élise.

CLÉANTE. Es trifft sich gut, daß ich Euch hier allein treffe,
liebe Schwester; ich brenne darauf, mit Euch zu sprechen,
um Euch ein Geheimnis zu eröffnen.

ÉLISE. Ich bin bereit, Euch anzuhören, lieber Bruder. Was
wollt Ihr mir sagen?

CLÉANTE. Sehr viel, liebe Schwester, und doch läßt es sich
mit zwei Worten sagen: ich liebe.

ÉLISE. Ihr liebt?

CLÉANTE. Ja, ich liebe. Aber bevor ich fortfahre: ich weiß,

sais que je dépends d'un père, et que le nom de fils me
soumet à ses volontés; que nous ne devons point engager
notre foi sans le consentement de ceux dont nous tenons
le jour; que le Ciel les a faits les maîtres de nos vœux, et
qu'il nous est enjoint de n'en disposer que par leur   5
conduite, que n'étant prévenus d'aucune folle ardeur, ils
sont en état de se tromper bien moins que nous, et de voir
beaucoup mieux ce qui nous est propre; qu'il en faut
plutôt croire les lumières de leur prudence que l'aveugle-
ment de notre passion; et que l'emportement de la jeu-   10
nesse nous entraîne le plus souvent dans des précipices
fâcheux. Je vous dis tout cela, ma sœur, afin que vous ne
vous donniez pas la peine de me le dire; car enfin mon
amour ne veut rien écouter, et je vous prie de ne me point
faire de remontrances.   15

ÉLISE. Vous êtes-vous engagé, mon frère, avec celle que vous
aimez?

CLÉANTE. Non, mais j'y suis résolu; et je vous conjure
encore une fois de ne me point apporter de raisons pour
m'en dissuader.   20

ÉLISE. Suis-je, mon frère, une si étrange personne?

CLÉANTE. Non, ma sœur; mais vous n'aimez pas: vous
ignorez la douce violence qu'un tendre amour fait sur nos
cœurs, et j'appréhende votre sagesse.

ÉLISE. Hélas! mon frère, ne parlons point de ma sagesse. Il 25
n'est personne qui n'en manque, du moins une fois en sa
vie! et si je vous ouvre mon cœur, peut-être serai-je à vos
yeux bien moins sage que vous.

CLÉANTE. Ah! plût au Ciel que votre âme, comme la
mienne . . .   30

ÉLISE. Finissons auparavant votre affaire, et me dites qui est
celle que vous aimez.

CLÉANTE. Une jeune personne qui loge depuis peu en ces

daß ich einen Vater habe und daß mich der Name Sohn
seinem Willen unterwirft; daß wir nicht ohne die Einwilli-
gung derer unser Wort geben dürfen, die uns das Leben
gegeben haben; daß der Himmel sie zu Herren über
unsere Liebe gemacht hat, und daß uns auferlegt ist, nur
von ihnen geleitet darüber zu verfügen; daß sie, von
keiner törichten Liebesglut geblendet, viel weniger der
Täuschung ausgesetzt sind als wir und viel besser erkennen, was uns geziemt; daß man eher dem Licht ihrer
Weisheit als der Blindheit unserer Leidenschaft vertrauen
soll und daß der Überschwang der Jugend uns sehr leicht
in schlimme Abgründe zu stürzen vermag. Ich sage Euch
das alles, liebe Schwester, damit Ihr es mir nicht zu sagen
braucht, denn meine Liebe wird auf nichts hören, und ich
bitte Euch, mir keinerlei Vorhaltungen zu machen.

ÉLISE. Habt Ihr Euch der, die Ihr liebt, schon versprochen?

CLÉANTE. Nein, aber ich bin dazu entschlossen, und ich
beschwöre Euch noch einmal, keinerlei Gründe vorzubringen, um mich davon abzuhalten.

ÉLISE. Bin ich denn, lieber Bruder, eine so unverständige
Person?

CLÉANTE. Nein, liebe Schwester, aber Ihr liebt nicht: Ihr
kennt nicht die süße Gewalt, die eine innige Liebe über
die Herzen ausübt, und ich fürchte Eure Vernünftigkeit.

ÉLISE. Ach, lieber Bruder, sprechen wir nicht von meiner
Vernünftigkeit. Es gibt niemanden, der es – wenigstens
einmal im Leben – nicht an ihr fehlen ließe; und wenn ich
Euch mein Herz offenbarte, wäre ich in Euren Augen
vielleicht weniger vernünftig als Ihr.

CLÉANTE. Gäbe der Himmel, daß Eure Seele wie die
meine . . .

ÉLISE. Sprechen wir zuvor von Eurer Angelegenheit, und
sagt mir, wen Ihr liebt.

CLÉANTE. Eine junge Person, die seit kurzem in diesem

quartiers, et qui semble être faite pour donner de l'amour
à tous ceux qui la voient. La nature, ma sœur, n'a rien
formé de plus aimable; et je me sentis transporté dès le
moment que je la vis. Elle se nomme Mariane, et vit sous
la conduite d'une bonne femme de mère, qui est presque 5
toujours malade, et pour qui cette aimable fille a des
sentiments d'amitié qui ne sont pas imaginables. Elle la
sert, la plaint, et la console avec une tendresse qui vous
toucherait l'âme. Elle se prend d'un air le plus charmant
du monde aux choses qu'elle fait, et l'on voit briller mille 10
grâces en toutes ses actions: une douceur pleine d'attraits,
une bonté tout engageante, une honnêteté adorable,
une . . . Ah! ma sœur, je voudrais que vous l'eussiez vue.

ÉLISE. J'en vois beaucoup, mon frère, dans les choses que
vous me dites; et pour comprendre ce qu'elle est, il me 15
suffit que vous l'aimez.

CLÉANTE. J'ai découvert sous main qu'elles ne sont pas fort
accommodées, et que leur discrète conduite a de la peine à
étendre à tous leurs besoins le bien qu'elles peuvent avoir.
Figurez-vous, ma sœur, quelle joie ce peut être que de 20
relever la fortune d'une personne que l'on aime; que de
donner adroitement quelques petits secours aux modestes
nécessités d'une vertueuse famille; et concevez quel déplaisir ce m'est de voir que, par l'avarice d'un père, je sois
dans l'impuissance de goûter cette joie, et de faire éclater à 25
cette belle aucun témoignage de mon amour.

ÉLISE. Oui, je conçois assez, mon frère, quel doit être votre
chagrin.

CLÉANTE. Ah! ma sœur, il est plus grand qu'on ne peut
croire. Car enfin peut-on rien voir de plus cruel que cette 30
rigoureuse épargne qu'on exerce sur nous, que cette
sécheresse étrange où l'on nous fait languir? Et que nous
servira d'avoir du bien, s'il ne nous vient que dans le

Viertel wohnt und dazu geschaffen scheint, in jedem, der
sie erblickt, Liebe zu erwecken. Die Natur, liebe Schwester, hat nichts Lieblicheres erschaffen, und ich war, als
ich sie sah, sogleich leidenschaftlich verliebt. Sie heißt
Mariane und lebt unter der Obhut ihrer Mutter, einer
guten Frau, die fast ständig krank ist und für die diese
liebreizende Tochter eine kaum vorstellbare Zuneigung
hegt. Sie bedient sie, bedauert und tröstet sie mit einer
ergreifenden Zärtlichkeit. Alles, was sie unternimmt, tut
sie mit der zauberhaftesten Anmut, und man sieht in all
ihren Handlungen tausendfache Vorzüge erstrahlen: eine
höchst anziehende Lieblichkeit, eine bestrickende Güte,
eine bewundernswerte Ehrsamkeit, eine … Ach, liebe
Schwester, ich wollte nur, Ihr hättet sie gesehen.

ÉLISE. Nach allem, was Ihr sagt, lieber Bruder, sehe ich sie
sehr deutlich vor Augen; und daß Ihr sie liebt, genügt
mir, um zu verstehen, wie sie ist.

CLÉANTE. Ich habe insgeheim festgestellt, daß sie nicht gerade begütert sind und trotz ihres bescheidenen Lebens-
wandels Mühe haben, mit dem, was sie besitzen, den
notwendigen Lebensunterhalt zu bestreiten. Stellt Euch
vor, liebe Schwester, welche Freude es bereiten muß, das
Schicksal eines geliebten Wesens zu erleichtern; in unauf-
fälliger Weise hin und wieder die bescheidenen Bedürfnisse einer tugendhaften Familie decken zu helfen; und
denkt nur, wie es mich bekümmert, mich durch den Geiz
eines Vaters außerstande zu sehen, diese Freude auszu-
kosten und dieser Schönen einen deutlich sichtbaren Beweis meiner Liebe geben zu können.

ÉLISE. Ja, ich begreife sehr wohl, lieber Bruder, wie groß
Euer Kummer sein muß.

CLÉANTE. Ach, liebe Schwester, er ist viel größer, als man
glauben möchte. Gibt es denn etwas Grausameres als die
gnadenlose Beschränkung, der man uns unterwirft, als
diese schreckliche Dürftigkeit, in der man uns schmach-
ten läßt? Was nützt uns denn aller Besitz, wenn er uns

temps que nous ne serons plus dans le bel âge d'en jouir, et
si pour m'entretenir même, il faut que maintenant je
m'engage de tous côtés, si je suis réduit avec vous à
chercher tous les jours le secours des marchands, pour
avoir moyen de porter des habits raisonnables? Enfin j'ai   5
voulu vous parler, pour m'aider à sonder mon père sur les
sentiments où je suis; et si je l'y trouve contraire, j'ai
résolu d'aller en d'autres lieux, avec cette aimable personne, jouir de la fortune que le Ciel voudra nous offrir.
Je fais chercher partout pour ce dessein de l'argent à   10
emprunter; et si vos affaires, ma sœur, sont semblables
aux miennes, et qu'il faille que notre père s'oppose à nos
désirs, nous le quitterons là tous deux et nous affranchi-
rons de cette tyrannie où il nous tient depuis si longtemps
son avarice insupportable.   15

ÉLISE. Il est bien vrai que, tous les jours, il nous donne de
plus en plus sujet de regretter la mort de notre mère, et
que . . .

CLÉANTE. J'entends sa voix. Éloignons-nous un peu, pour
nous achever notre confidence; et nous joindrons après   20
nos forces pour venir attaquer la dureté de son humeur.

Scène III

Harpagon. La Flèche.

HARPAGON. Hors d'ici tout à l'heure, et qu'on ne réplique
pas. Allons, que l'on détale de chez moi, maître juré filou,   25
vrai gibier de potence.

LA FLÈCHE. Je n'ai jamais rien vu de si méchant que ce
maudit vieillard et je pense, sauf correction, qu'il a le
diable au corps.

HARPAGON. Tu murmures entre tes dents.   30

erst zufällt, wenn wir nicht mehr in dem schönen Alter sind, ihn zu genießen; wenn ich, um nur meinen Unterhalt zu bestreiten, mich überall verschulden muß, wenn ich, wie Ihr, dazu gezwungen bin, immer wieder die Hilfe der Kaufleute in Anspruch zu nehmen, um mir eine angemessene Kleidung zu leisten. Aber ich wollte mit Euch sprechen, damit Ihr mir helft, zu ergründen, wie mein Vater über meine Gefühle denkt; und wenn er dagegen sein sollte, so bin ich entschlossen, mit dieser liebenswerten Person anderswohin zu gehen, um dort das Glück zu genießen, das der Himmel uns bescheren mag. Für diesen Plan versuche ich überall Geld zu leihen, und wenn Eure Angelegenheiten, liebe Schwester, ähnlich stehen wie die meinen und unser Vater sich unsern Wünschen widersetzen sollte, dann werden wir ihn alle beide verlassen und uns von dieser Tyrannei befreien, in der uns sein unerträglicher Geiz schon so lange festhält.

ÉLISE. Es ist wohl wahr, daß er uns tagtäglich mehr Anlaß gibt, den Tod unserer Mutter zu bedauern, und daß . . .

CLÉANTE. Ich höre seine Stimme. Entfernen wir uns ein wenig, um unsere vertrauliche Unterredung zu beenden; und dann werden wir unsere Kräfte vereinen, um seinen harten Sinn zu bezwingen.

Dritter Auftritt

Harpagon. La Flèche.

HARPAGON. Scher dich sofort raus, und keine Widerworte! Vorwärts, verlaß sofort mein Haus, du Erzhalunke, du Galgenvogel!

LA FLÈCHE. So etwas Bösartiges wie diesen verfluchten Alten habe ich noch nie gesehen, und ich denke, mit Verlaub, daß der vom Teufel besessen ist.

HARPAGON. Du murmelst da etwas in deinen Bart?

LA FLÈCHE. Pourquoi me chassez-vous?

HARPAGON. C'est bien à toi, pendard, à me demander des raisons; sors vite, que je ne t'assomme.

LA FLÈCHE. Qu'est-ce que je vous ai fait?

HARPAGON. Tu m'as fait que je veux que tu sortes.   5

LA FLÈCHE. Mon maître, votre fils, m'a donné ordre de l'attendre.

HARPAGON. Va-t'en l'attendre dans la rue, et ne sois point dans ma maison planté tout droit comme un piquet, à observer ce qui se passe, et faire ton profit de tout. Je ne 10 veux point avoir sans cesse devant moi un espion de mes affaires, un traître, dont les yeux maudits assiègent toutes mes actions, dévorent ce que je possède, et furètent de tous côtés pour voir s'il n'y a rien à voler.

LA FLÈCHE. Comment diantre voulez-vous qu'on fasse pour 15 vous voler? Êtes-vous un homme volable, quand vous renfermez toutes choses, et faites sentinelle jour et nuit?

HARPAGON. Je veux renfermer ce que bon me semble, et faire sentinelle comme il me plaît. Ne voilà pas de mes mou- 20 chards, qui prennent garde à ce qu'on fait? Je tremble qu'il n'ait soupçonné quelque chose de mon argent. Ne serais-tu point homme à aller faire courir le bruit que j'ai chez moi de l'argent caché?

LA FLÈCHE. Vous avez de l'argent caché?   25

HARPAGON. Non, coquin, je ne dis pas cela. *(À part.)* J'enrage. Je demande si malicieusement tu n'irais point faire courir le bruit que j'en ai.

LA FLÈCHE. Hé! que nous importe que vous en ayez ou que vous n'en ayez pas, si c'est pour nous la même chose? 30

HARPAGON. Tu fais le raisonneur. Je te baillerai de ce raison-

LA FLÈCHE. Weshalb jagt Ihr mich fort?

HARPAGON. Das könnte dir so passen, du Gauner, mich noch nach Gründen zu fragen; mach dich davon, oder ich schlag dich tot.

LA FLÈCHE. Was habe ich Euch getan?

HARPAGON. So viel, daß ich will, daß du dich davonmachst.

LA FLÈCHE. Mein Herr, Euer Sohn, hat mir befohlen, auf ihn zu warten.

HARPAGON. Geh und warte auf der Straße auf ihn, und steh nicht wie angewurzelt in meinem Haus herum, um alles, was sich ereignet, zu beobachten und aus allem deinen Nutzen zu ziehen. Ich will niemand um mich haben, der unaufhörlich meine Geschäfte bespitzelt, keinen Verräter, dessen verfluchte Augen alles belauern, was ich tue, alles verschlingen, was ich besitze, und überall herumspähen, um zu sehen, ob es nicht etwas zu stehlen gibt.

LA FLÈCHE. Wie, zum Teufel, soll man es wohl anstellen, Euch zu bestehlen! Könnt Ihr denn überhaupt bestohlen werden, wenn Ihr alles einschließt und Tag und Nacht Wache steht?

HARPAGON. Ich werde einschließen, was ich will, und Wache stehen, wie es mir gefällt. Bin ich nicht von Spionen umgeben, die jede meiner Handlungen beobachten? Ich zittere bei dem Gedanken, daß er schon etwas von meinem Geld ahnt. Wärst du nicht vielleicht imstande, das Gerücht zu verbreiten, ich hätte Geld bei mir versteckt?

LA FLÈCHE. Ihr habt Geld versteckt?

HARPAGON. Nein, du Halunke, das habe ich nicht gesagt. *(Beiseite.)* Ich werde rasend. Ich frage, ob du nicht böswilligerweise das Gerücht verbreiten könntest, ich hätte welches.

LA FLÈCHE. Eh! was kümmert es uns, ob Ihr Geld habt oder nicht, wo es doch für uns auf dasselbe herauskommt.

HARPAGON. Du willst wohl diskutieren! Ich werde dir dein

nement-ci par les oreilles. *(Il lève la main pour lui donner
un soufflet.)* Sors d'ici, encore une fois.

LA FLÈCHE. Hé bien! je sors.

HARPAGON. Attends. Ne m'emportes-tu rien?

LA FLÈCHE. Que vous emporterais-je?   5

HARPAGON. Viens çà, que je voie. Montre-moi tes mains.

LA FLÈCHE. Les voilà.

HARPAGON. Les autres.

LA FLÈCHE. Les autres?

HARPAGON. Oui.   10

LA FLÈCHE. Les voilà.

HARPAGON. N'as-tu rien mis ici dedans?

LA FLÈCHE. Voyez vous-même.

HARPAGON *(il tâte le bas de ses chausses)*. Ces grands hauts-
de-chausses sont propres à devenir les receleurs des   15
choses qu'on dérobe; et je voudrais qu'on en eût fait
pendre quelqu'un.

LA FLÈCHE. Ah! qu'un homme comme cela mériterait bien ce
qu'il craint! et que j'aurais de joie à le voler!

HARPAGON. Euh?   20

LA FLÈCHE. Quoi?

HARPAGON. Qu'est-ce que tu parles de voler?

LA FLÈCHE. Je dis que vous fouillez bien partout, pour voir si
je vous ai volé.

HARPAGON. C'est ce que je veux faire. *(Il fouille dans les*   25
poches de La Flèche.)

LA FLÈCHE. La peste soit de l'avarice et des avaricieux!

HARPAGON. Comment? que dis-tu?

LA FLÈCHE. Ce que je dis?

HARPAGON. Oui: qu'est-ce que tu dis d'avarice et d'avari-   30
cieux?

Widerwort um die Ohren schlagen. *(Hebt die Hand, um ihm eine Ohrfeige zu geben.)* Nochmals, mach dich davon!

LA FLÈCHE. Schon gut! Ich gehe.

HARPAGON. Warte! Hast du mir auch nichts weggenommen?

LA FLÈCHE. Was könnte ich Euch wegnehmen?

HARPAGON. Komm näher, damit ich nachsehe. Zeig mir deine Hände.

LA FLÈCHE. Hier.

HARPAGON. Die anderen.

LA FLÈCHE. Die anderen?

HARPAGON. Ja.

LA FLÈCHE. Hier.

HARPAGON. Hast du da nichts hineingesteckt?

LA FLÈCHE. Seht doch selbst nach.

HARPAGON *(betastet den unteren Teil der Hose)*. Diese weiten Pumphosen eignen sich richtig als Hehler für gestohlene Sachen; ich wünschte, man hätte deswegen schon mal jemanden gehängt.

LA FLÈCHE. Ach! so ein Kerl verdiente wahrlich, was er befürchtet! und welches Vergnügen würde es mir bereiten, ihn zu bestehlen!

HARPAGON. Äh?

LA FLÈCHE. Was?

HARPAGON. Was redest du da vom Stehlen?

LA FLÈCHE. Ich sage, daß Ihr alles gründlich durchsucht, um nachzusehen, ob ich Euch bestohlen habe.

HARPAGON. Das werde ich auch tun. *(Er wühlt in La Flèches Taschen.)*

LA FLÈCHE. Die Pest hole den Geiz und die Geizhälse.

HARPAGON. Wie? Was sagst du?

LA FLÈCHE. Was ich sage?

HARPAGON. Ja: was redest du von Geiz und von Geizhälsen?

LA FLÈCHE. Je dis que la peste soit de l'avarice et des avaricieux.

HARPAGON. De qui veux-tu parler?

LA FLÈCHE. Des avaricieux.

HARPAGON. Et qui sont-ils ces avaricieux?　　　　　　　　5

LA FLÈCHE. Des vilains et des ladres.

HARPAGON. Mais qui est-ce que tu entends par-là?

LA FLÈCHE. De quoi vous mettez-vous en peine?

HARPAGON. Je me mets en peine de ce qu'il faut.

LA FLÈCHE. Est-ce que vous croyez que je veux parler de　10
vous?

HARPAGON. Je crois ce que je crois; mais je veux que tu me dises à qui tu parles quand tu dis cela.

LA FLÈCHE. Je parle . . . je parle à mon bonnet.

HARPAGON. Et moi, je pourrais bien parler à ta barrette.　15

LA FLÈCHE. M'empêcherez-vous de maudire les avaricieux?

HARPAGON. Non; mais je t'empêcherai de jaser, et d'être insolent. Tais-toi.

LA FLÈCHE. Je ne nomme personne.　　　　　　　　　20

HARPAGON. Je te rosserai, si tu parles.

LA FLÈCHE. Qui se sent morveux, qu'il se mouche.

HARPAGON. Te tairas-tu?

LA FLÈCHE. Oui, malgré moi.

HARPAGON. Ha! ha!　　　　　　　　　　　　　　25

LA FLÈCHE *(lui montrant une des poches de son justaucorps)*.
Tenez, voilà encore une poche; êtes-vous satisfait?

HARPAGON. Allons, rends-le-moi sans te fouiller.

LA FLÈCHE. Quoi?

HARPAGON. Ce que tu m'as pris.　　　　　　　　　　30

LA FLÈCHE. Je ne vous ai rien pris du tout.

HARPAGON. Assurément?

LA FLÈCHE. Assurément.

HARPAGON. Adieu, va-t'en à tous les diables.

LA FLÈCHE. Ich sage, daß die Pest den Geiz und die Geizhälse holen soll.

HARPAGON. Wen meinst du damit?

LA FLÈCHE. Die Geizhälse.

HARPAGON. Und wer sind diese Geizhälse?

LA FLÈCHE. Blutsauger und Halsabschneider.

HARPAGON. Aber wen verstehst du darunter?

LA FLÈCHE. Was kümmert Euch denn das?

HARPAGON. Ich kümmere mich um das, was nötig ist.

LA FLÈCHE. Glaubt Ihr etwa, ich redete von Euch?

HARPAGON. Was ich glaube, ist meine Sache; aber ich verlange, daß du mir sagst, wen du meinst, wenn du so redest.

LA FLÈCHE. Ich meine . . . ich meine meine Mütze.

HARPAGON. Und ich, ich könnte dir leicht eins auf den Hut geben.

LA FLÈCHE. Wollt Ihr mich daran hindern, die Geizhälse zu verwünschen?

HARPAGON. Nein; aber ich werde dich daran hindern, herumzuschwatzen und unverschämt zu werden. Schweig!

LA FLÈCHE. Ich habe keinen Namen genannt.

HARPAGON. Noch ein Wort, und es setzt Prügel.

LA FLÈCHE. Wen's juckt, der kratze sich.

HARPAGON. Willst du schweigen?

LA FLÈCHE. Ja, gegen meinen Willen.

HARPAGON. Aha!

LA FLÈCHE *(zeigt auf eine seiner Westentaschen).* Moment, hier ist noch eine Tasche; seid Ihr zufrieden?

HARPAGON. Na los, gib es mir, ohne daß ich dich durchsuche.

LA FLÈCHE. Was?

HARPAGON. Was du mir gestohlen hast.

LA FLÈCHE. Ich habe überhaupt nichts gestohlen.

HARPAGON. Bestimmt nicht?

LA FLÈCHE. Bestimmt nicht.

HARPAGON. Gott befohlen, scher dich zu allen Teufeln!

LA FLÈCHE. Me voilà fort bien congédié.

HARPAGON. Je te le mets sur ta conscience, au moins. Voilà
un pendard de valet qui m'incommode fort, et je ne me
plais point à voir ce chien de boiteux-là.

Scène IV

Élise. Cléante. Harpagon.

HARPAGON. Certes ce n'est pas une petite peine que de
garder chez soi une grande somme d'argent; et bienheureux qui a tout son fait bien placé, et ne conserve seulement que ce qu'il faut pour sa dépense. On n'est pas peu
embarrassé à inventer dans toute une maison une cache
fidèle; car pour moi, les coffres-forts me sont suspects, et
je ne veux jamais m'y fier: je les tiens justement une
franche amorce à voleurs, et c'est toujours la première
chose que l'on va attaquer. Cependant je ne sais si j'aurai
bien fait d'avoir enterré dans mon jardin dix mille écus
qu'on me rendit hier. Dix mille écus en or chez soi est une
somme assez . . . *(Ici le frère et la sœur paraissent s'entre-
tenant bas.)* Ô Ciel! je me serai trahi moi-même: la
chaleur m'aura emporté, et je crois que j'ai parlé haut en
raisonnant tout seul. Qu'est-ce?

CLÉANTE. Rien, mon père.

HARPAGON. Y a-t-il longtemps que vous êtes là?

ÉLISE. Nous ne venons que d'arriver.

HARPAGON. Vous avez entendu . . .

CLÉANTE. Quoi, mon père?

HARPAGON. Là . . .

ÉLISE. Quoi?

HARPAGON. Ce que je viens de dire.

LA FLÈCHE. Ein wirklich freundlicher Abschied.

HARPAGON. Zumindest lastet es auf deinem Gewissen. Dieser Halunke von Diener bringt mich ganz aus der Fassung, und es gefällt mir gar nicht, diesem elenden Hinkebein zu begegnen.

Vierter Auftritt

Élise. Cléante. Harpagon.

HARPAGON. Es ist wahrlich keine geringe Last, im eigenen Haus eine so große Summe Geldes zu verwahren; glücklich, wer sein Hab und Gut sicher angelegt hat und nur zurückbehält, was er für seinen Lebensunterhalt braucht. Es setzt einen in nicht geringe Verlegenheit, im ganzen Haus nach einem sicheren Versteck zu suchen; sind mir Geldtruhen doch zu unsicher, und ich werde mich nie auf sie verlassen: nach meiner Meinung locken sie Diebe regelrecht an, sie sind immer das erste, an das man sich heranmacht. Trotzdem weiß ich nicht, ob es richtig war, die zehntausend Taler, die man mir gestern zurückgab, im Garten zu vergraben. Zehntausend Taler in Gold im Haus ist schon eine Summe, die ... *(Hier treten der Bruder und die Schwester auf, die sich leise unterhalten.)* Himmel! Jetzt werde ich mich selbst verraten haben: gewiß hat mich die Erregung mitgerissen, und ich glaube, ich habe, während ich mit mir zu Rate ging, laut gesprochen. Was gibt es?

CLÉANTE. Nichts, lieber Vater.

HARPAGON. Seid ihr schon länger hier?

ÉLISE. Wir kommen eben herein.

HARPAGON. Habt ihr gehört ...

CLÉANTE. Was, lieber Vater?

HARPAGON. Dort ...

ÉLISE. Was?

HARPAGON. Was ich eben gesagt habe.

CLÉANTE. Non.

HARPAGON. Si fait, si fait.

ÉLISE. Pardonnez-moi.

HARPAGON. Je vois bien que vous en avez ouï quelques mots.
C'est que je m'entretenais en moi-même de la peine qu'il   5
y a aujourd'hui à trouver de l'argent, et je disais qu'il est
bienheureux qui peut avoir dix mille écus chez soi.

CLÉANTE. Nous feignions à vous aborder, de peur de vous
interrompre.

HARPAGON. Je suis bien aise de vous dire cela, afin que vous   10
n'alliez pas prendre les choses de travers et vous imaginer
que je dise que c'est moi qui ai dix mille écus.

CLÉANTE. Nous n'entrons point dans vos affaires.

HARPAGON. Plût à Dieu que je les eusse, dix mille écus!

CLÉANTE. Je ne crois pas . . .   15

HARPAGON. Ce serait une bonne affaire pour moi.

ÉLISE. Ce sont des choses . . .

HARPAGON. J'en aurais bon besoin.

CLÉANTE. Je pense que . . .

HARPAGON. Cela m'accommoderait fort.   20

ÉLISE. Vous êtes . . .

HARPAGON. Et je ne me plaindrais pas, comme je fais, que le
temps est misérable.

CLÉANTE. Mon Dieu! mon père, vous n'avez pas lieu de vous
plaindre, et l'on sait que vous avez assez de bien.   25

HARPAGON. Comment? j'ai assez de bien! Ceux qui le disent
en ont menti. Il n'y a rien de plus faux; et ce sont des
coquins qui font courir tous ces bruits-là.

ÉLISE. Ne vous mettez point en colère.

HARPAGON. Cela est étrange, que mes propres enfants me   30
trahissent et deviennent mes ennemis!

CLÉANTE. Nein.

HARPAGON. Doch, doch.

ÉLISE. Verzeihung, nein.

HARPAGON. Ich sehe euch an, daß ihr einige Worte mitbekommen habt. Ich dachte nämlich gerade darüber nach, wie schwer es heute ist, Geld aufzutreiben, und ich sagte mir, daß der sich glücklich schätzen kann, der zehntausend Taler im Hause hat.

CLÉANTE. Wir wollten Euch nicht ansprechen, da wir fürchteten, Euch zu stören.

HARPAGON. Das will ich euch doch gesagt haben, damit ihr nicht etwa die Dinge mißdeutet und euch einbildet, ich selbst hätte zehntausend Taler.

CLÉANTE. Wir mischen uns nicht in Eure Angelegenheiten.

HARPAGON. Gäbe Gott, ich hätte sie, die zehntausend Taler!

CLÉANTE. Ich glaube nicht ...

HARPAGON. Das wäre ein gutes Geschäft für mich.

ÉLISE. Diese Dinge ...

HARPAGON. Ich könnte sie gut gebrauchen.

CLÉANTE. Ich meine, daß ...

HARPAGON. Dann wäre ich sehr vermögend.

ÉLISE. Ihr seid ...

HARPAGON. Und ich würde nicht wie bisher über die schlechten Zeiten klagen.

CLÉANTE. Ach Gott! lieber Vater, Ihr braucht wahrlich nicht zu klagen; es ist doch bekannt, daß Ihr recht vermögend seid.

HARPAGON. Wie? ich soll recht vermögend sein? Wer das behauptet, der lügt. Nichts ist falscher als das, und nur Halunken können all diese Gerüchte ausstreuen.

ÉLISE. Erregt Euch doch nicht so.

HARPAGON. Wie seltsam, daß meine eigenen Kinder mich verraten und zu meinen Feinden werden.

CLÉANTE. Est-ce être votre ennemi que de dire que vous avez
du bien!

HARPAGON. Oui, de pareils discours et les dépenses que vous
faites seront cause qu'un de ces jours on me viendra chez
moi couper la gorge, dans la pensée que je suis tout cousu   5
de pistoles.

CLÉANTE. Quelle grande dépense est-ce que je fais?

HARPAGON. Quelle? Est-il rien de plus scandaleux que ce
somptueux équipage que vous promenez par la ville? Je
querellais hier votre sœur; mais c'est encore pis. Voilà qui   10
crie vengeance au Ciel; et à vous prendre depuis les pieds
jusqu'à la tête, il y aurait là de quoi faire une bonne
constitution. Je vous l'ai dit vingt fois, mon fils, toutes
vos manières me déplaisent fort: vous donnez furieusement dans le marquis; et pour aller ainsi vêtu, il faut bien   15
que vous me dérobiez.

CLÉANTE. Hé! comment vous dérober?

HARPAGON. Que sais-je? Où pouvez-vous donc prendre de
quoi entretenir l'état que vous portez?

CLÉANTE. Moi, mon père? C'est que je joue; et comme je suis   20
fort heureux, je mets sur moi tout l'argent que je gagne.

HARPAGON. C'est fort mal fait. Si vous êtes heureux au jeu,
vous en devriez profiter, et mettre à honnête intérêt
l'argent que vous gagnez afin de le trouver un jour. Je
voudrais bien savoir, sans parler du reste, à quoi servent   25
tous ces rubans dont vous voilà lardé depuis les pieds
jusqu'à la tête, et si une demi-douzaine d'aiguillettes ne
suffit pas pour attacher un haut-de-chausses? Il est bien
nécessaire d'employer de l'argent à des perruques, lorsque
l'on peut porter des cheveux de son cru, qui ne coûtent   30
rien. Je vais gager qu'en perruques et rubans, il y a du
moins vingt pistoles; et vingt pistoles rapportent par

CLÉANTE. Heißt das denn Euer Feind sein, wenn man sagt, Ihr hättet Vermögen?

HARPAGON. Ja, solches Geschwätz und Eure Ausgaben führen noch dazu, daß man eines Tages bei mir eindringt, um mir den Hals abzuschneiden, weil man glaubt, ich würde im Geld schwimmen.

CLÉANTE. Was für große Ausgaben habe ich denn?

HARPAGON. Was für welche? Gibt es etwas Skandalöseres als die prunkvolle Aufmachung, in der Ihr durch die Stadt promeniert? Gestern habe ich mit Eurer Schwester geschimpft; aber das ist noch empörender. Das schreit zum Himmel; von dem, was Ihr von den Füßen bis zum Kopf herumtragt, könnte man eine gute Rente erwerben. Schon hundertmal habe ich es Euch gesagt, lieber Sohn, daß mir Euer Verhalten sehr mißfällt: Ihr ahmt mit aller Kraft die Marquis nach, und um Euch so zu kleiden, könnt Ihr mich nur bestohlen haben.

CLÉANTE. Eh! wie sollte man Euch bestehlen?

HARPAGON. Was weiß ich? Wo könnt Ihr sonst die nötigen Mittel herhaben, um einen solchen Aufwand zu treiben?

CLÉANTE. Ich, lieber Vater? Nun, ich spiele; ich habe viel Glück und verwende meinen ganzen Gewinn für meine Kleidung.

HARPAGON. Das ist sehr töricht gehandelt. Wenn Ihr Glück im Spiel habt, solltet Ihr davon profitieren und das gewonnene Geld zu einem ehrlichen Zins anlegen, damit Ihr später etwas habt. Zu gerne wüßte ich, wozu, von allem andern ganz zu schweigen, die vielen Bänder gut sind, mit denen Ihr vom Kopf bis zu den Füßen behängt seid, und ob ein halbes Dutzend Hosenbänder nicht genügen, um die Hose zu befestigen? Es ist wahrlich nötig, Geld für Perücken auszugeben, wenn man eigenes Haar hat, das man tragen kann und das nichts kostet. Ich möchte wetten, daß in den Perücken und Bändern mindestens zwanzig Pistolen stecken; und zwanzig Pistolen

année dix-huit livres six sols huit deniers, à ne les placer
qu'au denier douze.

CLÉANTE. Vous avez raison.

HARPAGON. Laissons cela, et parlons d'autre affaire. Euh? Je
crois qu'ils se font signe l'un à l'autre de me voler ma   5
bourse. Que veulent dire ces gestes-là?

ÉLISE. Nous marchandons, mon frère et moi, à qui parlera le
premier; et nous avons tous deux quelque chose à vous
dire.

HARPAGON. Et moi, j'ai quelque chose aussi à vous dire à   10
tous deux.

CLÉANTE. C'est de mariage, mon père, que nous désirons
vous parler.

HARPAGON. Et c'est de mariage aussi que je veux vous
entretenir.   15

ÉLISE. Ah! mon père!

HARPAGON. Pourquoi ce cri? Est-ce le mot, ma fille, ou la
chose, qui vous fait peur?

CLÉANTE. Le mariage peut nous faire peur à tous deux, de la
façon que vous pouvez l'entendre; et nous craignons que   20
nos sentiments ne soient pas d'accord avec votre choix.

HARPAGON. Un peu de patience. Ne vous alarmez point. Je
sais ce qu'il faut à tous deux; et vous n'aurez ni l'un ni
l'autre aucun lieu de vous plaindre de tout ce que je
prétends faire. Et pour commencer par un bout: avez-   25
vous vu, dites-moi, une jeune personne appelée Mariane,
qui ne loge pas loin d'ici?

CLÉANTE. Oui, mon père.

HARPAGON. Et vous?

ÉLISE. J'en ai ouï parler.   30

HARPAGON. Comment, mon fils, trouvez-vous cette fille?

CLÉANTE. Une fort charmante personne.

HARPAGON. Sa physionomie?

bringen bei einem Zinsertrag von nur einem Zwölftel im Jahr achtzehn Livres, sechs Sous und acht Deniers Zinsen.

CLÉANTE. Ihr habt recht.

HARPAGON. Aber lassen wir das, sprechen wir von etwas anderem. He? Ich glaube, sie geben sich Zeichen und wollen meine Börse stehlen. Was sollen diese Winke bedeuten?

ÉLISE. Wir schwanken, mein Bruder und ich, wer zuerst sprechen soll, denn wir haben Euch beide etwas zu sagen.

HARPAGON. Und ich habe auch euch beiden etwas zu sagen.

CLÉANTE. Wir möchten mit Euch, lieber Vater, über das Heiraten sprechen.

HARPAGON. Und ich wollte mich mit euch ebenfalls über das Heiraten unterhalten.

ÉLISE. Ah! lieber Vater!

HARPAGON. Warum dieser Aufschrei? Ist es das Wort, liebe Tochter, oder die Sache selbst, die Euch ängstigt?

CLÉANTE. Die Heirat, wie Ihr sie versteht, könnte uns beide wohl ängstigen; wir fürchten, daß unsere Gefühle nicht mit der von Euch getroffenen Wahl übereinstimmen.

HARPAGON. Nur Geduld. Erschreckt euch nur nicht. Ich weiß, was euch beiden geziemt, und keiner von euch wird Grund haben, sich über das zu beklagen, was ich vorhabe. Um mit dem einen anzufangen, sagt mir: Kennt Ihr ein junges Mädchen namens Mariane, die nicht weit von hier wohnt?

CLÉANTE. Ja, lieber Vater.

HARPAGON. Und Ihr?

ÉLISE. Ich habe von ihr gehört.

HARPAGON. Und wie, lieber Sohn, findet Ihr dieses Mädchen?

CLÉANTE. Ein ganz reizendes Geschöpf.

HARPAGON. Ihr Aussehen?

CLÉANTE. Tout honnête, et pleine d'esprit.

HARPAGON. Son air et sa manière?

CLÉANTE. Admirables, sans doute.

HARPAGON. Ne croyez-vous pas qu'une fille comme cela
    mériterait assez que l'on songeât à elle?   5

CLÉANTE. Oui, mon père.

HARPAGON. Que ce serait un parti souhaitable?

CLÉANTE. Très souhaitable.

HARPAGON. Qu'elle a toute la mine de faire un bon mé-
    nage?   10

CLÉANTE. Sans doute.

HARPAGON. Et qu'un mari aurait satisfaction avec elle?

CLÉANTE. Assurément.

HARPAGON. Il y a une petite difficulté: c'est que j'ai peur
    qu'il n'y ait pas avec elle tout le bien qu'on pourrait 15
    prétendre.

CLÉANTE. Ah! mon père, le bien n'est pas considérable,
    lorsqu'il est question d'épouser une honnête personne.

HARPAGON. Pardonnez-moi, pardonnez-moi. Mais ce qu'il
    y a à dire, c'est que si l'on n'y trouve pas tout le bien 20
    qu'on souhaite, on peut tâcher de regagner cela sur autre
    chose.

CLÉANTE. Cela s'entend.

HARPAGON. Enfin je suis bien aise de vous voir dans mes
    sentiments; car son maintien honnête et sa douceur m'ont 25
    gagné l'âme, et je suis résolu de l'épouser, pourvu que j'y
    trouve quelque bien.

CLÉANTE. Euh?

HARPAGON. Comment?

CLÉANTE. Vous êtes résolu, dites-vous . . .?   30

HARPAGON. D'épouser Mariane.

CLÉANTE. Qui, vous? vous?

HARPAGON. Oui, moi, moi, moi. Que veut dire cela?

CLÉANTE. Ehrbar und voller Geist.

HARPAGON. Ihr Wesen und ihr Verhalten?

CLÉANTE. Zweifellos bewundernswert.

HARPAGON. Meint Ihr nicht auch, daß ein solches Mädchen es durchaus verdient, in Betracht gezogen zu werden?

CLÉANTE. Ja, lieber Vater.

HARPAGON. Daß sie eine wünschenswerte Partie ist?

CLÉANTE. Sehr wünschenswert.

HARPAGON. Daß sie ganz so aussieht, als würde sie gut den Haushalt führen?

CLÉANTE. Zweifellos.

HARPAGON. Und daß ein Ehemann mit ihr zufrieden sein könnte?

CLÉANTE. Gewiß.

HARPAGON. Es gibt nur ein kleines Problem: ich fürchte nämlich, daß sie nicht ganz mit dem Vermögen ausgestattet ist, das man erwarten dürfte.

CLÉANTE. Ach! lieber Vater, das Vermögen ist nicht von Bedeutung, wenn es darum geht, eine ehrbare Person zu heiraten!

HARPAGON. Erlaubt mal, ich muß doch bitten. Doch könnte man dazu wohl sagen, daß, wenn sie nicht das Geld und Gut mitbringt, das man sich wünscht, man versuchen kann, dies auf andere Weise auszugleichen.

CLÉANTE. Selbstverständlich.

HARPAGON. Jedenfalls freue ich mich, daß Ihr meiner Meinung seid; ihr ehrbarer Lebenswandel und ihr Liebreiz haben nämlich mein Herz gewonnen, und ich bin entschlossen, sie zu heiraten, falls sie nur etwas Vermögen besitzt.

CLÉANTE. Was?

HARPAGON. Wie bitte?

CLÉANTE. Ihr seid entschlossen, sagt Ihr . . .?

HARPAGON. Mariane zu heiraten.

CLÉANTE. Wer? Ihr? Ihr?

HARPAGON. Ja, ich, ich, ich. Was soll das heißen?

CLÉANTE. Il m'a pris tout à coup un éblouissement, et je me
retire d'ici.

HARPAGON. Cela ne sera rien. Allez vite boire dans la cuisine
un grand verre d'eau claire. Voilà de mes damoiseaux
flouets, qui n'ont non plus de vigueur que des poules. 5
C'est là, ma fille, ce que j'ai résolu pour moi. Quant à ton
frère, je lui destine une certaine veuve dont ce matin on
m'est venu parler; et pour toi, je te donne au seigneur
Anselme.

ÉLISE. Au seigneur Anselme? 10

HARPAGON. Oui, un homme mûr, prudent et sage, qui n'a
pas plus de cinquante ans, et dont on vante les grands
biens.

ÉLISE *(elle fait une révérence)*. Je ne veux point me marier,
mon père, s'il vous plaît. 15

HARPAGON *(il contrefait la révérence)*. Et moi, ma petite fille
ma mie, je veux que vous vous mariiez, s'il vous plaît.

ÉLISE. Je vous demande pardon, mon père.

HARPAGON. Je vous demande pardon, ma fille.

ÉLISE. Je suis très humble servante au seigneur Anselme; 20
mais avec votre permission, je ne l'épouserai point.

HARPAGON. Je suis votre très humble valet; mais, avec votre
permission, vous l'épouserez dès ce soir.

ÉLISE. Dès ce soir?

HARPAGON. Dès ce soir. 25

ÉLISE. Cela ne sera pas, mon père.

HARPAGON. Cela sera, ma fille.

ÉLISE. Non.

HARPAGON. Si.

ÉLISE. Non, vous dis-je. 30

HARPAGON. Si, vous dis-je.

ÉLISE. C'est une chose où vous ne me réduirez point.

CLÉANTE. Mir wird plötzlich schwarz vor den Augen und ich ziehe mich zurück.

HARPAGON. Das wird nichts weiter sein. Trinkt rasch in der Küche ein Glas frisches Wasser. Nun seh' doch einer diese feinen Herrchen, die nicht mehr Kraft haben als ein Huhn. Das also, meine liebe Tochter, habe ich in meiner eigenen Sache beschlossen. Was deinen Bruder angeht, so habe ich für ihn eine gewisse Witwe bestimmt, von der man mir heute morgen erzählt hat; und was dich betrifft, dich gebe ich dem edlen Herrn Anselme.

ÉLISE. Dem edlen Herrn Anselme?

HARPAGON. Ja, einem reifen, umsichtigen und verständigen Mann, der nicht älter als fünfzig ist und dessen Reichtum sehr gerühmt wird.

ÉLISE *(verneigt sich)*. Mit Verlaub, lieber Vater, ich will durchaus nicht heiraten.

HARPAGON *(erwidert die Verneigung)*. Und ich, mit Verlaub, mein liebes Töchterchen, ich will, daß Ihr heiratet.

ÉLISE. Ich bitte um Vergebung, lieber Vater.

HARPAGON. Ich bitte um Vergebung, liebe Tochter.

ÉLISE. Ich bin des edlen Herrn Anselme ergebene Dienerin, aber ich werde ihn, mit Eurer gütigen Erlaubnis, nicht heiraten.

HARPAGON. Ich bin Euer ergebener Diener, aber Ihr werdet ihn, mit Eurer gütigen Erlaubnis, noch heute abend heiraten.

ÉLISE. Noch heute abend?

HARPAGON. Noch heute abend.

ÉLISE. Das wird nicht geschehen, lieber Vater.

HARPAGON. Das wird geschehen, liebe Tochter.

ÉLISE. Nein.

HARPAGON. Doch.

ÉLISE. Nein, sage ich.

HARPAGON. Doch, sage ich.

ÉLISE. Dazu werdet Ihr mich keineswegs zwingen.

HARPAGON. C'est une chose où je te réduirai.

ÉLISE. Je me tuerai plutôt que d'épouser un tel mari.

HARPAGON. Tu ne te tueras point, et tu l'épouseras. Mais voyez quelle audace! A-t-on jamais vu une fille parler de la sorte à son père?   5

ÉLISE. Mais a-t-on jamais vu un père marier sa fille de la sorte?

HARPAGON. C'est un parti où il n'y a rien à redire; et je gage que tout le monde approuvera mon choix.

ÉLISE. Et moi, je gage qu'il ne saurait être approuvé d'aucune   10 personne raisonnable.

HARPAGON. Voilà Valère: veux-tu qu'entre nous deux nous le fassions juge de cette affaire?

ÉLISE. J'y consens.

HARPAGON. Te rendras-tu à son jugement?   15

ÉLISE. Oui, j'en passerai par ce qu'il dira.

HARPAGON. Voilà qui est fait.

Scène V

Valère. Harpagon. Élise.

HARPAGON. Ici, Valère. Nous t'avons élu pour nous dire qui   20 a raison, de ma fille ou de moi.

VALÈRE. C'est vous, Monsieur, sans contredit.

HARPAGON. Sais-tu bien de quoi nous parlons?

VALÈRE. Non, mais vous ne sauriez avoir tort, et vous êtes toute raison.   25

HARPAGON. Je veux ce soir lui donner pour époux un homme aussi riche que sage; et la coquine me dit au nez qu'elle se moque de le prendre. Que dis-tu de cela?

VALÈRE. Ce que j'en dis?

HARPAGON. Oui.   30

VALÈRE. Eh, eh.

HARPAGON. Dazu werde ich dich allerdings zwingen.

ÉLISE. Ehe ich so einen Mann heirate, töte ich mich.

HARPAGON. Du wirst ihn heiraten und dich nicht töten. Seh' sich doch einer diese Vermessenheit an! Hat man je erlebt, daß eine Tochter so mit ihrem Vater spricht?

ÉLISE. Hat man auch je erlebt, daß ein Vater seine Tochter so verheiratet?

HARPAGON. Gegen diese Partie ist nichts einzuwenden, und ich wette, daß jedermann meine Wahl billigen wird.

ÉLISE. Und ich wette, daß kein vernünftiger Mensch sie zu billigen vermag.

HARPAGON. Da kommt Valère: Wollen wir ihn in dieser Angelegenheit zum Richter über uns beide machen?

ÉLISE. Damit bin ich einverstanden.

HARPAGON. Wirst du dich seinem Urteil unterwerfen?

ÉLISE. Ja, ich werde mich dem beugen, was er sagt.

HARPAGON. Abgemacht.

Fünfter Auftritt

Valère. Harpagon. Élise.

HARPAGON. Komm her, Valère. Wir haben dich dazu bestimmt, zu entscheiden, wer recht hat, meine Tochter oder ich.

VALÈRE. Ihr, gnädiger Herr, ganz ohne Zweifel.

HARPAGON. Weißt du denn, worüber wir sprechen?

VALÈRE. Nein, aber Ihr könnt gar nicht unrecht haben; Ihr seid die Vernunft in Person.

HARPAGON. Ich will ihr heute abend einen Mann als Gatten geben, der ebenso reich wie klug ist; und der Balg sagt mir frech ins Gesicht, daß sie nicht daran denkt, ihn zu nehmen. Was sagst du dazu?

VALÈRE. Was ich dazu sage?

HARPAGON. Ja.

VALÈRE. Ja, nun ...

HARPAGON. Quoi?

VALÈRE. Je dis que dans le fond je suis de votre sentiment; et
vous ne pouvez pas que vous n'ayez raison. Mais aussi
n'a-t-elle pas tort tout à fait, et . . .

HARPAGON. Comment? le seigneur Anselme est un parti 5
considérable, c'est un gentilhomme qui est noble, doux,
posé, sage, et fort accommodé, et auquel il ne reste aucun
enfant de son premier mariage. Saurait-elle mieux rencon-
trer?

VALÈRE. Cela est vrai. Mais elle pourrait vous dire que c'est 10
un peu précipiter les choses, et qu'il faudrait au moins
quelque temps pour voir si son inclination pourra s'accommoder avec . . .

HARPAGON. C'est une occasion qu'il faut prendre vite aux
cheveux. Je trouve ici un avantage qu'ailleurs je ne trouve- 15
rais pas, et il s'engage à la prendre sans dot.

VALÈRE. Sans dot?

HARPAGON. Oui.

VALÈRE. Ah! je ne dis plus rien. Voyez-vous? voilà une
raison tout à fait convaincante; il se faut rendre à cela. 20

HARPAGON. C'est pour moi une épargne considérable.

VALÈRE. Assurément, cela ne reçoit point de contradiction.
Il est vrai que votre fille vous peut représenter que le
mariage est une plus grande affaire qu'on ne peut croire;
qu'il y va d'être heureux ou malheureux toute sa vie; et 25
qu'un engagement qui doit durer jusqu'à la mort ne se
doit jamais faire qu'avec de grandes précautions.

HARPAGON. Sans dot.

VALÈRE. Vous avez raison: voilà qui décide tout, cela s'entend. Il y a des gens qui pourraient vous dire qu'en de 30

HARPAGON. Was also?

VALÈRE. Im Grunde, sage ich dazu, bin ich ganz Eurer Meinung, und es ist ganz und gar unmöglich, daß Ihr nicht recht habt. Aber auch sie hat nicht ganz unrecht, und . . .

HARPAGON. Was? Der edle Herr Anselme ist eine beträchtliche Partie, er ist von altem Adel und dazu vornehm, freundlich, gesetzt, klug und sehr vermögend; zudem hat er aus seiner ersten Ehe keine Kinder. Könnte sie es besser treffen?

VALÈRE. Das ist ganz richtig. Aber vielleicht könnte sie einwenden, daß das die Dinge ein wenig überstürzen heißt, und daß man zumindest etwas abwarten sollte, ob ihre Neigung sich wird in Einklang bringen lassen mit . . .

HARPAGON. Diese Gelegenheit muß man schnell beim Schopf fassen. Sie bietet mir einen Vorteil, den ich anderswo nicht finden könnte, denn er verpflichtet sich, sie ohne Mitgift zu nehmen.

VALÈRE. Ohne Mitgift?

HARPAGON. Ja.

VALÈRE. Ah! nun sage ich nichts mehr. Seht Ihr? das ist ein völlig überzeugender Grund; dem muß man sich unterwerfen.

HARPAGON. Das bedeutet für mich eine beträchtliche Ersparnis.

VALÈRE. Ganz gewiß, das duldet keinen Widerspruch. Allerdings könnte Eure Tochter geltend machen, daß die Ehe doch eine gewichtigere Angelegenheit ist, als man glauben möchte, daß es dabei um lebenslanges Glück oder Unglück geht und daß eine Bindung, die bis in den Tod dauern soll, nur mit der allergrößten Vorsicht geschlossen werden darf.

HARPAGON. Ohne Mitgift.

VALÈRE. Da habt Ihr recht: das allein ist ausschlaggebend, das versteht sich von selbst. Einige Leute könnten Euch

telles occasions l'inclination d'une fille est une chose sans
doute où l'on doit avoir de l'égard; et que cette grande
inégalité d'âge, d'humeur et de sentiments, rend un mariage sujet à des accidents très fâcheux.

HARPAGON. Sans dot.   5

VALÈRE. Ah! il n'y a pas de réplique à cela: on le sait bien;
qui diantre peut aller là contre? Ce n'est pas qu'il n'y ait
quantité de pères qui aimeraient mieux ménager la satisfaction de leurs filles que l'argent qu'ils pourraient donner; qui ne les voudraient point sacrifier à l'intérêt, et   10
chercheraient plus que toute autre chose à mettre dans un
mariage cette douce conformité qui sans cesse y maintient
l'honneur, la tranquillité et la joie, et que . . .

HARPAGON. Sans dot.

VALÈRE. Il est vrai: cela ferme la bouche à tout, *sans dot*. Le 15
moyen de résister à une raison comme celle-là?

HARPAGON *(il regarde vers le jardin)*. Ouais! il me semble
que j'entends un chien qui aboie. N'est-ce point qu'on en
voudrait à mon argent? Ne bougez, je reviens tout à
l'heure.   20

ÉLISE. Vous moquez-vous, Valère, de lui parler comme vous
faites?

VALÈRE. C'est pour ne point l'aigrir, et pour en venir mieux à
bout. Heurter de front ses sentiments est le moyen de
tout gâter; et il y a de certains esprits qu'il ne faut prendre   25
qu'en biaisant, des tempéraments ennemis de toute résis-
tance, des naturels rétifs, que la vérité fait cabrer, qui
toujours se roidissent contre le droit chemin de la raison,
et qu'on ne mène qu'en tournant où l'on veut les conduire. Faites semblant de consentir à ce qu'il veut, vous en   30
viendrez mieux à vos fins, et . . .

ÉLISE. Mais ce mariage, Valère?

freilich entgegenhalten, daß bei einer solchen Gelegenheit auch die Gefühle der Tochter etwas sind, das man doch berücksichtigen muß, und daß der große Unterschied in bezug auf Alter, Charakter und Empfindungen eine Ehe sehr bösen Zwischenfällen auszusetzen vermag.

HARPAGON. Ohne Mitgift.

VALÈRE. O ja! dagegen gibt es keinen Einwand, wie man wohl weiß; wer zum Teufel kann dagegen angehen? Zwar ist es nicht so, daß es nicht eine Menge Väter gäbe, denen die Rücksicht auf die Zufriedenheit ihrer Töchter näher am Herzen liegt als das Geld, das sie aufwenden müßten; die sie nicht dem Profit opfern würden und vor allem darauf bedacht wären, der Ehe jene süße Eintracht zu verschaffen, die ohne Unterlaß Ehre, Ruhe und Freude bewahrt, und die . . .

HARPAGON. Ohne Mitgift.

VALÈRE. Richtig. Das schließt jedem den Mund – *ohne Mitgift.* Mit welchem Argument sollte man dem widerstehen?

HARPAGON *(schaut nach dem Garten).* Nanu! Ich glaube, ich höre einen Hund bellen. Sollte man es auf mein Geld abgesehen haben? Bleibt hier, ich bin gleich wieder da.

ÉLISE. Wollt Ihr Euch lustig machen, Valère, daß Ihr so mit ihm redet?

VALÈRE. Das tue ich doch nur, um ihn nicht zu verärgern und desto besser mit ihm fertigzuwerden. Seinen Ansichten offen zu widersprechen, würde alles verderben; es gibt eben eine gewisse Geisteshaltung, der man nur auf Umwegen beikommen kann, Gemüter, die einfach keinen Widerspruch vertragen können, störrische Naturen, die die nackte Wahrheit außer sich bringt, die sich gegen den geraden Weg der Vernunft sperren, und die man nur auf Umwegen dahin bringt, wohin man sie haben will. Geht zum Schein auf das ein, was er verlangt, so gelangt Ihr leichter zum Ziel, und . . .

ÉLISE. Aber diese Heirat, Valère?

VALÈRE. On cherchera des biais pour le rompre.

ÉLISE. Mais quelle invention trouver, s'il se doit conclure ce soir?

VALÈRE. Il faut demander un délai, et feindre quelque maladie. 5

ÉLISE. Mais on découvrira la feinte, si l'on appelle des médecins.

VALÈRE. Vous moquez-vous? Y connaissent-ils quelque chose? Allez, allez, vous pourrez avec eux avoir quel mal il vous plaira, ils vous trouveront des raisons pour vous 10 dire d'où cela vient.

HARPAGON. Ce n'est rien, Dieu merci.

VALÈRE. Enfin notre dernier recours, c'est que la fuite nous peut mettre à couvert de tout; et si votre amour, belle Élise, est capable d'une fermeté . . . *(Il aperçoit Harpa-* 15 *gon.)* Oui, il faut qu'une fille obéisse à son père. Il ne faut point qu'elle regarde comme un mari est fait, et lorsque la grande raison de *sans dot* s'y rencontre, elle doit être prête à prendre tout ce qu'on lui donne.

HARPAGON. Bon. Voilà bien parlé, cela. 20

VALÈRE. Monsieur, je vous demande pardon si je m'emporte un peu et prends la hardiesse de lui parler comme je fais.

HARPAGON. Comment? j'en suis ravi, et je veux que tu prennes sur elle un pouvoir absolu. Oui, tu as beau fuir. 25 Je lui donne l'autorité que le Ciel me donne sur toi, et j'entends que tu fasses tout ce qu'il te dira.

VALÈRE. Après cela, résistez à mes remontrances. Monsieur, je vais la suivre, pour lui continuer les leçons que je lui faisais. 30

HARPAGON. Oui, tu m'obligeras. Certes . . .

VALÈRE. Il est bon de lui tenir un peu la bride haute.

VALÈRE. Man wird nach Mitteln und Wegen suchen, sie
zunichte zu machen.

ÉLISE. Aber welchen Ausweg soll man denn finden, wo sie
heute abend schon vereinbart werden soll?

VALÈRE. Man muß Aufschub erbitten, irgendeine Krankheit
vortäuschen.

ÉLISE. Aber man wird die Täuschung entdecken, wenn man
Ärzte ruft.

VALÈRE. Ihr scherzt wohl? Verstehen die denn irgend etwas
davon? Geht nur, denen könnt Ihr mit jeder beliebigen
Krankheit kommen, sie werden schon Gründe finden,
Euch zu sagen, woher das kommt.

HARPAGON. Es war nichts, Gott sei Dank.

VALÈRE. Und schließlich bleibt uns als letztes Mittel immer
noch die Flucht, die uns vor allem retten kann; und wenn
Eure Liebe, schöne Élise, jene Kraft besitzt ... *(Er
bemerkt Harpagon.)* Ja, eine Tochter muß ihrem Vater
gehorchen. Sie darf nicht darauf sehen, wie der Gatte
ausschaut, und wenn das starke Argument *ohne Mitgift*
noch hinzukommt, muß sie bereit sein, alles zu nehmen,
was ihr gegeben wird.

HARPAGON. Gut. Das ist wohl gesprochen.

VALÈRE. Gnädiger Herr, ich bitte um Verzeihung, wenn ich
mich ein wenig ereifere und mir die Kühnheit heraus-
nehme, so mit ihr zu sprechen.

HARPAGON. Wieso? Ich bin davon entzückt und will, daß du
unumschränkte Gewalt über sie hast. Ja, lauf nur weg.
Ich übertrage ihm die Gewalt, die mir der Himmel über
dich gegeben hat, ich erwarte, daß du alles tust, was er dir
sagt.

VALÈRE. Wollt Ihr Euch nach all dem noch gegen meine
Ermahnungen sträuben? Ich gehe ihr nach, gnädiger
Herr, um ihr weiter ins Gewissen zu reden.

HARPAGON. Ja, ich bin dir sehr verbunden. Sicherlich ...

VALÈRE. Es ist angebracht, sie etwas stärker im Zaum zu
halten.

HARPAGON. Cela est vrai. Il faut . . .

VALÈRE. Ne vous mettez pas en peine. Je crois que j'en
viendrai à bout.

HARPAGON. Fais, fais. Je m'en vais faire un petit tour en
ville, et reviens tout à l'heure.   5

VALÈRE. Oui, l'argent est plus précieux que toutes les choses
du monde, et vous devez rendre grâces au Ciel de l'honnête homme de père qu'il vous a donné. Il sait ce que c'est
que de vivre. Lorsqu'on s'offre de prendre une fille sans
dot, on ne doit point regarder plus avant. Tout est   10
renfermé là-dedans, et *sans dot* tient lieu de beauté, de
jeunesse, de naissance, d'honneur, de sagesse et de pro-
bité.

HARPAGON. Ah! le brave garçon! Voilà parlé comme un
oracle. Heureux qui peut avoir un domestique de la   15
sorte!

HARPAGON. Sehr richtig. Man muß . . .

VALÈRE. Bemüht Euch nicht weiter. Ich werde schon mit ihr
fertigwerden.

HARPAGON. Nur zu, nur zu. Ich gehe jetzt kurz in die Stadt
und bin gleich wieder zurück.

VALÈRE. Ja, Geld ist wertvoller als alles andere in der Welt,
und Ihr müßt dem Himmel dafür danken, daß er Euch
einen so ehrenwerten Mann als Vater beschert hat. Er
kennt das Leben. Wenn jemand sich erbietet, ein Mädchen ohne Mitgift zu heiraten, darf man nichts anderem
mehr Beachtung schenken. Alles ist darin eingeschlossen,
und *ohne Mitgift* ersetzt Schönheit, Jugend, Herkunft,
Ehre, Klugheit und Rechtschaffenheit.

HARPAGON. Ah! der gute Bursche. Redet wie ein Orakel.
Wer einen solchen Diener hat, kann sich wirklich glücklich schätzen!

Acte II

Scène I

Cléante. La Flèche.

CLÉANTE. Ah! traître que tu es, où t'es-tu donc allé fourrer?
Ne t'avais-je pas donné ordre . . .   5

LA FLÈCHE. Oui, Monsieur, et je m'étais rendu ici pour vous
attendre de pied ferme; mais Monsieur votre père, le plus
malgracieux des hommes, m'a chassé dehors malgré moi,
et j'ai couru risque d'être battu.

CLÉANTE. Comment va notre affaire? Les choses pressent   10
plus que jamais; et depuis que je ne t'ai vu, j'ai découvert
que mon père est mon rival.

LA FLÈCHE. Votre père amoureux?

CLÉANTE. Oui; et j'ai eu toutes les peines du monde à lui
cacher le trouble où cette nouvelle m'a mis.   15

LA FLÈCHE. Lui se mêler d'aimer! De quoi diable s'avise-t-il?
Se moque-t-il du monde? Et l'amour a-t-il été fait pour
des gens bâtis comme lui?

CLÉANTE. Il a fallu, pour mes péchés, que cette passion lui
soit venue en tête.   20

LA FLÈCHE. Mais par quelle raison lui faire un mystère de
votre amour?

CLÉANTE. Pour lui donner moins de soupçon, et me conser-
ver au besoin des ouvertures plus aisées pour détourner ce
mariage. Quelle réponse t'a-t-on faite?   25

LA FLÈCHE. Ma foi! Monsieur, ceux qui empruntent sont
bien malheureux; et il faut essuyer d'étranges choses
lorsqu'on en est réduit à passer, comme vous, par les
mains des fesse-mathieux.

Zweiter Aufzug

Erster Auftritt

Cléante. La Flèche.

CLÉANTE. Ha! du Verräter du, wo hast du gesteckt? Hatte ich dir nicht befohlen . . .

LA FLÈCHE. Gewiß, gnädiger Herr, ich hatte mich auch hier eingefunden, um geduldig auf Euch zu warten, aber Euer Herr Vater, dieser unfreundlichste Mensch der Welt, hat mich gegen meinen Willen hinausgeworfen, und ich lief noch Gefahr, verprügelt zu werden.

CLÉANTE. Wie steht es mit unserer Angelegenheit? Die Sache drängt mehr denn je, denn ich habe inzwischen erfahren, daß mein Vater mein Nebenbuhler ist.

LA FLÈCHE. Euer Vater ist verliebt?

CLÉANTE. Ja; und es hat mich die allergrößte Mühe gekostet, vor ihm zu verbergen, wie sehr diese Nachricht mich getroffen hat.

LA FLÈCHE. Der und sich verlieben! Was, zum Teufel, ist nur in ihn gefahren? Macht er sich über alle Welt lustig? Ist denn die Liebe für Menschen seines Schlages geschaffen?

CLÉANTE. Meiner Sünden wegen mußte es wohl so kommen, daß er sich diese Leidenschaft in den Kopf gesetzt hat.

LA FLÈCHE. Aber weshalb verheimlicht Ihr ihm Eure Liebe?

CLÉANTE. Um keinen Argwohn bei ihm aufkommen zu lassen und mir für den Notfall leichter Mittel und Wege offenzuhalten, diese Heirat zu vereiteln. Aber was hat man dir geantwortet?

LA FLÈCHE. Ach! gnädiger Herr, wer Geld borgen will, ist sehr übel dran, und man muß schreckliche Dinge in Kauf nehmen, wenn man, wie Ihr, gezwungen ist, sich in die Hände der Wucherer zu geben.

CLÉANTE. L'affaire ne se fera point?

LA FLÈCHE. Pardonnez-moi. Notre maître Simon, le courtier
qu'on nous a donné, homme agissant et plein de zèle, dit
qu'il a fait rage pour vous; et il assure que votre seule
physionomie lui a gagné le cœur.   5

CLÉANTE. J'aurai les quinze mille francs que je demande?

LA FLÈCHE. Oui; mais à quelques petites conditions, qu'il
faudra que vous acceptiez, si vous avez dessein que les
choses se fassent.

CLÉANTE. T'a-t-il fait parler à celui qui doit prêter l'ar-   10
gent?

LA FLÈCHE. Ah! vraiment, cela ne va pas de la sorte. Il
apporte encore plus de soin à se cacher que vous, et ce
sont des mystères bien plus grands que vous ne pensez.
On ne veut point du tout dire son nom, et l'on doit   15
aujourd'hui l'aboucher avec vous, dans une maison em-
pruntée, pour être instruit, par votre bouche, de votre
bien et de votre famille; et je ne doute point que le seul
nom de votre père ne rende les choses faciles.

CLÉANTE. Et principalement notre mère étant morte, dont on 20
ne peut m'ôter le bien.

LA FLÈCHE. Voici quelques articles qu'il a dictés lui-même à
notre entremetteur, pour vous être montrés, avant que de
rien faire:

«Supposé que le prêteur voie toutes ses sûretés, et que   25
l'emprunteur soit majeur, et d'une famille où le bien soit
ample, solide, assuré, clair, et net de tout embarras, on
fera une bonne et exacte obligation par-devant un notaire,
le plus honnête homme qu'il se pourra, et qui, pour cet
effet, sera choisi par le prêteur, auquel il importe le plus 30
que l'acte soit dûment dressé.»

CLÉANTE. Wird nichts aus der Sache?

LA FLÈCHE. Einen Moment. Unser Meister Simon, der Ver-
mittler, den man uns genannt hat, ein sehr rühriger und
eifriger Mann, sagt, daß er für Euch alles in Bewegung
gesetzt hat; er versichert zudem, daß allein schon Euer
Aussehen ihn für Euch eingenommen hat.

CLÉANTE. Bekomme ich die fünfzehntausend Francs, um die
ich bitte?

LA FLÈCHE. Ja; doch zu ein paar kleinen Bedingungen, die
Ihr annehmen müßt, wenn ihr wollt, daß das Geschäft
zustande kommt.

CLÉANTE. Hat er dich mit dem Geldverleiher sprechen
lassen?

LA FLÈCHE. Also wirklich, so einfach geht das nicht. Der
verbirgt sich nämlich noch sorgfältiger als Ihr, und es gibt
dabei viel größere Heimlichtuer als Ihr glaubt. Seinen
Namen will man überhaupt nicht sagen; heute wird man
Euch mit ihm in einem gemieteten Haus zusammenbrin-
gen, damit er durch Euch selbst über Euer Vermögen und
Eure Familie unterrichtet werde, und ich zweifle keinen
Moment, daß schon der Name Eures Vaters alles sehr
einfach machen wird.

CLÉANTE. Vor allem der Umstand, daß meine Mutter tot ist,
deren Vermögen mir niemand nehmen kann.

LA FLÈCHE. Hört jetzt einige Artikel, die er selbst unserem
Mittelsmann diktiert hat und die Euch mitgeteilt werden
sollen, bevor weiteres unternommen wird.
»Vorausgesetzt, daß der Gläubiger genügend Sicherhei-
ten vorfindet, der Schuldner großjährig ist und aus einer
Familie stammt, deren Besitz ausreichend, gut angelegt,
sicher, unzweideutig und unbelastet ist, soll eine formge-
rechte und genaue Schuldanerkenntnis von einem besonders ehrbaren Notar aufgesetzt werden, der zu diesem
Zweck vom Gläubiger bestimmt wird, für den es von
größter Wichtigkeit ist, daß der Vertrag in gehöriger
Form ausgefertigt wird.«

CLÉANTE. Il n'y a rien à dire à cela.

LA FLÈCHE. «Le prêteur, pour ne charger sa conscience d'aucun scrupule, prétend ne donner son argent qu'au denier dix-huit.»

CLÉANTE. Au denier dix-huit? Parbleu! voilà qui est honnête. 5 Il n'y a pas lieu de se plaindre.

LA FLÈCHE. Cela est vrai.

«Mais comme ledit prêteur n'a pas chez lui la somme dont il est question, et que pour faire plaisir à l'emprunteur, il est contraint lui-même de l'emprunter d'un autre, sur le 10 pied du denier cinq, il conviendra que ledit premier emprunteur paye cet intérêt, sans préjudice du reste, attendu que ce n'est que pour l'obliger que ledit prêteur s'engage à cet emprunt.»

CLÉANTE. Comment diable! quel Juif, quel Arabe est-ce là? 15 C'est plus qu'au denier quatre.

LA FLÈCHE. Il est vrai; c'est ce que j'ai dit. Vous avez à voir là-dessus.

CLÉANTE. Que veux-tu que je voie? J'ai besoin d'argent; et il faut bien que je consente à tout. 20

LA FLÈCHE. C'est la réponse que j'ai faite.

CLÉANTE. Il y a encore quelque chose?

LA FLÈCHE. Ce n'est plus qu'un petit article.

«Des quinze mille francs qu'on demande, le prêteur ne pourra compter en argent que douze mille livres, et pour 25 les mille écus restants, il faudra que l'emprunteur prenne les hardes, nippes, et bijoux dont s'ensuit le mémoire, et que ledit prêteur a mis, de bonne foi, au plus modique prix qu'il lui a été possible.»

CLÉANTE. Que veut dire cela? 30

LA FLÈCHE. Écoutez le mémoire.

«Premièrement, un lit de quatre pieds, à bandes de points de Hongrie, appliquées fort proprement sur un drap de

CLÉANTE. Dagegen läßt sich nichts einwenden.

LA FLÈCHE. »Der Gläubiger wird, um sein Gewissen nicht zu belasten, sein Geld zu einem Zinssatz von einem Achtzehntel hergeben.«

CLÉANTE. Ein Achtzehntel? Donnerwetter! Das nenne ich anständig. Darüber kann man sich nicht beklagen.

LA FLÈCHE. Sehr richtig.

»Da aber der genannte Gläubiger die fragliche Summe nicht selbst besitzt und, um dem Schuldner gefällig zu sein, das Geld selbst zum Zins von einem Fünftel der Summe von einem andern borgen muß, wird vereinbart, daß besagter erster Schuldner auch diese Zinsen, unbeschadet der übrigen, zahlt, immer in Anbetracht der Tatsache, daß besagter Gläubiger sich nur aus Gefälligkeit zu diesem Darlehen versteht.«

CLÉANTE. Zum Teufel! Welcher Jude, welcher Araber ist denn das? Das sind Zinsen von mehr als einem Viertel der Summe.

LA FLÈCHE. Richtig, dasselbe habe ich auch gesagt. Ihr müßt Euch das überlegen.

CLÉANTE. Was soll ich denn überlegen? Ich brauche Geld und muß wohl oder übel mit allem einverstanden sein.

LA FLÈCHE. Das habe ich auch geantwortet.

CLÉANTE. Ist da sonst noch etwas?

LA FLÈCHE. Nur noch ein kurzer Artikel.

»Von den verlangten fünfzehntausend Livres kann der Geldgeber nur zwölftausend in bar zahlen. Für die restlichen eintausend Taler wird der Schuldner die in folgender Liste aufgeführten Kleider, Zierat und Schmuckstücke übernehmen, für die der Geldgeber nach bestem Wissen den niedrigstmöglichen Preis angesetzt hat.«

CLÉANTE. Was soll das heißen?

LA FLÈCHE. Hört das Verzeichnis.

»Erstens: Ein vierfüßiges Bett, höchst geschickt verziert mit ungarischer Stickerei auf olivfarbenem Tuch, dazu

couleur d'olive, avec six chaises et la courtepointe de
même; le tout bien conditionné, et doublé d'un petit
taffetas changeant rouge et bleu.

Plus, un pavillon à queue, d'une bonne serge d'Aumale
rose-sèche, avec le mollet et les franges de soie.»   5

CLÉANTE. Que veut-il que je fasse de cela?

LA FLÈCHE. Attendez.

«Plus, une tenture de tapisserie des amours de Gombaut et
de Macée.

Plus, une grande table de bois de noyer, à douze colonnes   10
ou piliers tournés, qui se tire par les deux bouts, et garnie
par le dessous de ses six escabelles.»

CLÉANTE. Qu'ai-je affaire, morbleu . . .?

LA FLÈCHE. Donnez-vous patience.

«Plus, trois gros mousquets tout garnis de nacre de perles, 15
avec les trois fourchettes assortissantes.

Plus, un fourneau de brique, avec deux cornues, et trois
récipients, fort utiles à ceux qui sont curieux de dis-
tiller.»

CLÉANTE. J'enrage.   20

LA FLÈCHE. Doucement.

«Plus, un luth de Bologne, garni de toutes ses cordes, ou
peu s'en faut.

Plus, un trou-madame, et un damier, avec un jeu de l'oie
renouvelé des Grecs, fort propres à passer le temps lors-   25
que l'on n'a que faire.

Plus, une peau de lézard, de trois pieds et demi, remplie
de foin, curiosité agréable pour pendre au plancher d'une
chambre.

Le tout, ci-dessus mentionné, valant loyalement plus de   30
quatre mille cinq cents livres, et rabaissé à la valeur de
mille écus, par la discrétion du prêteur.»

CLÉANTE. Que la peste l'étouffe avec sa discrétion, le traître,
le bourreau qu'il est! A-t-on jamais parlé d'une usure

sechs Stühle und ferner eine Steppdecke, alles vorzüglich
erhalten und mit blaurot schillerndem Taft gefüttert.

Ferner ein verzierter Betthimmel aus gutem, altrosafarbe-
nem Aumaler Serge mit seidenen Litzen und Fransen.«

CLÉANTE. Was soll ich denn damit anfangen?

LA FLÈCHE. Wartet ab.

»Ferner ein Wandbehang mit der Darstellung der Liebesgeschichte von Gombaut und Macée.

Ferner ein großer Tisch aus Nußbaum mit zwölf gedrech-
selten Beinen oder Säulen, an beiden Enden ausziehbar
und mit sechs Fußbänken darunter versehen.«

CLÉANTE. Was, zum Henker, soll ich mit . . .?

LA FLÈCHE. Geduldet Euch.

»Ferner drei große, ganz mit Perlmutt besetzte Musketen
und die drei dazugehörigen Stützgabeln.

Ferner ein Ofen aus Ziegelsteinen, mit zwei Retorten und
drei Rezipienten, für den von besonderem Nutzen, der
gern destilliert.«

CLÉANTE. Ich werde rasend.

LA FLÈCHE. Nur keine Aufregung.

»Ferner eine Bologneser Laute mit allen dazugehörigen
Saiten, oder fast allen.

Ferner ein Billardspiel, ein Damebrett und ein Gänsespiel,
wie man es von den alten Griechen kennt, womit man
sich ausgezeichnet die Zeit vertreiben kann, wenn man
nichts zu tun hat.

Ferner eine dreieinhalb Fuß lange Eidechsenhaut, mit
Heu ausgestopft, eine Seltenheit, die man gut als
Schmuck an die Wand hängen kann.

Alle oben angeführten Gegenstände haben gut und gern
einen Wert von über viertausendfünfhundert Livres, werden vom Gläubiger aber entgegenkommenderweise auf
eintausend Taler herabgesetzt.«

CLÉANTE. Die Pest hole ihn mitsamt seinem Entgegenkom-
men, diesen Halunken und Halsabschneider! Hat man je
von einem solchen Wucher gehört? Ist er denn mit den

semblable? Et n'est-il pas content du furieux intérêt qu'il
exige, sans vouloir encore m'obliger à prendre, pour trois
mille livres, les vieux rogatons qu'il ramasse? Je n'aurai
pas deux cents écus de tout cela; et cependant il faut bien
me résoudre à consentir à ce qu'il veut, car il est en état de 5
me faire tout accepter, et il me tient, le scélérat, le
poignard sur la gorge.

LA FLÈCHE. Je vous vois, Monsieur, ne vous en déplaise,
dans le grand chemin justement que tenait Panurge pour
se ruiner, prenant argent d'avance, achetant cher, vendant 10
à bon marché, et mangeant son blé en herbe.

CLÉANTE. Que veux-tu que j'y fasse? Voilà où les jeunes gens
sont réduits par la maudite avarice des pères; et on
s'étonne après cela que les fils souhaitent qu'ils meurent.   15

LA FLÈCHE. Il faut avouer que le vôtre animerait contre sa
vilanie le plus posé homme du monde. Je n'ai pas, Dieu
merci, les inclinations fort patibulaires; et parmi mes
confrères que je vois se mêler de beaucoup de petits
commerces, je sais tirer adroitement mon épingle du jeu, 20
et me démêler prudemment de toutes les galanteries qui
sentent tant soit peu l'échelle; mais, à vous dire vrai, il me
donnerait, par ses procédés, des tentations de le voler; et
je croirais, en le volant, faire une action méritoire.

CLÉANTE. Donne-moi un peu ce mémoire, que je le voie 25
encore.

wahnsinnigen Zinsen noch nicht zufrieden, die er fordert,
muß er mich auch noch verpflichten, für dreitausend
Livres den alten Plunder abzunehmen, den er angehäuft
hat? Für das ganze Zeug bekomme ich keine zweihundert
Taler; und doch muß ich mich entschließen, allem zuzustimmen, was er verlangt, denn er ist in der Lage, mich zu
allem zu zwingen; er hat mich in der Hand, der Verbrecher, mit dem Messer an der Kehle.

LA FLÈCHE. Mit Verlaub, gnädiger Herr, ich sehe Euch
genau auf jenem breiten Weg, der Panurge in den Ruin
führte: er nahm Vorschuß, kaufte teuer, verkaufte billig
und verschleuderte all sein Gut.

CLÉANTE. Was soll ich denn tun? Da kann man sehen, wozu
die jungen Leute durch den verfluchten Geiz der Väter
gebracht werden; und dann wundert man sich noch, daß
die Söhne ihnen den Tod wünschen.

LA FLÈCHE. Ich muß gestehen, daß der Eure den friedfertig-
sten Menschen der Welt gegen seine Gemeinheit auf-
brächte. Ich habe, Gott sei Dank, keine besondere Vor-
liebe für den Galgen; und wenn ich dabei bin, wenn
meine Kollegen so ihre kleinen Geschäfte machen, weiß
ich mich behutsam zurückzuziehen und mich vorsichtig
aus allen Streichen herauszuhalten, die irgendwie nach
Halunkerei riechen. Aber, um Euch die Wahrheit zu
sagen, Euer Vater könnte mich durch sein Verhalten
direkt reizen, ihn zu bestehlen, und ich wäre, wenn ich
ihn bestehle, noch der Meinung, ein gutes Werk zu
tun.

CLÉANTE. Gib mir doch nochmals das Verzeichnis, daß ich
es genauer durchsehe.

Scène II

Maître Simon. Harpagon. Cléante. La Flèche.

MAÎTRE SIMON. Oui, Monsieur, c'est un jeune homme qui a
besoin d'argent. Ses affaires le pressent d'en trouver, et il
en passera par tout ce que vous lui prescrirez.   5

HARPAGON. Mais croyez-vous, maître Simon, qu'il n'y ait
rien à péricliter? et savez-vous le nom, les biens et la
famille de celui pour qui vous parlez?

MAÎTRE SIMON. Non, je ne puis pas bien vous en instruire à
fond, et ce n'est que par aventure que l'on m'a adressé à   10
lui; mais vous serez de toutes choses éclairci par lui-
même; et son homme m'a assuré que vous serez content,
quand vous le connaîtrez. Tout ce que je saurais vous
dire, c'est que sa famille est fort riche, qu'il n'a plus de
mère déjà, et qu'il s'obligera, si vous voulez, que son père   15
mourra avant qu'il soit huit mois.

HARPAGON. C'est quelque chose que cela. La charité, maître
Simon, nous oblige à faire plaisir aux personnes, lorsque
nous le pouvons.

MAÎTRE SIMON. Cela s'entend.   20

LA FLÈCHE. Que veut dire ceci? Notre maître Simon qui
parle à votre père.

CLÉANTE. Lui aurait-on appris qui je suis? et serais-tu pour
nous trahir?

MAÎTRE SIMON. Ah! ah! vous êtes bien pressés! Qui vous a   25
dit que c'était céans? Ce n'est pas moi, Monsieur, au
moins, qui leur ai découvert votre nom et votre logis;
mais, à mon avis, il n'y a pas grand mal à cela. Ce sont des
personnes discrètes, et vous pouvez ici vous expliquer
ensemble.   30

HARPAGON. Comment?

Zweiter Auftritt

Meister Simon. Harpagon. Cléante. La Flèche.

MEISTER SIMON. Ja, werter Herr, es handelt sich um einen jungen Mann, der Geld benötigt. Seine finanzielle Lage drängt ihn, welches zu finden, und er wird sich allem unterwerfen, was Ihr verlangt.

HARPAGON. Und Ihr glaubt, Meister Simon, daß dabei kein Verlust möglich ist? und kennt den Namen, das Vermögen und die Familie der Person, in deren Namen Ihr sprecht?

MEISTER SIMON. Nein, ich kann Euch kaum genauer darüber informieren, und es ist reiner Zufall, daß man mich an ihn verwiesen hat; Ihr werdet jedoch über alles von ihm selbst Aufklärung erhalten, und sein Bediensteter hat mir versichert, daß Ihr zufrieden sein werdet, wenn Ihr ihn erst kennengelernt habt. Ich kann Euch nur sagen, daß seine Familie sehr reich ist, daß er schon keine Mutter mehr hat und daß er sich, wenn Ihr das verlangt, dafür verbürgt, daß sein Vater vor Ablauf von acht Monaten sterben wird.

HARPAGON. Das ist doch schon etwas. Die Nächstenliebe, Meister Simon, verpflichtet uns dazu, anderen gefällig zu sein, wenn wir dazu in der Lage sind.

MEISTER SIMON. Das versteht sich.

LA FLÈCHE. Was soll das denn bedeuten? Unser Meister Simon spricht mit Eurem Vater.

CLÉANTE. Sollte er erfahren haben, wer ich bin? und hast du uns etwa verraten?

MEISTER SIMON. Oho! Ihr habt es aber eilig! Wer hat Euch denn gesagt, daß es hier stattfindet? Ich jedenfalls, werter Herr, habe ihnen Euren Namen und Eure Wohnung nicht entdeckt; doch ist es, wie ich meine, kein großer Schaden. Es sind verschwiegene Leute, und Ihr könnt Euch hier miteinander verständigen.

HARPAGON. Wie?

MAÎTRE SIMON. Monsieur est la personne qui veut vous emprunter les quinze mille livres dont je vous ai parlé.

HARPAGON. Comment, pendard? c'est toi qui t'abandonnes à ces coupables extrémités?

CLÉANTE. Comment, mon père? c'est vous qui vous portez à ces honteuses actions?

HARPAGON. C'est toi qui te veux ruiner par des emprunts si condamnables?

CLÉANTE. C'est vous qui cherchez à vous enrichir par des usures si criminelles?

HARPAGON. Oses-tu bien, après cela, paraître devant moi!

CLÉANTE. Osez-vous bien, après cela, vous présenter aux yeux du monde?

HARPAGON. N'as-tu point de honte, dis-moi, d'en venir à ces débauches-là? de te précipiter dans des dépenses effroyables? et de faire une honteuse dissipation du bien que tes parents t'ont amassé avec tant de sueurs?

CLÉANTE. Ne rougissez-vous point de déshonorer votre condition par les commerces que vous faites? de sacrifier gloire et réputation au désir insatiable d'entasser écu sur écu, et de renchérir, en fait d'intérêts, sur les plus infâmes subtilités qu'aient jamais inventées les plus célèbres usuriers?

HARPAGON. Ôte-toi de mes yeux, coquin! ôte-toi de mes yeux!

CLÉANTE. Qui est plus criminel, à votre avis, ou celui qui achète un argent dont il a besoin, ou bien celui qui vole un argent dont il n'a que faire?

HARPAGON. Retire-toi, te dis-je, et ne m'échauffe pas les oreilles. Je ne suis pas fâché de cette aventure; et ce m'est un avis de tenir l'œil, plus que jamais, sur toutes ses actions.

MEISTER SIMON. Dieser Herr ist es, der von Euch die fünfzehntausend Livres leihen will, über die ich mit Euch gesprochen habe.

HARPAGON. Wie, Galgenvogel? Du bist es, der sich zu so unerhört verwerflichem Handeln hinreißen läßt?

CLÉANTE. Wie, lieber Vater? Ihr seid es, der sich zu so schändlichem Vorgehen versteigt?

HARPAGON. Du bist es, der sich durch so verdammenswerte Darlehen ruinieren will?

CLÉANTE. Ihr seid es, der sich durch so verbrecherischen Wucher zu bereichern sucht?

HARPAGON. Wagst du es danach überhaupt noch, mir unter die Augen zu treten?

CLÉANTE. Wagt Ihr es danach überhaupt noch, Euch in der guten Gesellschaft zu zeigen?

HARPAGON. Schämst du dich nicht, sag, dich zu einer solchen Verschwendung hinreißen zu lassen? dich in entsetzliche Ausgaben zu stürzen? und in schändlicher Weise das Vermögen zu verschleudern, das deine Eltern für dich mit so viel Schweiß zusammengetragen haben?

CLÉANTE. Werdet Ihr nicht schamrot, Euren Stand durch die Geschäfte zu entehren, die Ihr betreibt? Ansehen und guten Ruf dem unersättlichen Verlangen zu opfern, Taler um Taler aufzuhäufen und, was die Zinsen angeht, noch die gemeinsten Winkelzüge zu überbieten, die die berüchtigtsten Wucherer je ersonnen haben?

HARPAGON. Geh mir aus den Augen, Halunke! geh mir aus den Augen!

CLÉANTE. Wer ist denn Eurer Meinung zufolge verwerflicher, der, der sich das Geld beschafft, das er benötigt, oder vielmehr der, der Geld zusammenrafft, für das er keine Verwendung hat?

HARPAGON. Mache dich davon, sage ich dir, und bring mich nicht in Rage! Dieser Zwischenfall ist mir gar nicht unwillkommen, denn er zeigt mir, daß ich mehr als zuvor ein Auge auf alles, was er tut, haben muß.

Scène III

Frosine. Harpagon.

FROSINE. Monsieur . . .

HARPAGON. Attendez un moment; je vais revenir vous parler. Il est à propos que je fasse un petit tour à mon argent. 5

Scène IV

La Flèche. Frosine.

LA FLÈCHE. L'aventure est tout à fait drôle. Il faut bien qu'il ait quelque part un ample magasin de hardes; car nous 10 n'avons rien reconnu au mémoire que nous avons.

FROSINE. Hé! c'est toi, mon pauvre La Flèche? D'où vient cette rencontre?

LA FLÈCHE. Ah! ah! c'est toi, Frosine. Que viens-tu faire ici? 15

FROSINE. Ce que je fais partout ailleurs: m'entremettre d'affaires, me rendre serviable aux gens, et profiter du mieux qu'il m'est possible des petits talents que je puis avoir. Tu sais que dans ce monde il faut vivre d'adresse, et qu'aux personnes comme moi le Ciel n'a donné d'autres 20 rentes que l'intrigue et que l'industrie.

LA FLÈCHE. As-tu quelque négoce avec le patron du logis?

FROSINE. Oui, je traite pout lui quelque petite affaire, dont j'espère une récompense.

LA FLÈCHE. De lui? Ah, ma foi! tu seras bien fine si tu en 25 tires quelque chose; et je te donne avis que l'argent céans est fort cher.

FROSINE. Il y a de certains services qui touchent merveilleusement.

LA FLÈCHE. Je suis votre valet, et tu ne connais pas encore le 30

Dritter Auftritt

Frosine. Harpagon.

FROSINE. Gnädiger Herr ...

HARPAGON. Wartet einen Augenblick; ich stehe Euch gleich
zur Verfügung. Es ist an der Zeit, nach meinem Geld zu
sehen.

Vierter Auftritt

La Flèche. Frosine.

LA FLÈCHE. Das ist wirklich eine ganz tolle Geschichte. Er
muß irgendwo ein Lager für den Plunder besitzen, denn
wir haben auf der Liste, die wir hier haben, nichts wieder-
erkannt.

FROSINE. Ach! bist du es, mein guter La Flèche? Was führt
uns hier zusammen?

LA FLÈCHE. Ah! du bist es, Frosine. Was tust du hier?

FROSINE. Was ich überall tue: Geschäfte vermitteln, den
Leuten nützlich sein und aus meinen bescheidenen Fähigkeiten, so gut ich es kann, Gewinn schlagen. Du weißt ja,
daß man in dieser Welt von seiner Geschicklichkeit leben
muß und daß der Himmel Leuten wie mir kein anderes
Vermögen als Gerissenheit und Gewandtheit gegeben
hat.

LA FLÈCHE. Hast du etwas mit dem Hausherrn zu verhan-
deln?

FROSINE. Ja, ich erledige ein kleines Geschäft für ihn, von
dem ich mir eine Belohnung verspreche.

LA FLÈCHE. Von ihm? Ah, mein Gott! wenn du dem etwas
entlockst, bist du wirklich geschickt; laß dir gesagt sein,
daß Geld in diesem Haus höchst rar ist.

FROSINE. Es gibt gewisse Dienstleistungen, die Wunder
wirken.

LA FLÈCHE. Mit Verlaub, du kennst den werten Herrn

seigneur Harpagon. Le seigneur Harpagon est de tous les
humains l'humain le moins humain, le mortel de tous les
mortels le plus dur et le plus serré. Il n'est point de service
qui pousse sa reconnaissance jusqu'à lui faire ouvrir les
mains. De la louange, de l'estime, de la bienveillance en 5
paroles et de l'amitié tant qu'il vous plaira; mais de
l'argent, point d'affaires. Il n'est rien de plus sec et de plus
aride que ses bonnes grâces et ses caresses; et *donner* est
un mot pour qui il a tant d'aversion, qu'il ne dit jamais: *Je
vous donne,* mais: *Je vous prête le bonjour.* 10

FROSINE. Mon Dieu! je sais l'art de traire les hommes, j'ai le
secret de m'ouvrir leur tendresse, de chatouiller leurs
cœurs, de trouver les endroits par où ils sont sensibles.

LA FLÈCHE. Bagatelles ici. Je te défie d'attendrir, du côté de
l'argent, l'homme dont il est question. Il est turc là- 15
dessus, mais d'une turquerie à désespérer tout le monde;
et l'on pourrait crever, qu'il n'en branlerait pas. En un
mot, il aime l'argent, plus que réputation, qu'honneur et
que vertu; et la vue d'un demandeur lui donne des convul-
sions. C'est le frapper par son endroit mortel, c'est lui 20
percer le cœur, c'est lui arracher les entrailles; et si...
Mais il revient; je me retire.

Scène V

Harpagon. Frosine.

HARPAGON. Tout va comme il faut. Hé bien! qu'est-ce, 25
Frosine?

FROSINE. Ah! mon Dieu! que vous vous portez bien! et que
vous avez là un vrai visage de santé!

Harpagon noch nicht. Der werte Herr Harpagon ist unter allen Menschen der am wenigsten menschliche Mensch, unter allen Sterblichen der härteste und knauserigste Sterbliche. Es gibt keine Dienstleistung, die ihn aus Dankbarkeit so weit bringen könnte, die Hand aufzumachen. Lob, Anerkennung, wohlwollende Worte und Freundlichkeit, soviel Ihr wollt; aber Geld: nichts zu machen. Nichts ist so trocken und so unergiebig wie seine Dankbarkeit und seine Zuneigung, und gegen das Wort *geben* fühlt er eine so große Abneigung, daß er seinen Willkommensgruß nie *gibt*, sondern nur *leiht*.

FROSINE. Mein Gott! ich verstehe mich schon darauf, die Menschen auszunehmen, ich kenne die geheimen Kniffe, ihre Zuneigung zu gewinnen, ihre Herzen anzurühren und die Stellen zu finden, an denen sie verwundbar sind.

LA FLÈCHE. Das nützt hier alles nichts. Ich sage dir, wenn es ums Geld geht, wirst du den Mann, um den es hier geht, nicht erweichen. In diesem Punkt ist er verstockt wie ein Türke, und zwar von einer Verstocktheit, die jedermann zur Verzweiflung bringt, und man könnte abkratzen, ohne daß er einen Finger krümmen würde. Kurzum, er liebt das Geld mehr als Ansehen, Ehre und sittliches Verhalten, und der Anblick eines Bittstellers verursacht ihm Krämpfe. Das ist, als verwundete man ihn tödlich, als durchbohrte man sein Herz, als risse man ihm die Eingeweide aus dem Leib; und wenn ... Doch da kommt er wieder; ich ziehe mich zurück.

Fünfter Auftritt

Harpagon. Frosine.

HARPAGON. Alles ist in bester Ordnung. Nun, Frosine, was gibt es?

FROSINE. Ah, mein Gott! wie gut Ihr ausseht! und wie Euch die Gesundheit ins Gesicht geschrieben ist!

HARPAGON. Qui, moi?

FROSINE. Jamais je ne vous vis un teint si frais et si gaillard.

HARPAGON. Tout de bon?

FROSINE. Comment? vous n'avez de votre vie été si jeune 5
que vous êtes; et je vois des gens de vingt-cinq ans qui
sont plus vieux que vous.

HARPAGON. Cependant, Frosine, j'en ai soixante bien
comptés.

FROSINE. Hé bien! qu'est-ce que cela, soixante ans? Voilà 10
bien de quoi! C'est la fleur de l'âge cela, et vous entrez
maintenant dans la belle saison de l'homme.

HARPAGON. Il est vrai; mais vingt années de moins pourtant
ne me feraient point de mal, que je crois.

FROSINE. Vous moquez-vous? Vous n'avez pas besoin de 15
cela, et vous êtes d'une pâte à vivre jusques à cent ans.

HARPAGON. Tu le crois!

FROSINE. Assurément. Vous en avez toutes les marques.
Tenez-vous un peu. Oh! que voilà bien là, entre vos deux
yeux, un signe de longue vie! 20

HARPAGON. Tu te connais à cela?

FROSINE. Sans doute. Montrez-moi votre main. Ah! mon
Dieu! quelle ligne de vie!

HARPAGON. Comment!

FROSINE. Ne voyez-vous pas jusqu'où va cette ligne-là? 25

HARPAGON. Hé bien! qu'est-ce que cela veut dire?

FROSINE. Par ma foi! je disais cent ans; mais vous passerez
les six-vingts.

HARPAGON. Est-il possible?

FROSINE. Il faudra vous assommer, vous dis-je; et vous 30
mettrez en terre et vos enfants, et les enfants de vos
enfants.

HARPAGON. Tant mieux. Comment va notre affaire?

HARPAGON. Wem, mir?

FROSINE. Noch nie habe ich Euch mit so frischer und kräftiger Farbe gesehen.

HARPAGON. Tatsächlich?

FROSINE. Was denn? noch nie in Eurem Leben wart Ihr so jung wie jetzt; und ich kenne Leute von fünfundzwanzig Jahren, die älter sind als Ihr.

HARPAGON. Trotzdem, Frosine, ich bin volle sechzig Jahre alt.

FROSINE. Na und! was ist das schon, sechzig Jahre? Und wenn schon! Das ist die Blüte der Jahre, und Ihr kommt jetzt ins beste Mannesalter.

HARPAGON. Gewiß doch; aber zwanzig Jahre weniger würden mir auch nichts schaden, wie ich meine.

FROSINE. Ihr scherzt wohl? Das habt Ihr wirklich nicht nötig; so, wie Ihr gebaut seid, könnt Ihr hundert Jahre leben.

HARPAGON. Glaubst du das wirklich?

FROSINE. Ganz bestimmt. Alles an Euch deutet darauf hin. Wartet einen Moment. Oh! da ist doch wirklich zwischen Euren Augen ein Zeichen, das langes Leben bedeutet.

HARPAGON. Du verstehst dich auf so etwas?

FROSINE. Aber sicher. Zeigt mir Eure Hand. Aha! mein Gott! was für eine Lebenslinie!

HARPAGON. Wie bitte?

FROSINE. Seht Ihr denn nicht, wie weit diese Linie hier reicht?

HARPAGON. Nun gut! und was bedeutet das?

FROSINE. Meiner Treu! Eben habe ich hundert Jahre gesagt; aber Ihr werdet älter als hundertzwanzig.

HARPAGON. Ist das möglich?

FROSINE. Man wird Euch umbringen müssen, sage ich Euch; und Ihr werdet noch Eure Kinder und Kindeskinder begraben.

HARPAGON. Um so besser. Wie steht es um unser Geschäft?

FROSINE. Faut-il le demander? et me voit-on mêler de rien
dont je ne vienne à bout? J'ai surtout pour les mariages un
talent merveilleux; il n'est point de partie au monde que je
ne trouve en peu de temps le moyen d'accoupler; et je
crois, si je me l'étais mis en tête, que je marierais le Grand   5
Turc avec la République de Venise. Il n'y avait pas sans
doute de si grandes difficultés à cette affaire-ci. Comme
j'ai commerce chez elles, je les ai à fond l'une et l'autre
entretenues de vous, et j'ai dit à la mère le dessein que
vous aviez conçu pour Mariane, à la voir passer dans la   10
rue, et prendre l'air à sa fenêtre.

HARPAGON. Qui a fait réponse . . .

FROSINE. Elle a reçu la proposition avec joie; et quand je lui
ai témoigné que vous souhaitiez fort que sa fille assistât ce
soir au contrat de mariage qui se doit faire de la vôtre, elle   15
y a consenti sans peine, et me l'a confiée pour cela.

HARPAGON. C'est que je suis obligé, Frosine, de donner à
souper au seigneur Anselme; et je serais bien aise qu'elle
soit du régale.

FROSINE. Vous avez raison. Elle doit après dîner rendre   20
visite à votre fille, d'où elle fait son compte d'aller faire un
tour à la foire, pour venir ensuite au souper.

HARPAGON. Hé bien! elles iront ensemble dans mon carrosse, que je leur prêterai.

FROSINE. Voilà justement son affaire.   25

HARPAGON. Mais, Frosine, as-tu entretenu la mère touchant
le bien qu'elle peut donner à sa fille? Lui as-tu dit qu'il
fallait qu'elle s'aidât un peu, qu'elle fît quelque effort,

FROSINE. Das fragt Ihr noch? Hat man je erlebt, daß ich mich ohne Erfolg um etwas gekümmert habe? Vor allem, wenn es ums Heiraten geht, entwickle ich ein wunderbares Talent. Es gibt überhaupt keine Partie, für deren Zustandekommen ich nicht binnen kurzem Mittel und Wege fände; ich glaube, ich würde auch den Großtürken mit der Republik von Venedig verheiraten, wenn ich es mir in den Kopf gesetzt hätte. Bei unserem Geschäft waren die Schwierigkeiten natürlich nicht so groß. Da ich mit ihnen auf gutem Fuße stehe, habe ich mit der einen wie mit der anderen ausführlich über Euch gesprochen, und der Mutter habe ich von den Absichten erzählt, die Ihr in bezug auf Mariane hegt, seit Ihr sie in der Straße vorübergehen und an ihrem Fenster Luft schöpfen saht.

HARPAGON. Und ihre Antwort . . .

FROSINE. Sie hat den Vorschlag mit Freude aufgenommen; und als ich ihr mitgeteilt habe, Ihr würdet Euch sehr freuen, wenn ihre Tochter heute abend beim Abschluß des Ehevertrags der Euren dabei sein könnte, hat sie ohne weiteres zugestimmt und sie mir für diese Gelegenheit anvertraut.

HARPAGON. Ich kann nämlich nicht umhin, liebe Frosine, dem edlen Herrn Anselme ein Abendessen zu geben; und es wäre mir sehr lieb, wenn sie an der Festlichkeit teilnehmen könnte.

FROSINE. Ihr habt recht. Nach dem Mittagessen will sie Eurer Tochter einen Besuch abstatten, und danach hat sie vor, ein wenig zu promenieren, um dann zum Abendessen wieder hier zu sein.

HARPAGON. Nun gut! sie können zusammen in meiner Kutsche fahren; ich werde sie ihnen leihen.

FROSINE. Das wird ihr gut zupaß kommen.

HARPAGON. Aber, liebe Frosine, hast du mit der Mutter über das Vermögen gesprochen, was sie ihrer Tochter mitgeben kann? Hast du ihr gesagt, daß sie unbedingt etwas

qu'elle se saignât pour une occasion comme celle-ci? Car
encore n'épouse-t-on point une fille, sans qu'elle apporte
quelque chose.

FROSINE. Comment? c'est une fille qui vous apportera douze
mille livres de rente.   5

HARPAGON. Douze mille livres de rente!

FROSINE. Oui. Premièrement, elle est nourrie et élevée dans
une grande épargne de bouche; c'est une fille accoutumée
à vivre de salade, de lait, de fromage et de pommes, et à
laquelle par conséquent il ne faudra ni table bien servie, ni 10
consommés exquis, ni orges mondés perpétuels, ni les
autres délicatesses qu'il faudrait pour une autre femme; et
cela ne va pas à si peu de chose, qu'il ne monte bien, tous
les ans, à trois mille francs pour le moins. Outre cela, elle
n'est curieuse que d'une propreté fort simple, et n'aime   15
point les superbes habits, ni les riches bijoux, ni les
meubles somptueux, où donnent ses pareilles avec tant de
chaleur; et cet article-là vaut plus de quatre mille livres par
an. De plus, elle a une aversion horrible pour le jeu, ce qui
n'est pas commun aux femmes d'aujourd'hui; et j'en sais   20
une de nos quartiers qui a perdu, à trente-et-quarante,
vingt mille francs cette année. Mais n'en prenons rien que
le quart. Cinq mille francs au jeu par an, et quatre mille
francs en habits et bijoux, cela fait neuf mille livres; et
mille écus que nous mettons pour la nourriture, ne voilà-   25
t-il pas par année vos douze mille francs bien comptés?

HARPAGON. Oui, cela n'est pas mal; mais ce compte-là n'est
rien de réel.

FROSINE. Pardonnez-moi. N'est-ce pas quelque chose de
réel, que de vous apporter en mariage une grande so-   30

unternehmen muß, daß sie sich anstrengen und sich für
einen solchen Anlaß große Opfer auferlegen muß? Denn
schließlich heiratet man ein Mädchen nicht, wenn sie
nichts mitbringt.

FROSINE. Was denn? das Mädchen bringt Euch zwölftausend Livres Rente ein.

HARPAGON. Zwölftausend Livres Rente!

FROSINE. Ja. Erstens ist sie, was das Essen angeht, mit
größter Sparsamkeit ernährt und aufgezogen worden; sie
ist ein Mädchen, das daran gewöhnt, von Salat, Milch,
Käse und Äpfeln zu leben, folglich weder einen reich
gedeckten Tisch noch erlesene Suppen, weder ständig
Gerstenbrühe noch all die anderen Delikatessen braucht,
die man für eine andere Frau benötigen würde; und das
macht immerhin so viel aus, daß es sich jedes Jahr gut und
gern auf mindestens dreitausend Francs beläuft. Darüber
hinaus ist sie nur auf ein ganz bescheidenes Äußeres
bedacht und liebt weder die prächtigen Kleider noch den
üppigen Schmuck noch die prunkvollen Möbel, auf die
ihresgleichen so überaus großen Wert legt; und dieser
Posten ist jährlich mehr als viertausend Livres wert.
Weiterhin hat sie eine heftige Abneigung gegen das
Glücksspiel, was bei den Frauen heutzutage nicht selbstverständlich ist; ich kenne eine aus unserer Nachbar-
schaft, die dieses Jahr beim Kartenspiel zwanzigtausend
Francs verloren hat. Doch rechnen wir nur ein Viertel
davon. Fünftausend Francs pro Jahr beim Glücksspiel
und viertausend Francs für Kleider und Schmuck, das
macht neuntausend Livres; dazu tausend Taler, die wir
für Essen und Trinken ansetzen, sind das nicht genau
Eure zwölftausend Francs im Jahr?

HARPAGON. Ja, das ist nicht schlecht; doch diese Art Rechnung bringt nichts Greifbares ein.

FROSINE. Erlaubt mal! Ist das denn nichts Greifbares, wenn
man Euch eine große Bescheidenheit, die Erbschaft eines

briété, l'héritage d'un grand amour de simplicité de pa-
rure, et l'acquisition d'un grand fonds de haine pour le
jeu?

HARPAGON. C'est une raillerie, que de vouloir me constituer
son dot de toutes les dépenses qu'elle ne fera point. Je 5
n'irai pas donner quittance de ce que je ne reçois pas; et il
faut bien que je touche quelque chose.

FROSINE. Mon Dieu! vous toucherez assez; et elles m'ont
parlé d'un certain pays où elles ont du bien dont vous
serez le maître. 10

HARPAGON. Il faudra voir cela. Mais, Frosine, il y a encore
une chose qui m'inquiète. La fille est jeune, comme tu
vois; et les jeunes gens d'ordinaire n'aiment que leurs
semblables, ne cherchent que leur compagnie. J'ai peur
qu'un homme de mon âge ne soit pas de son goût; et que 15
cela ne vienne à produire chez moi certains petits désordres qui ne m'accommoderaient pas.

FROSINE. Ah! que vous la connaissez mal! C'est encore une
particularité que j'avais à vous dire. Elle a une aversion
épouvantable pour tous les jeunes gens, et n'a de l'amour 20
que pour les vieillards.

HARPAGON. Elle?

FROSINE. Oui, elle. Je voudrais que vous l'eussiez entendue
parler là-dessus. Elle ne peut souffrir du tout la vue d'un
jeune homme; mais elle n'est point plus ravie, dit-elle, 25
que lorsqu'elle peut voir un beau vieillard avec une barbe
majestueuse. Les plus vieux sont pour elle les plus char-
mants, et je vous avertis de n'aller pas vous faire plus
jeune que vous êtes. Elle veut tout au moins qu'on soit
sexagénaire; et il n'y a pas quatre mois encore, qu'étant 30
prête d'être mariée, elle rompit tout net le mariage, sur ce

großen Hangs zu einfacher Aufmachung und den Erwerb
eines großen Kapitals an Abneigung gegen das Spiel in die
Ehe bringt.

HARPAGON. Es ist ein schlechter Scherz, mir ihre Mitgift aus
all den Ausgaben zusammenzurechnen, die sie nicht
machen wird. Ich werde doch nicht den Empfang einer
Sache bestätigen, die ich nicht wirklich erhalte, und ich
muß unbedingt etwas in die Hand bekommen.

FROSINE. Guter Gott! Ihr werdet schon genug in die Hand
bekommen; schließlich haben sie mir von einem gewissen
Land berichtet, in dem sie ein Vermögen besitzen, über
das Ihr werdet verfügen können.

HARPAGON. Das wird man noch überprüfen müssen. Aber,
liebe Frosine, da ist noch etwas, was mich beunruhigt.
Wie du siehst, ist das Mädchen jung, und die jungen
Leute lieben gewöhnlich ihresgleichen und suchen nur
deren Gesellschaft. Ich befürchte, daß ein Mann meines
Alters nicht nach ihrem Geschmack ist, und das könnte in
meinem Hause zu gewissen kleinen Unregelmäßigkeiten
führen, die mir gar nicht gefallen würden.

FROSINE. Ach! wie wenig Ihr sie kennt! Das ist auch eine
besondere Eigenschaft, von der ich Euch berichten wollte. Sie hat nämlich eine ungeheure Abneigung gegen alle
jungen Leute und liebt nur die Alten.

HARPAGON. Sie?

FROSINE. Ja, sie. Ihr hättet sie davon sprechen hören sollen.
Der Anblick eines jungen Mannes ist ihr ganz und gar
unerträglich; hingegen ist es ihr größtes Entzücken, sagt
sie, wenn sie einen schönen Greis mit einem majestäti-
schen Bart erblicken darf. Die ältesten sind für sie die
reizvollsten, und ich rate Euch, Euch nicht jünger zu
machen, als Ihr es seid. Sie will, daß man zumindest
sechzig ist; und es ist noch keine vier Monate her, da hat
sie, als schon alles für ihre Heirat vorbereitet war, die
Heirat kurzerhand aufgekündigt, weil ihr Bewerber zu

que son amant fit voir qu'il n'avait que cinquante-six ans,
et qu'il ne prit point de lunettes pour signer le contrat.

HARPAGON. Sur cela seulement?

FROSINE. Oui. Elle dit que ce n'est pas contentement pour
elle que cinquante-six ans; et surtout, elle est pour les nez　5
qui portent des lunettes.

HARPAGON. Certes, tu me dis là une chose toute nouvelle.

FROSINE. Cela va plus loin qu'on ne vous peut dire. On lui
voit dans sa chambre quelques tableaux et quelques
estampes; mais que pensez-vous que ce soit? Des Adonis?　10
des Céphales? des Pâris? et des Apollons? Non: de beaux
portraits de Saturne, du roi Priam, du vieux Nestor, et du
bon père Anchise sur les épaules de son fils.

HARPAGON. Cela est admirable! Voilà ce que je n'aurais
jamais pensé; et je suis bien aise d'apprendre qu'elle est de　15
cette humeur. En effet, si j'avais été femme, je n'aurais
point aimé les jeunes hommes.

FROSINE. Je le crois bien. Voilà de belles drogues que des
jeunes gens, pour les aimer! Ce sont de beaux morveux,
de beaux godelureaux, pour donner envie de leur peau; et　20
je voudrais bien savoir quel ragoût il y a à eux.

HARPAGON. Pour moi, je n'y en comprends point; et je ne
sais pas comment il y a des femmes qui les aiment tant.

FROSINE. Il faut être folle fieffée. Trouver la jeunesse aimable! est-ce avoir le sens commun? Sont-ce des hommes　25
que de jeunes blondins? et peut-on s'attacher à ces ani-
maux-là?

HARPAGON. C'est ce que je dis tous les jours: avec leur ton de
poule laitée, et leurs trois petits brins de barbe relevés en

erkennen gab, daß er erst sechsundfünfzig Jahre alt sei,
und weil er keine Brille aufsetzte, um den Vertrag zu
unterschreiben.

HARPAGON. Allein aus diesem Grund?

FROSINE. Ja. Sie sagte, daß sechsundfünfzig Jahre ihr nicht
genügten; und vor allem legt sie großen Wert auf Nasen,
die eine Brille tragen.

HARPAGON. Wirklich, du sagst mir da etwas, das mir völlig
neu ist.

FROSINE. Und das geht noch viel weiter, als sich sagen läßt.
In ihrem Zimmer hat sie einige Bilder und Stiche; und was
denkt Ihr, was für welche? Bilder von Adonis? von
Kephalos? von Paris? oder von Apollo? Nein: schöne
Portraits des Saturn, des Königs Priamos, des alten Nestor und des guten Vater Anchises auf den Schultern
seines Sohns.

HARPAGON. Das ist ja bewundernswert. So etwas hätte ich
niemals gedacht; und ich bin höchst erfreut zu erfahren,
daß sie diese Eigenheit besitzt. In der Tat, wäre ich eine
Frau, hätte ich für junge Männer auch überhaupt nichts
übrig.

FROSINE. Das glaube ich gern. Die sind doch ungenießbar in
der Liebe, die jungen Leute! Es sind Rotznasen, Stutzer,
und die sollen gar anziehend sein; da wüßte ich doch
gerne, wie man an denen Geschmack finden kann.

HARPAGON. Ich verstehe das jedenfalls überhaupt nicht; und
es ist mir unbegreiflich, daß es Frauen gibt, die sie so sehr
lieben.

FROSINE. Dazu muß man eine ausgemachte Närrin sein. Die
Jugend liebenswert finden! ist man da noch bei Verstand?
Sind diese Modejünglinge denn überhaupt Männer? Wie
kann man an diesen dummen Geschöpfen Interesse
finden?

HARPAGON. Das sage ich ja immer: mit ihrem weichlichen
Milchgesicht, ihren drei Härchen, die sie zum Schnurr-

barbe de chat, leurs perruques d'étoupes, leurs hauts-de-
chausses tout tombants, et leurs estomacs débraillés.

FROSINE. Eh! cela est bien bâti, auprès d'une personne
comme vous. Voilà un homme cela. Il y a là de quoi
satisfaire à la vue; et c'est ainsi qu'il faut être fait, et vêtu, 5
pour donner de l'amour.

HARPAGON. Tu me trouves bien?

FROSINE. Comment? vous êtes à ravir, et votre figure est à
peindre. Tournez-vous un peu, s'il vous plaît. Il ne se
peut pas mieux. Que je vous voie marcher. Voilà un corps 10
taillé, libre, et dégagé comme il faut, et qui ne marque
aucune incommodité.

HARPAGON. Je n'en ai pas de grandes, Dieu merci. Il n'y a
que ma fluxion, qui me prend de temps en temps.

FROSINE. Cela n'est rien. Votre fluxion ne vous sied point 15
mal, et vous avez grâce à tousser.

HARPAGON. Dis-moi un peu: Mariane ne m'a-t-elle point
encore vu? N'a-t-elle point pris garde à moi en passant?

FROSINE. Non; mais nous nous sommes fort entretenues de
vous. Je lui ai fait un portrait de votre personne; et je n'ai 20
pas manqué de lui vanter votre mérite, et l'avantage que ce
lui serait d'avoir un mari comme vous.

HARPAGON. Tu as bien fait, et je t'en remercie.

FROSINE. J'aurais, Monsieur, une petite prière à vous faire.
(Il prend un air sévère.) J'ai un procès que je suis sur le 25
point de perdre, faute d'un peu d'argent; et vous pourriez
facilement me procurer le gain de ce procès, si vous aviez
quelque bonté pour moi. *(Il reprend un air gai.)* Vous ne

bart hochdrehen, ihren Perücken aus Werg, ihren schlot-
ternden Pumphosen und ihren lässig geöffneten We-
sten.

FROSINE. Nicht? Das sieht herrlich aus, neben einer Persön-
lichkeit wie Euch. Das hier nenne ich einen Mann. Das ist
es, was das Auge erfreut, und so muß man gebaut und
gekleidet sein, um Liebe zu erwecken.

HARPAGON. Du findest, daß ich gut aussehe?

FROSINE. Was denn? hinreißend seid Ihr, Eure Gestalt ist
zum Malen. Dreht Euch doch bitte einmal. Besser geht es
gar nicht. Laßt mich sehen, wie Ihr geht. Das nenne ich
einen gut gebauten Körper, unverkrampft und gelöst, wie
es sich ziemt, dazu ohne Anzeichen irgendeines Gebre-
chens.

HARPAGON. Wenigstens habe ich keine schwerwiegenden,
Gott sei Dank. Nur meine Hustenanfälle plagen mich von
Zeit zu Zeit.

FROSINE. Das hat nichts zu bedeuten. Eure Anfälle stehen
Euch recht gut, und Ihr hustet voller Anmut.

HARPAGON. Sage doch mal: hat mich Mariane schon einmal
gesehen? Ist sie im Vorübergehen auf mich aufmerksam
geworden?

FROSINE. Nein; aber wir haben uns ausführlich über Euch
unterhalten. Ich habe ihr ein genaues Bild von Eurer
Person entworfen, und ich habe nicht versäumt, Euer
Verdienst zu preisen und den Vorteil herauszustreichen,
den sie daraus ziehen würde, einen Gatten wie Euch zu
haben.

HARPAGON. Das hast du gut gemacht, und ich danke dir
dafür.

FROSINE. Gnädiger Herr, ich hätte noch eine kleine Bitte an
Euch. *(Er macht ein ernstes Gesicht.)* Ich führe einen
Prozeß und bin drauf und dran, ihn zu verlieren, weil es
mir an etwas Geld fehlt; Ihr könntet mir mit ein wenig
Großzügigkeit leicht dazu verhelfen, diesen Prozeß zu
gewinnen. *(Er wird wieder fröhlich.)* Ihr könnt Euch gar

sauriez croire le plaisir qu'elle aura de vous voir. Ah! que
vous lui plairez! et que votre fraise à l'antique fera sur son
esprit un effet admirable! Mais surtout elle sera charmée
de votre haut-de-chausses, attaché au pourpoint avec des
aiguillettes, c'est pour la rendre folle de vous; et un amant 5
aiguilleté sera pour elle un ragoût merveilleux.

HARPAGON. Certes, tu me ravis de me dire cela.

FROSINE. *(Il reprend son visage sévère.)* En vérité, Monsieur,
ce procès m'est d'une conséquence tout à fait grande. Je
suis ruinée, si je le perds; et quelque petite assistance me 10
rétablirait mes affaires. *(Il reprend un air gai.)* Je voudrais
que vous eussiez vu le ravissement où elle était à m'entendre parler de vous. La joie éclatait dans ses yeux, au récit
de vos qualités; et je l'ai mise enfin dans une impatience
extrême de voir ce mariage entièrement conclu. 15

HARPAGON. Tu m'as fait grand plaisir, Frosine; et je t'en ai,
je te l'avoue, toutes les obligations du monde.

FROSINE. *(Il reprend son air sérieux.)* Je vous prie, Monsieur,
de me donner le petit secours que je vous demande. Cela
me remettra sur pied, et je vous en serai éternellement 20
obligée.

HARPAGON. Adieu. Je vais achever mes dépêches.

FROSINE. Je vous assure, Monsieur, que vous ne sauriez
jamais me soulager dans un plus grand besoin.

HARPAGON. Je mettrai ordre que mon carrosse soit tout prêt 25
pour vous mener à la foire.

FROSINE. Je ne vous importunerais pas, si je ne m'y voyais
forcée par la nécessité.

nicht vorstellen, welch ein Vergnügen es für sie sein wird, Euch zu besuchen. Ach! wie sehr Ihr ihr gefallen werdet! und wie sehr sie Eure altertümliche Halskrause bewundern wird! Vor allem aber wird Eure Hose sie entzücken, die fest an das Wams geschnürt ist. Das wird sie versessen auf Euch machen; ein Geliebter mit Hosenbändern wird ihrem Geschmack ganz wunderbar entsprechen.

HARPAGON. Gewiß, was du da sagst, erfreut mich außerordentlich.

FROSINE. *(Er macht wieder ein ernstes Gesicht.)* Wirklich, gnädiger Herr, dieser Prozeß ist für mich von allergrößter Bedeutung. Wenn ich ihn verliere, bin ich ruiniert; und eine kleine Unterstützung könnte meine Lage sehr verbessern. *(Er wird wieder fröhlich.)* Hättet Ihr doch nur gesehen, mit welchem Entzücken sie zuhörte, als ich von Euch sprach. Bei der Schilderung Eurer Vorzüge strahlten ihre Augen vor Freude; und schließlich habe ich sie dahin gebracht, daß sie mit größter Ungeduld darauf wartet, daß diese Ehe endlich geschlossen wird.

HARPAGON. Du warst mir sehr zu Diensten, Frosine; und dafür, das muß ich zugeben, schulde ich dir allen Dank.

FROSINE. *(Er macht wieder ein ernstes Gesicht.)* Ich bitte Euch, gnädiger Herr, gewährt mir doch die kleine Unterstützung, um die ich nachsuche. Das wird mir wieder auf die Beine helfen, und ich werde Euch ewig dankbar sein.

HARPAGON. Lebe wohl. Ich habe noch Briefe zu erledigen.

FROSINE. Ich versichere Euch, gnädiger Herr, daß Ihr mir aus keiner größeren Notlage helfen könntet.

HARPAGON. Ich werde anordnen, daß man meine Kutsche bereitstellt, um euch auszufahren.

FROSINE. Ich würde Euch nicht belästigen, wenn ich mich nicht in meiner Not dazu gezwungen sähe.

HARPAGON. Et j'aurai soin qu'on soupe de bonne heure,
pour ne vous point faire malades.

FROSINE. Ne me refusez pas la grâce dont je vous sollicite.
Vous ne sauriez croire, Monsieur, le plaisir que ...

HARPAGON. Je m'en vais. Voilà qu'on m'appelle. Jusqu'à 5
tantôt.

FROSINE. Que la fièvre te serre, chien de vilain à tous les
diables! Le ladre a été ferme à toutes mes attaques; mais il
ne me faut pas pourtant quitter la négociation; et j'ai
l'autre côté, en tout cas, d'où je suis assurée de tirer bonne 10
récompense.

HARPAGON. Und ich werde dafür sorgen, daß wir rechtzeitig
   zu Abend essen, um euch nicht krank zu machen.
FROSINE. Schlagt mir die Gunst nicht aus, um die ich Euch
   anflehe. Ihr könnt Euch gar nicht vorstellen, gnädiger
   Herr, mit welcher Freude ...
HARPAGON. Ich gehe. Man ruft mich schon. Bis nachher.
FROSINE. Möge das Fieber dich packen, räudiger Höllen-
   hund! Der Geizkragen hat all meinen Vorstößen standge-
   halten; doch muß ich deshalb meine Geschäfte noch nicht
   aufgeben; schließlich habe ich noch die andere Partei, aus
   der ich sicher eine gute Belohnung herausholen kann.

Acte III

Scène I

*Harpagon. Cléante. Élise. Valère. Dame Claude. Maître
Jacques. Brindavoine. La Merluche.*

HARPAGON. Allons, venez çà tous, que je vous distribue mes
ordres pour tantôt et règle à chacun son emploi. Appro-
chez, dame Claude. Commençons par vous. *(Elle tient un
balai.)* Bon, vous voilà les armes à la main. Je vous
commets au soin de nettoyer partout; et surtout prenez
garde de ne point frotter les meubles trop fort, de peur de
les user. Outre cela, je vous constitue, pendant le souper,
au gouvernement des bouteilles; et s'il s'en écarte quelqu'une et qu'il se casse quelque chose, je m'en prendrai à
vous, et le rabattrai sur vos gages.

MAÎTRE JACQUES. Châtiment politique.

HARPAGON. Allez. Vous, Brindavoine, et vous, La Merluche, je vous établis dans la charge de rincer les verres, et
de donner à boire, mais seulement lorsque l'on aura soif,
et non pas selon la coutume de certains impertinents de
laquais, qui viennent provoquer les gens, et les faire aviser
de boire lorsqu'on n'y songe pas. Attendez qu'on vous en
demande plus d'une fois, et vous ressouvenez de porter
toujours beaucoup d'eau.

MAÎTRE JACQUES. Oui, le vin pur monte à la tête.

LA MERLUCHE. Quitterons-nous nos siquenilles, Monsieur?

HARPAGON. Oui, quand vous verrez venir les personnes; et
gardez bien de gâter vos habits.

BRINDAVOINE. Vous savez bien, Monsieur, qu'un des de-

Dritter Aufzug

Erster Auftritt

Harpagon. Cléante. Élise. Valère. Frau Claude. Meister Jacques. Brindavoine. La Merluche.

HARPAGON. Vorwärts, kommt alle her, daß ich euch meine Anweisungen für nachher gebe und jedem seine Aufgaben zuteile. Frau Claude, kommt näher. Beginnen wir bei Euch. *(Sie hält einen Besen in der Hand.)* Gut, Ihr seid schon gerüstet. Eure Aufgabe ist es, überall zu putzen; aber achtet immer darauf, die Möbel nicht zu fest abzuwischen; Ihr könntet sie abnutzen. Darüber hinaus mache ich Euch während des Abendessens zur Aufseherin über die Flaschen; und wenn eine verschwindet oder etwas zerbricht, so halte ich mich an Euch und ziehe es von Eurem Lohn ab.

MEISTER JACQUES. Eine klug ausgedachte Strafe.

HARPAGON. Geht jetzt. Euch, Brindavoine und Euch, La Merluche, übertrage ich die Aufgabe, die Gläser zu spülen und einzuschenken, aber nur, wenn jemand Durst hat, und nicht nach der Art mancher unverschämter Lakaien, die die Gäste drängen und sie zum Trinken ermuntern, wenn diese selbst gar nicht daran denken. Wartet ab, bis man Euch mehr als einmal darum gebeten hat, und vergeßt nicht, immer viel Wasser einzuschenken.

MEISTER JACQUES. Ja, der unverdünnte Wein steigt zu Kopf.

LA MERLUCHE. Sollen wir unsere Arbeitskittel ausziehen, gnädiger Herr?

HARPAGON. Ja, wenn Ihr die Gäste eintreffen seht; und hütet Euch ja davor, Eure Livree zu verderben.

BRINDAVOINE. Ihr wißt doch, gnädiger Herr, daß sich auf

vants de mon pourpoint est couvert d'une grande tache de
l'huile de la lampe.

LA MERLUCHE. Et moi, Monsieur, que j'ai mon haut-de-
chausses tout troué par-derrière, et qu'on me voit, révérence parler . . .   5

HARPAGON. Paix. Rangez cela adroitement du côté de la
muraille, et présentez toujours le devant au monde. *(Har-*
pagon met son chapeau au-devant de son pourpoint, pour
montrer à Brindavoine comment il doit faire pour cacher
la tache d'huile.) Et vous, tenez toujours votre chapeau   10
ainsi, lorsque vous servirez. Pour vous, ma fille, vous
aurez l'œil sur ce que l'on desservira, et prendrez garde
qu'il ne s'en fasse aucun dégât. Cela sied bien aux filles.
Mais cependant préparez-vous à bien recevoir ma maîtresse, qui vous doit venir visiter et vous mener avec elle à   15
la foire. Entendez-vous ce que je vous dis?

ÉLISE. Oui, mon père.

HARPAGON. Et vous, mon fils le damoiseau, à qui j'ai la
bonté de pardonner l'histoire de tantôt, ne vous allez pas
aviser non plus de lui faire mauvais visage.   20

CLÉANTE. Moi, mon père, mauvais visage? Et par quelle
raison?

HARPAGON. Mon Dieu! nous savons le train des enfants dont
les pères se remarient, et de quel œil ils ont coutume de
regarder ce qu'on appelle belle-mère. Mais si vous souhai-   25
tez que je perde le souvenir de votre dernière fredaine, je
vous recommande surtout de régaler d'un bon visage cette
personne-là, et de lui faire enfin tout le meilleur accueil
qu'il vous sera possible.

CLÉANTE. À vous dire le vrai, mon père, je ne puis pas vous   30
promettre d'être bien aise qu'elle devienne ma belle-mère:
je mentirais, si je vous le disais; mais pour ce qui est de la
bien recevoir, et de lui faire bon visage, je vous promets
de vous obéir ponctuellement sur ce chapitre.

dem einen Vorderteil meiner Weste ein großer Fleck vom
Lampenöl befindet.

LA MERLUCHE. Und daß bei mir, gnädiger Herr, meine
Pumphose ganz durchlöchert ist, und man, mit Verlaub,
sieht, wie ...

HARPAGON. Ruhe. Dreht das geschickt zur Mauer hin und
zeigt Euch der Gesellschaft nur von vorne. *(Harpagon
hält seinen Hut vor seine Weste, um Brindavoine zu
zeigen, wie er es anstellen muß, um den Ölfleck zu
verdecken.)* Und Ihr haltet Euren Hut beim Servieren
immer so. Was Euch angeht, liebe Tochter, Ihr habt ein
Auge auf das, was abgetragen wird, und achtet darauf,
daß nichts verlorengeht. Das steht einem jungen Mädchen
gut an. Vorerst aber bereitet Euch darauf vor, meine
Braut gebührend zu empfangen, die Euch besuchen und
mit Euch ausfahren wird. Habt Ihr mich verstanden?

ÉLISE. Ja, lieber Vater.

HARPAGON. Und Ihr, mein feiner Herr Sohn, dem ich in
meiner Güte die Geschichte von eben verzeihe, laßt Euch
nur ja nicht einfallen, Ihr unfreundlich zu begegnen.

CLÉANTE. Ich unfreundlich, lieber Vater? Weshalb denn?

HARPAGON. Mein Gott! man kennt doch das Verhalten von
Kindern, deren Väter sich wieder verheiraten, und die
Art, wie sie diejenige anzusehen pflegen, die man Stief-
mutter nennt. Doch wenn Ihr wollt, daß ich Euren
letzten Streich vergesse, empfehle ich Euch dringend, jene
Person durch einen freundlichen Umgang zu erfreuen,
kurz und gut, ihr den besten Empfang zu bereiten, dessen
Ihr fähig seid.

CLÉANTE. Um Euch die Wahrheit zu sagen, lieber Vater, so
kann ich Euch nicht versprechen, darüber froh zu sein,
daß sie meine Stiefmutter wird: ich würde lügen, wenn
ich das sagte; soweit es sich jedoch darum handelt, sie gut
zu empfangen und freundlich mit ihr umzugehen, verspreche ich Euch, Euch in diesem Punkt voll und ganz zu
gehorchen.

HARPAGON. Prenez-y garde au moins.

CLÉANTE. Vous verrez que vous n'aurez pas sujet de vous en plaindre.

HARPAGON. Vous ferez sagement. Valère, aide-moi à ceci. Ho çà, maître Jacques, approchez-vous, je vous ai gardé 5 pour le dernier.

MAÎTRE JACQUES. Est-ce à votre cocher, Monsieur, ou bien à votre cuisinier, que vous voulez parler? car je suis l'un et l'autre.

HARPAGON. C'est à tous les deux. 10

MAÎTRE JACQUES. Mais à qui des deux le premier?

HARPAGON. Au cuisinier.

MAÎTRE JACQUES. Attendez donc, s'il vous plaît. *(Il ôte sa casaque de cocher, et paraît vêtu en cuisinier.)*

HARPAGON. Quelle diantre de cérémonie est-ce là? 15

MAÎTRE JACQUES. Vous n'avez qu'à parler.

HARPAGON. Je me suis engagé, maître Jacques, à donner ce soir à souper.

MAÎTRE JACQUES. Grande merveille!

HARPAGON. Dis-moi un peu, nous feras-tu bonne chère? 20

MAÎTRE JACQUES. Oui, si vous me donnez bien de l'argent.

HARPAGON. Que diable, toujours de l'argent! Il semble qu'ils n'aient autre chose à dire: «De l'argent, de l'argent, de l'argent.» Ah! ils n'ont que ce mot à la bouche: «De 25 l'argent.» Toujours parler d'argent. Voilà leur épée de chevet, de l'argent.

VALÈRE. Je n'ai jamais vu de réponse plus impertinente que celle-là. Voilà une belle merveille que de faire bonne chère avec bien de l'argent: c'est une chose la plus aisée du 30 monde, et il n'y a si pauvre esprit qui n'en fît bien autant; mais pour agir en habile homme, il faut parler de faire bonne chère avec peu d'argent.

MAÎTRE JACQUES. Bonne chère avec peu d'argent!

VALÈRE. Oui. 35

HARPAGON. Haltet Euch aber auch daran.

CLÉANTE. Ihr werdet sehen, daß Ihr keinen Grund haben werdet, Euch darüber zu beklagen.

HARPAGON. Das wäre klug gehandelt. Valère, hilf mir hier mal. He, Meister Jacques, tretet näher, Euch habe ich für den Schluß aufgehoben.

MEISTER JACQUES. Wünscht Ihr mit Eurem Kutscher zu sprechen, gnädiger Herr, oder mit Eurem Koch? Ich bin ja beides zugleich.

HARPAGON. Mit beiden.

MEISTER JACQUES. Doch mit wem zuerst?

HARPAGON. Mit dem Koch.

MEISTER JACQUES. So wartet einen Augenblick, bitte. *(Er zieht seine Kutscherjacke aus und erscheint als Koch gekleidet.)*

HARPAGON. Was, zum Teufel, soll diese Zeremonie?

MEISTER JACQUES. Erteilt nur Eure Anweisungen.

HARPAGON. Ich habe mich dazu verpflichtet, Meister Jacques, heute abend ein Essen zu geben.

MEISTER JACQUES. Welch ein Wunder!

HARPAGON. Nun sag mir, wirst du uns auch ein gutes Essen zubereiten?

MEISTER JACQUES. Ja, wenn Ihr mir reichlich Geld gebt.

HARPAGON. Zum Teufel, immer Geld! Anscheinend können sie nichts anderes sagen als »Geld, Geld, Geld«. Ah! sie führen nur dieses eine Wort im Mund: »Geld«. Immerzu von Geld sprechen. Geld, das ist ihr Lieblingsthema.

VALÈRE. Eine unverschämtere Antwort ist mir noch nie vorgekommen. Was für ein Kunststück, mit viel Geld ein gutes Essen zu bereiten: das ist die einfachste Sache der Welt, und es gibt keine noch so beschränkte Person, die das nicht auch könnte; will man es aber geschickt anstellen, geht es darum, wie man mit wenig Geld ein gutes Essen bereitet.

MEISTER JACQUES. Gutes Essen mit wenig Geld!

VALÈRE. Ja.

MAÎTRE JACQUES. Par ma foi, Monsieur l'intendant, vous
nous obligerez de nous faire voir ce secret, et de prendre
mon office de cuisinier: aussi bien vous mêlez-vous céans
d'être le factoton.

HARPAGON. Taisez-vous. Qu'est-ce qu'il nous faudra? 5

MAÎTRE JACQUES. Voilà Monsieur votre intendant, qui vous
fera bonne chère pour peu d'argent.

HARPAGON. Haye! je veux que tu me répondes.

MAÎTRE JACQUES. Combien serez-vous de gens à table?

HARPAGON. Nous serons huit ou dix; mais il ne faut prendre 10
que huit; quand il y a à manger pour huit, il y en a bien
pour dix.

VALÈRE. Cela s'entend.

MAÎTRE JACQUES. Hé bien! il faudra quatre grands potages,
et cinq assiettes. Potages . . . Entrées . . . 15

HARPAGON. Que diable! voilà pour traiter toute une ville
entière.

MAÎTRE JACQUES. Rôt . . .

HARPAGON *(en lui mettant la main sur la bouche)*. Ah!
traître, tu manges tout mon bien. 20

MAÎTRE JACQUES. Entremets . . .

HARPAGON. Encore?

VALÈRE. Est-ce que vous avez envie de faire crever tout le
monde? et Monsieur a-t-il invité des gens pour les assassi-
ner à force de mangeaille? Allez-vous-en lire un peu les 25
préceptes de la santé, et demander aux médecins s'il y a
rien de plus préjudiciable à l'homme que de manger avec
excès.

HARPAGON. Il a raison.

VALÈRE. Apprenez, maître Jacques, vous et vos pareils, que 30
c'est un coupe-gorge qu'une table remplie de trop de
viandes; que pour se bien montrer ami de ceux que l'on
invite, il faut que la frugalité règne dans les repas qu'on

MEISTER JACQUES. Meiner Treu, Herr Verwalter, wir wären
Euch sehr verpflichtet, wenn Ihr uns dieses Geheimnis
offenbaren und mein Amt als Koch einnehmen würdet:
anscheinend wollt Ihr hier im Haus ja für alles zuständig
sein.

HARPAGON. Schweigt. Was benötigen wir?

MEISTER JACQUES. Hier ist doch Euer Herr Verwalter, der
Euch für wenig Geld ein gutes Essen zubereiten wird.

HARPAGON. Heh! ich will eine Antwort von dir.

MEISTER JACQUES. Wieviel Personen werdet Ihr zu Tisch
sein?

HARPAGON. Wir werden zu acht oder zu zehnt sein, doch
rechnen wir nur für acht; wenn es für acht zu essen gibt,
dann reicht das auch für zehn.

VALÈRE. Selbstverständlich.

MEISTER JACQUES. Nun gut! Wir brauchen vier große Suppen und fünf Platten mit Vorspeisen. Suppen ... Vorspeisen ...

HARPAGON. Zum Teufel! Das reicht ja, um eine ganze Stadt
zu beköstigen.

MEISTER JACQUES. Braten ...

HARPAGON *(indem er ihm den Mund zuhält)*. Ah! Verräter,
du verpraßt mein ganzes Vermögen.

MEISTER JACQUES. Zwischengerichte ...

HARPAGON. Noch etwas?

VALÈRE. Habt Ihr Euch denn vorgenommen, die Gäste
allesamt umzubringen? und hat der gnädige Herr Leute
eingeladen, um sie zu Tode zu füttern? Geht und lest
einmal in den Gesundheitsregeln nach, und fragt die
Ärzte, ob es für den Menschen etwas Schädlicheres gibt,
als übermäßig zu essen.

HARPAGON. Er hat recht.

VALÈRE. Nehmt zur Kenntnis, Meister Jacques, Ihr und
Euresgleichen, daß ein mit Speisen überladener Tisch ein
Hinterhalt ist; daß man, um sich wirklich als Freund
seiner Gäste zu erweisen, die Mahlzeiten, die man auf-

donne; et que, suivant le dire d'un ancien, *il faut manger
pour vivre, et non pas vivre pour manger.*

HARPAGON. Ah! que cela est bien dit! Approche, que je
t'embrasse pour ce mot. Voilà la plus belle sentence que
j'aie entendue de ma vie. *Il faut vivre pour manger, et non*   5
pas manger pour vi... Non, ce n'est pas cela. Comment
est-ce que tu dis?

VALÈRE. Qu'*il faut manger pour vivre, et non pas vivre pour*
manger.

HARPAGON. Oui. Entends-tu? Qui est le grand homme qui a   10
dit cela?

VALÈRE. Je ne me souviens pas maintenant de son nom.

HARPAGON. Souviens-toi de m'écrire ces mots: je les veux
faire graver en lettres d'or sur la cheminée de ma salle.

VALÈRE. Je n'y manquerai pas. Et pour votre souper, vous   15
n'avez qu'à me laisser faire: je réglerai tout cela comme il
faut.

HARPAGON. Fais donc.

MAÎTRE JACQUES. Tant mieux: j'en aurai moins de peine.

HARPAGON. Il faudra de ces choses dont on ne mange guère,   20
et qui rassasient d'abord: quelque bon haricot bien gras,
avec quelque pâté en pot bien garni de marrons.

VALÈRE. Reposez-vous sur moi.

HARPAGON. Maintenant, maître Jacques, il faut nettoyer
mon carrosse.   25

MAÎTRE JACQUES. Attendez. Ceci s'adresse au cocher. *(Il*
remet sa casaque.) Vous dites...

HARPAGON. Qu'il faut nettoyer mon carrosse, et tenir mes
chevaux tous prêts pour conduire à la foire...

MAÎTRE JACQUES. Vos chevaux, Monsieur? Ma foi, ils ne   30

tischt, kärglich halten muß; und daß, wie es schon in der
Antike jemand sagte, *man essen soll, um zu leben, und
nicht leben, um zu essen.*

HARPAGON. Ach! wie ist das wohl gesprochen! Komm her,
daß ich dich für dieses Wort umarme. Das ist der schönste
Ausspruch, den ich je im Leben gehört habe. *Man soll
leben um zu essen, und nicht essen, um zu le. . .* Nein, das
ist es nicht. Wie hast du gesagt?

VALÈRE. Daß *man essen soll, um zu leben, und nicht leben,
um zu essen.*

HARPAGON. Ja. Hörst du? Welcher große Mann hat das
gesagt?

VALÈRE. Ich erinnere mich gerade nicht an seinen Namen.

HARPAGON. Vergiß nicht, mir diese Worte aufzuschreiben:
ich will sie in goldenen Lettern über dem Kamin meines
Salons eingravieren lassen.

VALÈRE. Ich werde es nicht versäumen. Und was Euer
Abendessen angeht, so laßt mich nur machen: ich werde
alles regeln, wie es sich gehört.

HARPAGON. Nur zu.

MEISTER JACQUES. Um so besser: dann habe ich weniger
Arbeit damit.

HARPAGON. Wir benötigen solche Speisen, von denen man
kaum ißt und die gleich sättigen: einen guten und recht
fetten Bohneneintopf, dazu ein mit reichlich Kastanien
garniertes Ragout.

VALÈRE. Verlaßt Euch nur auf mich.

HARPAGON. Unterdessen muß meine Kutsche saubergemacht werden, Meister Jacques.

MEISTER JACQUES. Einen Augenblick. Das gilt dem Kutscher. *(Er zieht seine Kutscherjacke wieder an.)* Ihr
sagt . . .

HARPAGON. Daß meine Kutsche sauber gemacht werden
muß und daß Ihr die Pferde bereithaltet, um auszufahren . . .

MEISTER JACQUES. Eure Pferde, gnädiger Herr? Meiner

sont point du tout en état de marcher. Je ne vous dirai
point qu'ils sont sur la litière, les pauvres bêtes n'en ont
point, et ce serait fort mal parler; mais vous leur faites
observer des jeûnes si austères, que ce ne sont plus rien
que des idées ou des fantômes, des façons de chevaux.   5

HARPAGON. Les voilà bien malades: ils ne font rien.

MAÎTRE JACQUES. Et pour ne faire rien, Monsieur, est-ce
qu'il ne faut rien manger? Il leur vaudrait bien mieux, les
pauvres animaux, de travailler beaucoup, de manger de
même. Cela me fend le cœur, de les voir ainsi exténués;   10
car enfin j'ai une tendresse pour mes chevaux, qu'il me
semble que c'est moi-même quand je les vois pâtir; je
m'ôte tous les jours pour eux les choses de la bouche; et
c'est être, Monsieur, d'un naturel trop dur, que de n'avoir
nulle pitié de son prochain.   15

HARPAGON. Le travail ne sera pas grand, d'aller jusqu'à la
foire.

MAÎTRE JACQUES. Non, Monsieur, je n'ai pas le courage de
les mener, et je ferais conscience de leur donner des coups
de fouet, en l'état où ils sont. Comment voudriez-vous   20
qu'ils traînassent un carrosse, qu'ils ne peuvent pas se
traîner eux-mêmes?

VALÈRE. Monsieur, j'obligerai le voisin le Picard à se charger
de les conduire; aussi bien nous fera-t-il ici besoin pour
apprêter le souper.   25

MAÎTRE JACQUES. Soit, j'aime mieux encore qu'ils meurent
sous la main d'un autre que sous la mienne.

VALÈRE. Maître Jacques fait bien le raisonnable.

MAÎTRE JACQUES. Monsieur l'intendant fait bien le nécessaire.   30

HARPAGON. Paix!

Treu, die sind überhaupt nicht imstande zu laufen. Ich
will nicht sagen, daß sie auf dem Stroh darniederliegen;
das wäre ganz unzutreffend, denn die armen Tiere haben
keines; doch erlegt Ihr ihnen ein so strenges Fasten auf,
daß sie nur noch Schemen oder Phantome sind, Umrisse
von Pferden.

HARPAGON. Sie müssen wirklich sehr krank sein, wo sie
doch nichts tun.

MEISTER JACQUES. Und wenn man nichts tut, gnädiger
Herr, muß man auch nichts essen? Dann wäre es für die
armen Tiere weit besser, sie würden viel arbeiten und
ebensoviel fressen. Es zerreißt mir das Herz, sie derart
abgemagert zu sehen; denn schließlich empfinde ich doch
so viel Zuneigung zu meinen Pferden, daß es mir vor-
kommt, als litte ich selbst, wenn ich sie darben sehe;
jeden Tag spare ich mir für sie etwas vom Mund ab; und
es zeugt von einer allzu hartherzigen Natur, gnädiger
Herr, wenn man kein Mitleid mit seinem Nächsten hat.

HARPAGON. Es wird keine große Arbeit sein, wenn sie
ausfahren.

MEISTER JACQUES. Nein, gnädiger Herr, ich wage es nicht,
sie zu lenken, und ich könnte es nicht über mich bringen,
ihnen in ihrem Zustand die Peitsche zu geben. Wie sollen
sie denn eine Kutsche ziehen, wenn sie nicht in der Lage
sind, sich selbst vorwärts zu schleppen?

VALÈRE. Gnädiger Herr, ich werde unseren Nachbarn, den
Pikarder, bitten, daß er es übernimmt, sie zu lenken;
schließlich können wir ihn hier auch bei der Vorbereitung
des Abendessens gebrauchen.

MEISTER JACQUES. Meinetwegen; es ist mir immer noch
lieber, wenn sie unter der Hand eines anderen als unter
der meinen sterben.

VALÈRE. Meister Jacques spielt wohl den Besserwisser.

MEISTER JACQUES. Der Herr Verwalter spielt wohl den
Unentbehrlichen.

HARPAGON. Ruhe!

MAÎTRE JACQUES. Monsieur, je ne saurais souffrir les flat-
teurs; et je vois que ce qu'il en fait, que ses contrôles
perpétuels sur le pain et le vin, le bois, le sel, et la
chandelle, ne sont rien que pour vous gratter et vous faire
sa cour. J'enrage de cela, et je suis fâché tous les jours   5
d'entendre ce qu'on dit de vous; car enfin je me sens pour
vous de la tendresse, en dépit que j'en aie; et après mes
chevaux, vous êtes la personne que j'aime le plus.

HARPAGON. Pourrais-je savoir de vous, maître Jacques, ce
que l'on dit de moi?   10

MAÎTRE JACQUES. Oui, Monsieur, si j'étais assuré que cela ne
vous fâchât point.

HARPAGON. Non, en aucune façon.

MAÎTRE JACQUES. Pardonnez-moi, je sais fort bien que je
vous mettrais en colère.   15

HARPAGON. Point du tout, au contraire, c'est me faire plaisir, et je suis bien aise d'apprendre comme on parle de
moi.

MAÎTRE JACQUES. Monsieur, puisque vous le voulez, je vous
dirai franchement qu'on se moque partout de vous; qu'on   20
nous jette de tous côtés cent brocards à votre sujet; et que
l'on n'est point plus ravi que de vous tenir au cul et aux
chausses, et de faire sans cesse des contes de votre lésine.
L'un dit que vous faites imprimer des almanachs particu-
liers, où vous faites doubler les quatre-temps et les vigiles, 25
afin de profiter des jeûnes où vous obligez votre monde.
L'autre, que vous avez toujours une querelle toute prête à
faire à vos valets dans le temps des étrennes, ou de leur
sortie d'avec vous, pour vous trouver une raison de ne
leur donner rien. Celui-là conte qu'une fois vous fîtes   30
assigner le chat d'un de vos voisins, pour vous avoir
mangé un reste d'un gigot de mouton. Celui-ci, que l'on
vous surprit une nuit, en venant dérober vous-même

MEISTER JACQUES. Gnädiger Herr, ich kann Schmeichler
nicht ausstehen; und ich sehe, daß das, was er hier macht,
seine beständigen Kontrollen von Brot und Wein, Holz,
Salz und Kerzen nur den Zweck haben, Euch um den
Bart zu gehen und Euch den Hof zu machen. Das bringt
mich in Wut, und es ärgert mich, jeden Tag mit anzuhören, was man über Euch redet; ich bin Euch nun einmal
trotz allem zugetan, und nach meinen Pferden seid Ihr es,
den ich am meisten liebe.

HARPAGON. Könnte ich wohl von Euch erfahren, Meister
Jacques, was man über mich redet?

MEISTER JACQUES. Gewiß, gnädiger Herr, wenn ich sicher
sein könnte, daß Euch das nicht wütend macht.

HARPAGON. Nein, in keiner Weise.

MEISTER JACQUES. Verzeiht, ich weiß genau, daß ich Euch
erzürnen würde.

HARPAGON. Ganz und gar nicht. Im Gegenteil, Ihr wärt mir
zu Gefallen, und ich bin sehr froh, zu erfahren, wie man
über mich redet.

MEISTER JACQUES. Da Ihr es wünscht, gnädiger Herr, will
ich Euch offen sagen, daß man sich überall über Euch
lustig macht; daß man uns überall hunderterlei bissige
Bemerkungen über Euch an den Kopf wirft; daß man
kein größeres Vergnügen kennt, als es Euch so richtig zu
geben und ohne Unterlaß Anekdoten über Euren Geiz zu
erzählen. Der eine sagt, daß Ihr besondere Kalender
drucken laßt, in denen Ihr die Quatember und die Vigi-
lien verdoppeln laßt, um aus den Fasten, zu denen Ihr
Eure Leute zwingt, Nutzen zu ziehen. Ein anderer, daß
Ihr zum Jahreswechsel, oder wenn jemand aus Eurem
Dienst scheidet, immer einen Streit auf Lager habt, um
einen Grund zu finden, Euren Bediensteten nichts zu
geben. Dieser erzählt, daß Ihr einmal die Katze eines
Eurer Nachbarn habt vorladen lassen, weil sie Euch einen
Rest Hammelkeule weggefressen hat. Jener, man hätte
Euch eines Nachts ertappt, als Ihr Euren Pferden den

l'avoine de vos chevaux; et que votre cocher, qui était
celui d'avant moi, vous donna dans l'obscurité je ne sais
combien de coups de bâton, dont vous ne voulûtes rien
dire. Enfin voulez-vous que je vous dise? On ne saurait
aller nulle part où l'on ne vous entende accommoder de   5
toutes pièces; vous êtes la fable et la risée de tout le
monde; et jamais on ne parle de vous, que sous les noms
d'avare, de ladre, de vilain et de fesse-mathieu.

HARPAGON *(en le battant)*. Vous êtes un sot, un maraud, un
coquin, et un impudent.   10

MAÎTRE JACQUES. Hé bien! ne l'avais-je pas deviné? Vous ne
m'avez pas voulu croire: je vous l'avais bien dit que je
vous fâcherais de vous dire la vérité.

HARPAGON. Apprenez à parler.

Scène II   15

Maître Jacques. Valère.

VALÈRE. À ce que je puis voir, maître Jacques, on paye mal
votre franchise.

MAÎTRE JACQUES. Morbleu! Monsieur le nouveau venu, qui
faites l'homme d'importance, ce n'est pas votre affaire.   20
Riez de vos coups de bâton quand on vous en donnera, et
ne venez point rire des miens.

VALÈRE. Ah! Monsieur maître Jacques, ne vous fâchez pas, je
vous prie.

MAÎTRE JACQUES. Il file doux. Je veux faire le brave et s'il est   25
assez sot pour me craindre, le frotter quelque peu. Savez-
vous bien, Monsieur le rieur, que je ne ris pas, moi? et
que si vous m'échauffez la tête, je vous ferai rire d'une

Hafer stehlen wolltet; und Euer Kutscher, mein Vorgänger, hätte Euch in der Dunkelheit ich weiß nicht wieviel Stockschläge versetzt, über die Ihr nie sprechen wolltet. Kurzum, was soll ich Euch sagen? Man kann nirgendwo hingehen, ohne zu hören, wie Ihr durch und durch lächerlich gemacht werdet; Ihr seid jedermanns Gespött und Gelächter, und immer spricht man von Euch nur als von dem Geizhals, dem Halsabschneider, dem Halunken und Wucherer.

HARPAGON *(indem er ihn schlägt)*. Und Ihr seid ein Dummkopf, ein Gauner, ein Spitzbube und unverschämter Lump!

MEISTER JACQUES. Na bitte! habe ich es nicht geahnt? Ihr habt mir nicht glauben wollen: Ich hatte Euch gleich gesagt, daß ich Euch erzürnen würde, wenn ich Euch die Wahrheit sage.

HARPAGON. Lernt zu reden, wie es sich gehört.

Zweiter Auftritt

Meister Jacques. Valère.

VALÈRE. Soviel ich sehe, Meister Jacques, wird Eure Offenheit schlecht belohnt.

MEISTER JACQUES. Verdammt nochmal! Der Herr ist erst seit kurzem im Haus und spielt schon den Bedeutsamen; das geht Euch gar nichts an. Lacht über Eure Stockhiebe, wenn man Euch welche gibt, und macht Euch nicht über meine lustig.

VALÈRE. Ach! verehrter Meister Jacques, regt Euch doch bitte nicht auf.

MEISTER JACQUES. Er gibt klein bei. Ich will mich in die Brust werfen, und wenn er dumm genug ist, mich zu fürchten, werde ich ihm eine kleine Abreibung verpassen. Wißt Ihr auch, Herr Spötter, daß mir gar nicht zum Lachen zumute ist; und daß, wenn Ihr mich wütend

autre sorte? (*Maître Jacques pousse Valère jusques au bout
du théâtre, en le menaçant.*)

VALÈRE. Eh! doucement.

MAÎTRE JACQUES. Comment, doucement? Il ne me plaît pas,
moi.   5

VALÈRE. De grâce.

MAÎTRE JACQUES. Vous êtes un impertinent.

VALÈRE. Monsieur maître Jacques . . .

MAÎTRE JACQUES. Il n'y a point de Monsieur maître Jacques
pour un double. Si je prends un bâton, je vous rosserai   10
d'importance.

VALÈRE. Comment, un bâton? (*Valère le fait reculer autant
qu'il l'a fait.*)

MAÎTRE JACQUES. Eh! je ne parle pas de cela.

VALÈRE. Savez-vous bien, Monsieur le fat, que je suis   15
homme à vous rosser vous-même?

MAÎTRE JACQUES. Je n'en doute pas.

VALÈRE. Que vous n'êtes, pour tout potage, qu'un faquin de
cuisinier?

MAÎTRE JACQUES. Je le sais bien.   20

VALÈRE. Et que vous ne me connaissez pas encore.

MAÎTRE JACQUES. Pardonnez-moi.

VALÈRE. Vous me rosserez, dites-vous?

MAÎTRE JACQUES. Je le disais en raillant.

VALÈRE. Et moi, je ne prends point de goût à votre raillerie.   25
(*Il lui donne des coups de bâton.*) Apprenez que vous êtes
un mauvais railleur.

MAÎTRE JACQUES. Peste soit la sincérité! c'est un mauvais
métier. Désormais j'y renonce, et je ne veux plus dire
vrai. Passe encore pour mon maître; il a quelque droit de   30
me battre; mais pour ce Monsieur l'intendant, je m'en
vengerai si je puis.

macht, ich Euch noch ganz anders zum Lachen bringen
werde? *(Meister Jacques drängt Valère bis in den Bühnen-*
hintergrund, indem er ihn bedroht.)

VALÈRE. He! Nicht so heftig.

MEISTER JACQUES. Wieso nicht so heftig? Das gefällt mir
aber nicht.

VALÈRE. Ich bitte Euch.

MEISTER JACQUES. Ihr seid ein frecher Lümmel.

VALÈRE. Verehrter Meister Jacques . . .

MEISTER JACQUES. Der »verehrte Meister Jacques« nutzt bei
mir überhaupt nichts. Wenn ich einen Stock in die Hand
bekomme, werde ich Euch gewaltig durchprügeln.

VALÈRE. Was, einen Stock? *(Valère drängt ihn ebenso*
zurück, wie jener es getan hat.)

MEISTER JACQUES. He! so habe ich es doch nicht gemeint.

VALÈRE. Wißt Ihr denn, Ihr aufgeblasener Kerl, daß ich
Manns genug bin, Euch ebenso zu verprügeln?

MEISTER JACQUES. Ich zweifle nicht daran.

VALÈRE. Daß Ihr nichts weiter als ein mieser Koch seid?

MEISTER JACQUES. Das weiß ich wohl.

VALÈRE. Und daß Ihr mich noch nicht richtig kennt?

MEISTER JACQUES. Verzeiht mir.

VALÈRE. Ihr wollt mich durchprügeln, sagt Ihr?

MEISTER JACQUES. Ich habe es nur zum Spaß gesagt.

VALÈRE. Und ich, ich finde keinen Geschmack an Euren
Späßen. *(Er schlägt ihn mit einem Stock.)* Merkt Euch,
daß Ihr ein schlechter Spaßmacher seid.

MEISTER JACQUES. Die Pest hole die Aufrichtigkeit! Das ist
ein schlechtes Geschäft. Von nun an will ich darauf
verzichten und nie mehr die Wahrheit sagen. Bei meinem
Herrn geht es ja noch an; er mag ein Recht haben, mich
zu schlagen, was aber diesen Herrn Verwalter betrifft, so
werde ich mich an ihm rächen, wenn ich kann.

Scène III

Frosine. Mariane. Maître Jacques.

FROSINE. Savez-vous, maître Jacques, si votre maître est au
  logis?

MAÎTRE JACQUES. Oui vraiment il y est, je ne le sais que   5
  trop.

FROSINE. Dites-lui, je vous prie, que nous sommes ici.

Scène IV

Mariane. Frosine.

MARIANE. Ah! que je suis, Frosine, dans un étrange état! et   10
  s'il faut dire ce que je sens, que j'appréhende cette vue!

FROSINE. Mais pourquoi, et quelle est votre inquiétude?

MARIANE. Hélas! me le demandez-vous? et ne vous figurez-
  vous point les alarmes d'une personne toute prête à voir le
  supplice où l'on veut l'attacher?   15

FROSINE. Je vois bien que, pour mourir agréablement, Harpagon n'est pas le supplice que vous voudriez embrasser;
  et je connais à votre mine que le jeune blondin dont vous
  m'avez parlé vous revient un peu dans l'esprit.

MARIANE. Oui, c'est une chose, Frosine, dont je ne veux pas   20
  me défendre; et les visites respectueuses qu'il a rendues
  chez nous ont fait, je vous l'avoue, quelque effet dans
  mon âme.

FROSINE. Mais avez-vous su quel il est?

MARIANE. Non, je ne sais point quel il est; mais je sais qu'il   25
  est fait d'un air à se faire aimer; que si l'on pouvait
  mettre les choses à mon choix, je le prendrais plutôt qu'un

Dritter Auftritt

Frosine. Mariane. Meister Jacques.

FROSINE. Wißt Ihr, Meister Jacques, ob Euer Herr im Haus ist?

MEISTER JACQUES. Ja, das ist er in der Tat, das weiß ich nur zu gut.

FROSINE. Sagt ihm doch bitte, daß wir da sind.

Vierter Auftritt

Mariane. Frosine.

MARIANE. Ach, Frosine! Wie seltsam mir zumute ist! und müßte ich sagen, was ich empfinde: wie ich diesen Anblick fürchte!

FROSINE. Aber warum nur, und was beunruhigt Euch denn?

MARIANE. Ach! das fragt Ihr mich noch? könnt Ihr Euch nicht den Kummer eines Menschen vorstellen, der eben den Foltern entgegensieht, denen man ihn unterwerfen will?

FROSINE. Ich sehe schon, daß Harpagon nicht zu den Foltern gehört, die Ihr wählen würdet, um angenehm zu sterben; und ich sehe es an Eurer Miene, daß der junge Galan, von dem Ihr mir erzählt habt, Euch wieder einmal in den Sinn kommt.

MARIANE. Ja, Frosine, das will ich nicht abstreiten; die ehrerbietigen Besuche, die er uns abgestattet hat, haben, das gebe ich zu, einigen Eindruck auf mich gemacht.

FROSINE. Habt Ihr denn seine Herkunft in Erfahrung gebracht?

MARIANE. Nein, ich kenne seine Herkunft nicht; doch weiß ich, daß er von einer Art ist, die ihn liebenswert macht; daß, wenn man die Wahl in dieser Sache mir überließe, ich lieber ihn als einen anderen nehmen würde; und daß

autre; et qu'il ne contribue pas peu à me faire trouver
un tourment effroyable dans l'époux qu'on veut me
donner.

FROSINE. Mon Dieu! tous ces blondins sont agréables, et
débitent fort bien leur fait; mais la plupart sont gueux   5
comme des rats; et il vaut mieux pour vous de prendre un
vieux mari qui vous donne beaucoup de bien. Je vous
avoue que les sens ne trouvent pas si bien leur compte du
côté que je dis, et qu'il y a quelques petits dégoûts à
essuyer avec un tel époux; mais cela n'est pas pour durer,   10
et sa mort, croyez-moi, vous mettra bientôt en état d'en
prendre un plus aimable, qui réparera toutes choses.

MARIANE. Mon Dieu! Frosine, c'est une étrange affaire,
lorsque, pour être heureuse, il faut souhaiter ou attendre
le trépas de quelqu'un, et la mort ne suit pas tous les   15
projets que nous faisons.

FROSINE. Vous moquez-vous? Vous ne l'épousez qu'aux
conditions de vous laisser veuve bientôt; et ce doit être là
un des articles du contrat. Il serait bien impertinent de ne
pas mourir dans trois mois. Le voici en propre per-   20
sonne.

MARIANE. Ah! Frosine, quelle figure!

Scène V

Harpagon. Frosine. Mariane.

HARPAGON. Ne vous offensez pas, ma belle, si je viens à vous   25
avec des lunettes. Je sais que vos appas frappent assez les
yeux, sont assez visibles d'eux-mêmes, et qu'il n'est pas
besoin de lunettes pour les apercevoir; mais enfin c'est
avec des lunettes qu'on observe les astres; et je maintiens
et garantis que vous êtes un astre, mais un astre le plus bel   30
astre qui soit dans le pays des astres. Frosine, elle ne

er keinen geringen Anteil daran hat, daß der Gatte, den man mir geben will, für mich eine grausame Strafe ist.

FROSINE. Guter Gott! alle diese Stutzer sind angenehm und verstehen es ausgezeichnet, sich zu verkaufen. Die meisten sind aber so arm wie eine Kirchenmaus; und so ist es besser für Euch, einen alten Mann zu nehmen, der Euch viel Vermögen einbringt. Ich gebe zu, daß bei der Partie, die ich meine, die Sinne nicht so recht auf ihre Kosten kommen, daß man mit einem solchen Gatten allerlei kleine Widerwärtigkeiten ertragen muß; doch das ist ja nicht auf Dauer so, und sein Tod, glaubt mir, wird Euch bald in die Lage versetzen, einen Liebenswerteren zu nehmen, der alles wieder gut machen wird.

MARIANE. Mein Gott! Frosine, das ist ein seltsames Ding, daß man, um glücklich zu sein, den Tod eines anderen wünschen oder abwarten muß; und schließlich hält sich der Tod nicht an alle Pläne, die wir entwerfen.

FROSINE. Ihr scherzt wohl? Ihr heiratet ihn nur unter der Bedingung, daß er Euch bald als Witwe zurückläßt; das muß ein Artikel des Ehevertrags sein. Es wäre höchst unziemlich von ihm, wenn er nicht binnen drei Monaten stürbe. Da ist er ja höchstselbst.

MARIANE. Ah! Frosine, was für eine Gestalt!

Fünfter Auftritt

Harpagon. Frosine. Mariane.

HARPAGON. Erzürnt nicht, schönes Fräulein, wenn ich mich Euch mit einer Brille nähere. Ich weiß wohl, daß Eure Reize stark genug ins Auge springen, daß sie von sich aus deutlich genug sichtbar sind und man keine Brille braucht, um sie zu erblicken. Doch schließlich beobachtet man auch die Sterne durch ein Glas, und ich behaupte und versichere, daß Ihr ein Stern seid, und zwar ein Stern, der der schönste Stern im Reich der Sterne ist. Frosine, sie

répond mot, et ne témoigne, ce me semble, aucune joie de
me voir.

FROSINE. C'est qu'elle est encore toute surprise; et puis les
filles ont toujours honte à témoigner d'abord ce qu'elles
ont dans l'âme.   5

HARPAGON. Tu as raison. Voilà, belle mignonne, ma fille qui
vient vous saluer.

Scène VI

Élise. Harpagon. Mariane. Frosine.

MARIANE. Je m'acquitte bien tard, Madame, d'une telle   10
visite.

ÉLISE. Vous avez fait, Madame, ce que je devais faire, et
c'était à moi de vous prévenir.

HARPAGON. Vous voyez qu'elle est grande; mais mauvaise
herbe croît toujours.   15

MARIANE *(bas à Frosine)*. Oh! l'homme déplaisant!

HARPAGON. Que dit la belle?

FROSINE. Qu'elle vous trouve admirable.

HARPAGON. C'est trop d'honneur que vous me faites, adorable mignonne.   20

MARIANE *(à part)*. Quel animal!

HARPAGON. Je vous suis trop obligé de ces sentiments.

MARIANE *(à part)*. Je n'y puis plus tenir.

HARPAGON. Voici mon fils aussi qui vous vient faire la
révérence.   25

MARIANE *(à part, à Frosine)*. Ah! Frosine, quelle rencontre!
C'est justement celui dont je t'ai parlé.

FROSINE *(à Mariane)*. L'aventure est merveilleuse.

erwidert nichts und zeigt, wie mir scheint, keine Freude
über meinen Anblick.

FROSINE. Das liegt daran, daß sie noch ganz überwältigt ist;
und außerdem schämen sich junge Mädchen immer,
gleich zu zeigen, was ihr Herz bewegt.

HARPAGON. Du hast recht. Angebetete Schöne, da kommt
meine Tochter, um Euch zu begrüßen.

Sechster Auftritt

Élise. Harpagon. Mariane. Frosine.

MARIANE. Gnädiges Fräulein, ich komme sehr spät der
Verpflichtung zu einem solchen Besuch nach.

ÉLISE. Ihr habt getan, gnädiges Fräulein, was ich hätte tun
müssen, und an mir wäre es gewesen, Euch zuvorzu-
kommen.

HARPAGON. Ihr seht, wie groß sie ist; aber Unkraut gedeiht
immer.

MARIANE *(leise zu Frosine)*. Oh! was für ein widerwärtiger
Mensch!

HARPAGON. Was sagt das schöne Fräulein?

FROSINE. Daß sie Euch wundervoll findet.

HARPAGON. Ihr tut mir da zuviel Ehre an, anbetungswürdige
Schöne.

MARIANE *(beiseite)*. Was für ein widerlicher Kerl!

HARPAGON. Ich bin Euch für diese Zuneigung zutiefst verbunden.

MARIANE *(beiseite)*. Ich ertrage das nicht mehr.

HARPAGON. Da kommt auch mein Sohn, Euch seine Auf-
wartung zu machen.

MARIANE *(beiseite, zu Frosine)*. Ach! Frosine, was für eine
Begegnung! Das ist eben der, von dem ich dir erzählt
habe.

FROSINE *(zu Mariane)*. Welch ein erstaunliches Zusammentreffen.

HARPAGON. Je vois que vous vous étonnez de me voir de si
grands enfants, mais je serai bientôt défait et de l'un et de
l'autre.

Scéne VII

Cléante. Valère. Harpagon. Élise. Mariane. Frosine.   5

CLÉANTE. Madame, à vous dire le vrai, c'est ici une aventure
où sans doute je ne m'attendais pas; et mon père ne m'a
pas peu surpris lorsqu'il m'a dit tantôt le dessein qu'il
avait formé.

MARIANE. Je puis dire la même chose. C'est une rencontre   10
imprévue qui m'a surprise autant que vous; et je n'étais
point préparée à une pareille aventure.

CLÉANTE. Il est vrai que mon père, Madame, ne peut pas
faire un plus beau choix, et que ce m'est une sensible joie
que l'honneur de vous voir; mais avec tout cela, je ne vous   15
assurerai point que je me réjouis du dessein où vous
pourriez être de devenir ma belle-mère. Le compliment,
je vous l'avoue, est trop difficile pour moi; et c'est un
titre, s'il vous plaît, que je ne vous souhaite point. Ce
discours paraîtra brutal aux yeux de quelques-uns; mais je   20
suis assuré que vous serez personne à le prendre comme il
faudra; que c'est un mariage, Madame, où vous vous
imaginez bien que je dois avoir de la répugnance; que
vous n'ignorez pas sachant ce que je suis, comme il
choque mes intérêts; et que vous voulez bien enfin que je   25
vous dise, avec la permission le mon père, que si les
choses dépendaient de moi, cet hymen ne se ferait
point.

HARPAGON. Voilà un compliment bien impertinent: quelle
belle confession à lui faire!   30

HARPAGON. Wie ich sehe, überrascht es Euch, daß ich so große Kinder habe; doch ich werde sie beide bald los sein.

Siebter Auftritt

Cléante. Valère. Harpagon. Élise. Mariane. Frosine.

CLÉANTE. Gnädiges Fräulein, um Euch die Wahrheit zu sagen, dies ist ein Zusammentreffen, mit dem ich gewiß nicht gerechnet habe; und mein Vater hat mich in nicht geringes Erstaunen versetzt, als er mir vor kurzem mitteilte, welchen Plan er gefaßt hat.

MARIANE. Dasselbe kann ich auch sagen. Das ist eine ganz unerwartete Begegnung, die mich ebenso überrascht hat wie Euch; ich war auf ein solches Zusammentreffen überhaupt nicht vorbereitet.

CLÉANTE. Es ist gewiß, gnädiges Fräulein, daß mein Vater keine bessere Wahl treffen kann, und daß die Ehre, Euch zu begegnen, mir große Freude bereitet; doch trotz alldem kann ich Euch keineswegs versichern, daß die Absicht, die Ihr hegen mögt, meine Stiefmutter zu werden, mich mit Freude erfüllt. Euch dazu Glück zu wünschen, fällt mir, wie ich gestehen muß, allzu schwer; und, mit Verlaub, diese Anrede wünsche ich Euch nicht. Manch einem mögen diese Worte unziemlich erscheinen; aber ich bin mir sicher, daß Ihr imstande seid, sie so aufzunehmen, wie man es soll: daß dies eine Heirat ist, gnädiges Fräulein, gegen die ich, wie Ihr Euch wohl vorstellen könnt, einigen Widerwillen haben muß; daß Ihr, da Ihr wißt, wer ich bin, Euch sehr wohl darüber im klaren seid, daß sie meinen Interessen zuwiderläuft; und daß Ihr mir daher auch gestatten werdet, daß ich Euch, mit der Erlaubnis meines Vaters, sage, daß diese Heirat nicht stattfände, wenn es nach mir ginge.

HARPAGON. Das ist wirklich eine unverschämte Begrüßung: welch reizendes Geständnis ihr gegenüber!

MARIANE. Et moi, pour vous répondre, j'ai à vous dire que
les choses sont fort égales; et que si vous auriez de la
répugnance à me voir votre belle-mère, je n'en aurais pas
moins sans doute à vous voir mon beau-fils. Ne croyez
pas, je vous prie, que ce soit moi qui cherche à vous   5
donner cette inquiétude. Je serais fort fâchée de vous
causer du déplaisir; et si je ne m'y vois forcée par une
puissance absolue, je vous donne ma parole que je ne
consentirai point au mariage qui vous chagrine.

HARPAGON. Elle a raison; à sot compliment il faut une   10
réponse de même. Je vous demande pardon, ma belle, de
l'impertinence de mon fils. C'est un jeune sot, qui ne sait
pas encore la conséquence des paroles qu'il dit.

MARIANE. Je vous promets que ce qu'il m'a dit ne m'a point
du tout offensée; au contraire, il m'a fait plaisir de m'ex- 15
pliquer ainsi ses véritables sentiments. J'aime de lui un
aveu de la sorte; et, s'il avait parlé d'autre façon je l'en
estimerais bien moins.

HARPAGON. C'est beaucoup de bonté à vous de vouloir ainsi
excuser ses fautes. Le temps le rendra plus sage, et vous   20
verrez qu'il changera de sentiments.

CLÉANTE. Non, mon père, je ne suis point capable d'en
changer, et je prie instamment Madame de le croire.

HARPAGON. Mais voyez quelle extravagance! il continue
encore plus fort.   25

CLÉANTE. Voulez-vous que je trahisse mon cœur?

HARPAGON. Encore? Avez-vous envie de changer de discours?

CLÉANTE. Hé bien! puisque vous voulez que je parle d'autre
façon, souffrez, Madame, que je me mette ici à la place de 30

MARIANE. Und ich kann, um darauf zu antworten, Euch sagen, daß es mir ganz genauso geht; daß, wenn es Euch Widerwillen bereiten sollte, in mir Eure Stiefmutter zu sehen, es mir gewiß nicht weniger widerstrebt, Euch zu meinem Stiefsohn zu haben. Bitte glaubt nicht, daß ich es bin, die Euch solchen Kummer bereiten will. Es wäre mir sehr leid, Euch Grund zur Unzufriedenheit zu geben; und wenn ich mich nicht von einer höheren Gewalt dazu gezwungen sähe, so gebe ich Euch mein Wort, daß ich auf keinen Fall in die Ehe einwilligen würde, die Euch Kummer bereitet.

HARPAGON. Sie hat recht; auf eine dreiste Begrüßung muß man ebenso antworten. Meine Schöne, ich bitte Euch wegen der Unverschämtheit meines Sohnes um Verzeihung. Er ist ein junger Dummkopf, der die Bedeutung seiner Worte noch nicht kennt.

MARIANE. Ich versichere Euch, daß das, was er mir gesagt hat, mich keineswegs gekränkt hat; im Gegenteil, es hat mich gefreut, daß er mir seine wirklichen Gefühle offengelegt hat. Ein solches Geständnis weiß ich an ihm zu schätzen, und ich würde ihn weit geringer achten, hätte er anders gesprochen.

HARPAGON. Es ist sehr gütig von Euch, seinen Fehltritt entschuldigen zu wollen. Er wird mit der Zeit vernünftiger werden, und Ihr werdet bald feststellen, daß sich seine Einstellung ändert.

CLÉANTE. Nein, lieber Vater, ich vermag es keineswegs, sie zu ändern, und ich bitte das gnädige Fräulein inständig, daran zu glauben.

HARPAGON. Seht doch nur, was für ein ungehöriges Verhalten! Das wird ja immer toller.

CLÉANTE. Wollt Ihr denn, daß ich mein Herz verleugne?

HARPAGON. Auch das noch? Wollt Ihr bitte Eure Reden ändern?

CLÉANTE. Nun gut! da Ihr verlangt, daß ich anders spreche, gestattet mir, gnädiges Fräulein, daß ich hier an die Stelle

mon père, et que je vous avoue que je n'ai rien vu dans le monde de si charmant que vous; que je ne conçois rien d'égal au bonheur de vous plaire, et que le titre de votre époux est une gloire, une félicité que je préférerais aux destinées des plus grands princes de la terre. Oui, Ma- 5
dame, le bonheur de vous posséder est à mes regards la plus belle de toutes les fortunes; c'est où j'attache toute mon ambition; il n'y a rien que je ne sois capable de faire pour une conquête si précieuse, et les obstacles les plus puissants . . . 10

HARPAGON. Doucement, mon fils, s'il vous plaît.

CLÉANTE. C'est un compliment que je fais pour vous à Madame.

HARPAGON. Mon Dieu! j'ai une langue pour m'expliquer moi-même, et je n'ai pas besoin d'un procureur comme 15
vous. Allons, donnez des sièges.

FROSINE. Non; il vaut mieux que de ce pas nous allions à la foire, afin d'en revenir plus tôt, et d'avoir tout le temps ensuite de vous entretenir.

HARPAGON. Qu'on mette donc les chevaux au carrosse. Je 20
vous prie de m'excuser, ma belle, si je n'ai pas songé à vous donner un peu de collation avant que de partir.

CLÉANTE. J'y ai pourvu, mon père, et j'ai fait apporter ici quelques bassins d'oranges de la Chine, de citrons doux et de confitures, que j'ai envoyé querir de votre part. 25

HARPAGON *(bas à Valère)*. Valère!

VALÈRE *(à Harpagon)*. Il a perdu le sens.

CLÉANTE. Est-ce que vous trouvez, mon père, que ce ne soit pas assez? Madame aura la bonté d'excuser cela, s'il lui plaît. 30

MARIANE. C'est une chose qui n'était pas nécessaire.

meines Vaters trete und Euch gestehe, daß ich nirgendwo
je etwas Entzückenderes als Euch erblickt habe; daß ich
mir nichts vorstellen kann, das dem Glück gleichkäme,
Euch zu gefallen, und daß die Ehre, Euer Gatte zu
heißen, eine Zierde und eine Glückseligkeit bedeutet, die
ich dem Geschick der größten Fürsten dieser Erde vor-
zöge. Ja, gnädiges Fräulein, das Glück, Euch zu besitzen,
ist in meinen Augen der allerschönste Reichtum; darauf
richte ich all mein Streben. Nichts gibt es, was ich nicht
zu tun imstande wäre, um einen solchen Schatz zu er-
obern, und selbst die größten Hindernisse ...

HARPAGON. Sachte, sachte, wenn ich bitten darf, mein lieber
Sohn.

CLÉANTE. Das ist eine Freundlichkeit, die ich dem gnädigen
Fräulein in Eurem Namen erweise.

HARPAGON. Guter Gott! ich habe eine Zunge, um mich
selbst zu erklären, und brauche keinen Fürsprecher wie
Euch. Vorwärts, schafft Stühle herbei.

FROSINE. Nein, es ist besser, wenn wir sogleich ausfahren,
damit wir früher zurückkommen und dann genügend Zeit
haben, mit Euch zu sprechen.

HARPAGON. Dann soll man die Pferde anspannen. Verzeiht
mir bitte, schönes Fräulein, daß ich nicht daran gedacht
habe, Euch vor der Fahrt eine kleine Erfrischung zu
reichen.

CLÉANTE. Ich habe dafür gesorgt, lieber Vater, und ein paar
Schalen mit Orangen aus China, süßen Zitronen und
kandierten Früchten herbringen lassen, um die ich in
Eurem Auftrag geschickt habe.

HARPAGON *(leise zu Valère)*. Valère!

VALÈRE *(zu Harpagon)*. Er hat den Verstand verloren.

CLÉANTE. Meint Ihr, lieber Vater, daß das nicht genug ist?
Das gnädige Fräulein wird die Güte haben, das freund-
lichst zu entschuldigen.

MARIANE. Das war wirklich nicht nötig.

CLÉANTE. Avez-vous jamais vu, Madame, un diamant plus
    vif que celui que vous voyez que mon père a au doigt?
MARIANE. Il est vrai qu'il brille beaucoup.
CLÉANTE *(il l'ôte du doigt de son père et le donne à Mariane)*.
    Il faut que vous le voyiez de près.   5
MARIANE. Il est fort beau sans doute, et jette quantité de
    feux.
CLÉANTE *(il se met au-devant de Mariane, qui le veut rendre)*.
    Nenni, Madame: il est en de trop belles mains. C'est un
    présent que mon père vous a fait.   10
HARPAGON. Moi?
CLÉANTE. N'est-il pas vrai, mon père, que vous voulez que
    Madame le garde pour l'amour de vous?
HARPAGON *(à part, à son fils)*. Comment?
CLÉANTE. Belle demande! Il me fait signe de vous le faire 15
    accepter.
MARIANE. Je ne veux point . . .
CLÉANTE. Vous moquez-vous? Il n'a garde de le re-
    prendre.
HARPAGON *(à part)*. J'enrage!   20
MARIANE. Ce serait . . .
CLÉANTE *(en empêchant toujours Mariane de rendre la
    bague)*. Non, vous dis-je, c'est l'offenser.
MARIANE. De grâce . . .
CLÉANTE. Point du tout.   25
HARPAGON *(à part)*. Peste soit . . .
CLÉANTE. Le voilà qui se scandalise de votre refus.
HARPAGON *(bas, à son fils)*. Ah! traître!
CLÉANTE. Vous voyez qu'il se désespère.
HARPAGON *(bas, à son fils, en le menaçant)*. Bourreau que tu 30
    es!

CLÉANTE. Habt Ihr, gnädiges Fräulein, jemals einen Diamanten gesehen, der so funkelt wie der, den Ihr da am Finger meines Vaters seht?

MARIANE. Wirklich, er funkelt ganz herrlich.

CLÉANTE *(zieht ihn seinem Vater vom Finger und reicht ihn Mariane)*. Ihr müßt ihn aus der Nähe betrachten.

MARIANE. Er ist tatsächlich wunderschön und hat ein reiches Feuer.

CLÉANTE *(stellt sich vor Mariane, die ihn zurückgeben will)*. Nicht doch, gnädiges Fräulein: er ist in zu schönen Händen. Mein Vater hat ihn Euch als Geschenk zugedacht.

HARPAGON. Ich?

CLÉANTE. Nicht wahr, lieber Vater, Ihr wünscht doch, daß das gnädige Fräulein ihn Euch zuliebe behält?

HARPAGON *(beiseite, zu seinem Sohn)*. Wie bitte?

CLÉANTE. Was für eine Frage! Er bedeutet mir, ich solle Euch dazu bewegen, ihn anzunehmen.

MARIANE. Ich möchte keinesfalls ...

CLÉANTE. Ihr scherzt wohl? Er denkt nicht daran, ihn zurückzunehmen.

HARPAGON *(beiseite)*. Ich werde rasend!

MARIANE. Das wäre ...

CLÉANTE *(der Mariane weiter daran hindert, den Ring zurückzugeben)*. Nein, sage ich Euch, das hieße ihn beleidigen.

MARIANE. Gestattet ...

CLÉANTE. Ganz und gar nicht.

HARPAGON *(beiseite)*. Die Pest hole ...

CLÉANTE. Da seht, wie er sich über Eure Weigerung empört.

HARPAGON *(beiseite zu seinem Sohn)*. Ha! Verräter!

CLÉANTE. Ihr seht, wie er sich der Verzweiflung hingibt.

HARPAGON *(leise zu seinem Sohn, indem er ihn bedroht)*. Du Henkersknecht!

CLÉANTE. Mon père, ce n'est pas ma faute. Je fais ce que je
   puis pour l'obliger à la garder; mais elle est obstinée.

HARPAGON *(bas, à son fils, avec emportement).* Pendard!

CLÉANTE. Vous êtes cause, Madame, que mon père me
   querelle.   5

HARPAGON *(bas, à son fils, avec les mêmes grimaces).* Le
   coquin!

CLÉANTE. Vous le ferez tomber malade. De grâce, Madame,
   ne résistez point davantage.

FROSINE. Mon Dieu! que de façons! Gardez la bague, puis-   10
   que Monsieur le veut.

MARIANE. Pour ne vous point mettre en colère, je la garde
   maintenant; et je prendrai un autre temps pour vous la
   rendre.

Scène VIII   15

Harpagon. Mariane. Frosine. Cléante. Valère.
Brindavoine. Élise.

BRINDAVOINE. Monsieur, il y a là un homme qui veut vous
   parler.

HARPAGON. Dis-lui que je suis empêché, et qu'il revienne   20
   une autre fois.

BRINDAVOINE. Il dit qu'il vous apporte de l'argent.

HARPAGON. Je vous demande pardon. Je reviens tout à
   l'heure.

CLÉANTE. Lieber Vater, ich bin nicht schuld daran. Ich tue, was ich kann, um sie dazu zu bringen, ihn zu behalten; aber sie ist hartnäckig.

HARPAGON *(leise und voller Wut zu seinem Sohn)*. Galgenvogel!

CLÉANTE. Ihr seid schuld daran, gnädiges Fräulein, daß mein Vater mich beschimpft.

HARPAGON *(leise zu seinem Sohn, mit demselben wutverzerrten Gesicht)*. Halunke!

CLÉANTE. Ihr werdet ihn noch krank machen. Ich flehe Euch an, gnädiges Fräulein, sträubt Euch nicht länger.

FROSINE. Mein Gott! was für Umstände! Behaltet den Ring, wenn der Herr doch darauf besteht.

MARIANE. Um Euch nicht weiter zu erzürnen, werde ich ihn zunächst behalten; und ich werde eine andere Gelegenheit ergreifen, um ihn Euch zurückzugeben.

Achter Auftritt

Harpagon. Mariane. Frosine. Cléante. Valère.
Brindavoine. Élise.

BRINDAVOINE. Gnädiger Herr, da ist jemand, der Euch sprechen will.

HARPAGON. Sag ihm, daß ich verhindert bin und er ein andermal wiederkommen soll.

BRINDAVOINE. Er sagt, daß er Euch Geld bringt.

HARPAGON. Entschuldigt mich. Ich komme gleich wieder.

Scène IX

Harpagon. Mariane. Cléante. Élise. Valère. Frosine.
La Merluche.

LA MERLUCHE *(il vient en courant, et fait tomber Harpagon)*.
Monsieur . . .   5

HARPAGON. Ah! je suis mort.

CLÉANTE. Qu'est-ce, mon père? vous êtes-vous fait mal?

HARPAGON. Le traître assurément a reçu de l'argent de mes
débiteurs, pour me faire rompre le cou.

VALÈRE. Cela ne sera rien.   10

LA MERLUCHE. Monsieur, je vous demande pardon, je
croyais bien faire d'accourir vite.

HARPAGON. Que viens-tu faire ici, bourreau?

LA MERLUCHE. Vous dire que vos deux chevaux sont dé-
ferrés.   15

HARPAGON. Qu'on les mène promptement chez le maré-
chal.

CLÉANTE. En attendant qu'ils soient ferrés, je vais faire pour
vous, mon père, les honneurs de votre logis, et conduire
Madame dans le jardin, où je ferai porter la collation.   20

HARPAGON. Valère, aie un peu l'œil à tout cela; et prends
soin, je te prie, de m'en sauver le plus que tu pourras,
pour le renvoyer au marchand.

VALÈRE. C'est assez.

HARPAGON. Ô fils impertinent, as-tu envie de me ruiner?   25

Neunter Auftritt

Harpagon. Mariane. Cléante. Élise. Valère. Frosine.
La Merluche.

LA MERLUCHE *(kommt hereingestürzt und rennt Harpagon um).* Gnädiger Herr . . .

HARPAGON. Ah! Ich sterbe.

CLÉANTE. Was ist los, lieber Vater? habt Ihr Euch wehgetan?

HARPAGON. Der Verräter hat von meinen Schuldnern sicher Geld dafür erhalten, daß er mir das Genick bricht.

VALÈRE. Es wird schon nichts sein.

LA MERLUCHE. Gnädiger Herr, ich bitte Euch um Verzeihung, ich dachte, es sei richtig, so schnell herbeizueilen.

HARPAGON. Was willst du denn hier, du Mörder?

LA MERLUCHE. Euch sagen, daß Eure beiden Pferde keine Hufeisen haben.

HARPAGON. Dann bringe man sie schnell zum Hufschmied.

CLÉANTE. Bis sie beschlagen sind, werde ich mich für Euch, lieber Vater, um die Gäste kümmern und das gnädige Fräulein in den Garten führen, wo ich die Erfrischungen werde reichen lassen.

HARPAGON. Valère, hab auf alles ein Auge und kümmere dich bitte vor allem darum, daß so viel wie möglich davon gerettet wird, damit man es dem Händler zurückschicken kann.

VALÈRE. Schon gut.

HARPAGON. Oh, schamloser Sohn, willst du mich ruinieren?

Acte IV

Scène I

Cléante. Mariane. Élise. Frosine.

CLÉANTE. Rentrons ici, nous serons beaucoup mieux. Il n'y a plus autour de nous personne de suspect, et nous pouvons parler librement.

ÉLISE. Oui, Madame, mon frère m'a fait confidence de la passion qu'il a pour vous. Je sais les chagrins et les déplaisirs que sont capables de causer de pareilles traverses; et c'est, je vous assure, avec une tendresse extrême que je m'intéresse à votre aventure.

MARIANE. C'est une douce consolation que de voir dans ses intérêts une personne comme vous; et je vous conjure, Madame, de me garder toujours cette généreuse amitié, si capable de m'adoucir les cruautés de la fortune.

FROSINE. Vous êtes, par ma foi, de malheureuses gens l'un et l'autre, de ne m'avoir point, avant tout ceci, avertie de votre affaire. Je vous aurais sans doute détourné cette inquiétude, et n'aurais point amené les choses où l'on voit qu'elles sont.

CLÉANTE. Que veux-tu? C'est ma mauvaise destinée qui l'a voulu ainsi. Mais, belle Mariane, quelles résolutions sont les vôtres?

MARIANE. Hélas! suis-je en pouvoir de faire des résolutions? Et dans la dépendance où je me vois, puis-je former que des souhaits?

CLÉANTE. Point d'autre appui pour moi dans votre cœur que de simples souhaits? point de pitié officieuse? point de secourable bonté? point d'affection agissante?

MARIANE. Que saurais-je vous dire? Mettez-vous en ma place, et voyez ce que je puis faire. Avisez, ordonnez

Vierter Aufzug

Erster Auftritt

Cléante. Mariane. Élise. Frosine.

CLÉANTE. Gehen wir hier hinein, hier ist es angenehmer. Kein Verdächtiger ist mehr in unserer Nähe, und wir können frei sprechen.

ÉLISE. Ja, gnädiges Fräulein, mein Bruder hat mir im Vertrauen von seiner leidenschaftlichen Zuneigung zu Euch erzählt. Ich kenne den Kummer und den Unmut, die solche Widrigkeiten hervorzurufen imstande sind, und ich versichere Euch, daß ich mit dem größten Mitgefühl an Eurem Geschick teilnehme.

MARIANE. Es ist ein angenehmer Trost, zu sehen, wie jemand wie Ihr an unserem Schicksal teilhat; und ich bitte Euch inständig, gnädiges Fräulein, mir diese großzügige Zuneigung immer zu bewahren, die so sehr dazu angetan ist, die Grausamkeit meines Geschicks zu mildern.

FROSINE. Bei meinem Wort, Ihr seid beide zu beklagen, daß Ihr mich nicht vor alldem über Eure Angelegenheiten ins Vertrauen gezogen habt. Ich hätte diesen Kummer ganz sicher von Euch ferngehalten und die Dinge nicht dahin gebracht, wo sie jetzt stehen.

CLÉANTE. Was willst du? mein Unstern hat es so gefügt. Wie aber, schöne Mariane, habt Ihr Euch nun entschlossen?

MARIANE. Ach! liegt es denn in meiner Macht, einen Entschluß zu fassen? Und kann ich in der Abhängigkeit, in der ich mich befinde, mehr als nur Wünsche hegen?

CLÉANTE. Keine andere Unterstützung für mich in Eurem Herzen als nur Wünsche? kein tätiges Mitleid? keine hilfreiche Güte? keine zum Handeln bereite Zuneigung?

MARIANE. Was soll ich Euch sagen? Versetzt Euch in meine Lage und seht, was ich tun kann. Ratet und befehlt selbst:

vous-même: je m'en remets à vous, et je vous crois trop
raisonnable pour vouloir exiger de moi que ce qui peut
m'être permis par l'honneur et la bienséance.

CLÉANTE. Hélas! où me réduisez-vous, que de me renvoyer à
ce que voudront me permettre les fâcheux sentiments   5
d'un rigoureux honneur et d'une scrupuleuse bienséance.

MARIANE. Mais que voulez-vous que je fasse? Quand je
pourrais passer sur quantité d'égards où notre sexe est
obligé, j'ai de la considération pour ma mère. Elle m'a   10
toujours élevée avec une tendresse extrême, et je ne
saurais me résoudre à lui donner du déplaisir. Faites,
agissez auprès d'elle, employez tous vos soins à gagner
son esprit: vous pouvez faire et dire tout ce que vous
voudrez, je vous en donne la licence, et s'il ne tient qu'à   15
me déclarer en votre faveur, je veux bien consentir à lui
faire un aveu moi-même de tout ce que je sens pour
vous.

CLÉANTE. Frosine, ma pauvre Frosine, voudrais-tu nous
servir?   20

FROSINE. Par ma foi! faut-il demander? je le voudrais de tout
mon cœur. Vous savez que de mon naturel je suis assez
humaine; le Ciel ne m'a point fait l'âme de bronze et je
n'ai que trop de tendresse à rendre de petits services,
quand je vois des gens qui s'entr'aiment en tout bien et en   25
tout honneur. Que pourrions-nous faire à ceci?

CLÉANTE. Songe un peu, je te prie.

MARIANE. Ouvre-nous des lumières.

ÉLISE. Trouve quelque invention pour rompre ce que tu as
fait.   30

FROSINE. Ceci est assez difficile. Pour votre mère, elle n'est
pas tout à fait déraisonnable, et peut-être pourrait-on la
gagner, et la résoudre à transporter au fils le don qu'elle

ich vertraue mich Euch an und halte Euch für so vernünftig, daß Ihr nur das von mir verlangen werdet, was mir Ehre und Sittsamkeit erlauben mögen.

CLÉANTE. Ach! welche Möglichkeiten laßt Ihr mir denn, wenn Ihr mich auf die Mittel verweist, die nach dem unangemessenen Urteil eines strengen Ehrgefühls und einer übertriebenen Sittlichkeit erlaubt sein mögen?

MARIANE. Aber was soll ich denn tun? Könnte ich mich auch über viele Rücksichten hinwegsetzen, zu denen unser Geschlecht verpflichtet ist, so achte ich doch meine Mutter. Sie hat mich immer mit größter Liebe erzogen, und ich könnte mich nicht dazu entschließen, ihr Kummer zu bereiten. Aber macht Ihr nur, wirkt auf sie ein, wendet alle Mühe auf, sie zu gewinnen: Ihr könnt sagen und tun, was Ihr wollt, ich gestatte es Euch, und wenn es nur darauf ankommt, mich zu Euren Gunsten zu erklären, so bin ich gerne bereit, ihr selbst alles einzugestehen, was ich für Euch empfinde.

CLÉANTE. Frosine, meine gute Frosine, würdest du uns zu Diensten sein?

FROSINE. Müßt Ihr mich das wirklich noch fragen? Ich wäre von ganzem Herzen dazu bereit. Ihr wißt doch, daß ich von Natur aus ganz menschenfreundlich bin; der Himmel hat mir kein unempfindliches Gemüt zuteil werden lassen, und ich erweise mit der allergrößten Anteilnahme meine kleinen Dienste, wenn ich Menschen sehe, die einander aufrichtig und in allen Ehren lieben. Was könnten wir hier denn unternehmen?

CLÉANTE. Laß dir doch etwas einfallen, ich bitte dich.

MARIANE. Eröffne uns einen Hoffnungsschimmer.

ÉLISE. Finde irgendeine List, um zunichte zu machen, was du zustande gebracht hast.

FROSINE. Das ist ziemlich schwierig. Was Eure Mutter betrifft, so ist sie Vernunftgründen nicht ganz und gar unzugänglich, und man könnte sie vielleicht gewinnen und sie dazu bringen, dem Sohn zu überlassen, was sie

veut faire au père. Mais le mal que j'y trouve, c'est que votre père est votre père.

CLÉANTE. Cela s'entend.

FROSINE. Je veux dire qu'il conservera du dépit, si l'on montre qu'on le refuse; et qu'il ne sera point d'humeur 5 ensuite à donner son consentement à votre mariage. Il faudrait, pour bien faire, que le refus vînt de lui-même, et tâcher par quelque moyen de le dégoûter de votre personne.

CLÉANTE. Tu as raison. 10

FROSINE. Oui, j'ai raison, je le sais bien. C'est là ce qu'il faudrait; mais le diantre est d'en pouvoir trouver les moyens. Attendez: si nous avions quelque femme un peu sur l'âge, qui fût de mon talent, et jouât assez bien pour contrefaire une dame de qualité, par le moyen d'un train 15 fait à la hâte, et d'un bizarre nom de marquise, ou de vicomtesse, que nous supposerions de la basse Bretagne, j'aurais assez d'adresse pour faire accroire à votre père que ce serait une personne riche, outre ses maisons, de cent mille écus en argent comptant; qu'elle serait éperdument 20 amoureuse de lui, et souhaiterait de se voir sa femme, jusqu'à lui donner tout son bien par contrat de mariage; et je ne doute point qu'il ne prêtât l'oreille à la proposition; car enfin il vous aime fort, je le sais; mais il aime un peu plus l'argent; et quand, ébloui de ce leurre, il aurait une 25 fois consenti à ce qui vous touche, il importerait peu ensuite qu'il se désabusât, en venant à vouloir voir clair aux effets de notre marquise.

CLÉANTE. Tout cela est fort bien pensé.

dem Vater geben will. Was ich aber als Übel ansehe, ist, daß Euer Vater eben Euer Vater ist.

CLÉANTE. Das ist es eben.

FROSINE. Ich meine, daß er für lange Zeit erbost sein wird, wenn man ihn offen zurückweist; und daß er danach keinesfalls in der Stimmung sein wird, Eurer Heirat seine Zustimmung zu geben. Um es geschickt anzustellen, müßte man erreichen, daß die Zurückweisung von ihm selbst kommt; man müßte auf irgendeine Weise versuchen, Euch ihm zu verleiden.

CLÉANTE. Du hast recht.

FROSINE. Ja, ich habe recht, das weiß ich wohl. So müßte man es anstellen; das Vertrackte dabei ist nur, wie man Mittel und Wege dafür finden kann. Wartet: Wenn wir eine schon etwas ältere Frau fänden, die meine Fähigkeiten besäße und sich gut genug verstellen könnte, um eine Dame aus dem Adelsstand zu spielen, mit Hilfe einer eilig zusammengestellten Ausstattung und des bizarren Namens einer Marquise oder Komtesse, den man in der tiefsten Bretagne ansiedeln könnte, so wäre ich geschickt genug, Eurem Vater weiszumachen, daß es sich um eine Person handelt, die außer ihren Schlössern ein Vermögen von hunderttausend Talern in bar besitzt, daß sie bis über beide Ohren in ihn verliebt ist und sich danach sehnt, seine Frau zu werden, sogar um den Preis, ihm im Ehevertrag ihren gesamten Besitz zu überschreiben. Ich zweifle nicht im mindesten daran, daß er diesem Vorschlag sein Ohr leihen wird; denn schließlich liebt er Euch sehr, das weiß ich wohl, aber noch etwas mehr liebt er sein Geld. Und wenn er dann, von diesem Betrugsmanöver geblendet, erst einmal in das eingewilligt hat, was Euch angeht, so würde es hinterher nichts weiter ausmachen, daß er seinen Irrtum einsähe, sobald er versucht, genaueres über das Vermögen unserer Marquise in Erfahrung zu bringen.

CLÉANTE. All das ist ausgezeichnet ausgedacht.

FROSINE. Laissez-moi faire. Je viens de me ressouvenir d'une
de mes amies, qui sera notre fait.

CLÉANTE. Sois assurée, Frosine, de ma reconnaissance, si tu
viens à bout de la chose. Mais, charmante Mariane,
commençons, je vous prie, par gagner votre mère; c'est   5
toujours beaucoup faire que de rompre ce mariage.
Faites-y de votre part, je vous en conjure, tous les efforts
qu'il vous sera possible; servez-vous de tout le pouvoir
que vous donne sur elle cette amitié qu'elle a pour vous;
déployez sans réserve les grâces éloquentes, les charmes   10
tout-puissants que le Ciel a placés dans vos yeux et dans
votre bouche; et n'oubliez rien, s'il vous plaît, de ces
tendres paroles, de ces douces prières, et de ces caresses
touchantes à qui je suis persuadé qu'on ne saurait rien
refuser.   15

MARIANE. J'y ferai tout ce que je puis, et n'oublierai aucune
chose.

Scène II

Harpagon. Clèante. Mariane. Èlise. Frosine.

HARPAGON. Ouais! mon fils baise la main de sa prétendue   20
belle-mère, et sa prétendue belle-mère ne s'en défend pas
fort. Y aurait-il quelque mystère là-dessous?

ÉLISE. Voilà mon père.

HARPAGON. Le carrosse est tout prêt. Vous pouvez partir
quand il vous plaira.   25

CLÉANTE. Puisque vous n'y allez pas, mon père, je m'en vais
les conduire.

HARPAGON. Non, demeurez. Elles iront bien toutes seules;
et j'ai besoin de vous.

FROSINE. Laßt mich nur machen. Mir fällt da gerade eine meiner Freundinnen ein, die uns genau zupaß kommt.

CLÉANTE. Du kannst meiner Dankbarkeit gewiß sein, Frosine, wenn du die Sache gut zu Ende bringst. Beginnen wir aber, ich bitte Euch, liebste Mariane, indem wir Eure Mutter für uns gewinnen; es ist immerhin schon viel erreicht, wenn diese Hochzeit verhindert wird. Verwendet auch Ihr, ich beschwöre Euch, alle nur möglichen Anstrengungen auf Eure Mutter; bedient Euch der ganzen Macht, die Euch ihre Zuneigung über sie gibt; entfaltet die ganze Anmut Eurer Beredsamkeit, den allgewaltigen Zauber, den der Himmel Euren Augen und Eurem Mund verliehen hat, und laßt, ich bitte Euch, keines jener zärtlichen Worte, keine jener innigen Bitten und jener rührenden Liebkosungen aus, denen man, davon bin ich überzeugt, nichts abzuschlagen vermag.

MARIANE. Ich werde alles tun, was ich kann, und nichts vergessen.

Zweiter Auftritt

Harpagon. Cléante. Mariane. Élise. Frosine.

HARPAGON. Was! mein Sohn küßt die Hand seiner zukünftigen Stiefmutter, und seine zukünftige Stiefmutter verwahrt sich nicht dagegen? Sollte sich dahinter etwas verbergen?

ÉLISE. Da kommt mein Vater.

HARPAGON. Die Kutsche steht bereit. Ihr könnt aufbrechen, wenn es Euch gefällig ist.

CLÉANTE. Da Ihr nicht mitkommt, lieber Vater, werde ich sie geleiten.

HARPAGON. Nein, bleibt hier. Sie können gut alleine gehen, und ich brauche Euch.

Scène III

Harpagon. Cléante.

HARPAGON. Ô çà, intérêt de belle-mère à part, que te semble
à toi de cette personne?

CLÉANTE. Ce qui m'en semble?   5

HARPAGON. Oui, de son air, de sa taille, de sa beauté, de son
esprit?

CLÉANTE. La, la.

HARPAGON. Mais encore?

CLÉANTE. À vous en parler franchement, je ne l'ai pas   10
trouvée ici ce que je l'avais crue. Son air est de franche
coquette; sa taille est assez gauche, sa beauté très médio-
cre, et son esprit des plus communs. Ne croyez pas que ce
soit, mon père, pour vous en dégoûter; car belle-mère
pour belle-mère, j'aime autant celle-là qu'une autre.   15

HARPAGON. Tu lui disais tantôt pourtant . . .

CLÉANTE. Je lui ai dit quelques douceurs en votre nom, mais
c'était pour vous plaire.

HARPAGON. Si bien donc que tu n'aurais pas d'inclination
pour elle?   20

CLÉANTE. Moi? point du tout.

HARPAGON. J'en suis fâché; car cela rompt une pensée qui
m'était venue dans l'esprit. J'ai fait, en la voyant ici,
réflexion sur mon âge; et j'ai songé qu'on pourra trouver à
redire de me voir marier à une si jeune personne. Cette   25
considération m'en faisait quitter le dessein; et comme je
l'ai fait demander, et que je suis pour elle engagé de
parole, je te l'aurais donnée, sans l'aversion que tu té-
moignes.

Dritter Auftritt

Harpagon. Cléante.

HARPAGON. Nun, von ihrer Rolle als Stiefmutter einmal abgesehen, welchen Eindruck hast du von dieser Person?

CLÉANTE. Welchen Eindruck ich von ihr habe?

HARPAGON. Ja, von ihrem Äußeren, ihrer Gestalt, ihrer Schönheit, ihrem Verstand?

CLÉANTE. Na ja.

HARPAGON. Und weiter?

CLÉANTE. Um ganz offen mit Euch zu reden, ich habe in ihr nicht das gefunden, was ich von ihr erwartet hatte. Ihr Äußeres ist sehr herausgeputzt; ihre Gestalt ziemlich plump, ihre Schönheit höchst mittelmäßig und ihr Verstand höchst gewöhnlich. Glaubt nicht, lieber Vater, daß ich Euch damit von ihr abbringen will; denn Stiefmutter hin, Stiefmutter her, mir ist diese genauso lieb wie irgendeine andere.

HARPAGON. Eben noch hast du aber doch zu ihr gesagt ...

CLÉANTE. Ich habe ihr in Eurem Namen ein paar artige Worte gesagt, doch das war, um Euch gefällig zu sein.

HARPAGON. Dann empfindest du also keine Zuneigung zu ihr?

CLÉANTE. Ich? Ganz und gar nicht.

HARPAGON. Das ist ärgerlich, denn es durchkreuzt einen Gedanken, der mir in den Sinn gekommen war. Ich habe, als ich sie hier sah, über mein Alter nachgedacht, und ich habe mir überlegt, daß man etwas daran auszusetzen haben könnte, daß ich mich mit einem so jungen Mädchen verheirate. Diese Überlegung hat mich dazu gebracht, mein Vorhaben aufzugeben; und da ich um ihre Hand angehalten habe und ihr gegenüber im Wort stehe, hätte ich sie dir gegeben, wäre da nicht die Abneigung, die du zeigst.

CLÉANTE. À moi?

HARPAGON. À toi.

CLÉANTE. En mariage?

HARPAGON. En mariage.

CLÉANTE. Écoutez: il est vrai qu'elle n'est pas fort à mon 5
goût; mais pour vous faire plaisir, mon père, je me
résoudrai à l'épouser, si vous voulez.

HARPAGON. Moi? Je suis plus raisonnable que tu ne penses:
je ne veux point forcer ton inclination.

CLÉANTE. Pardonnez-moi, je me ferai cet effort pour l'amour 10
de vous.

HARPAGON. Non, non; un mariage ne saurait être heureux
où l'inclination n'est pas.

CLÉANTE. C'est une chose, mon père, qui peut-être viendra
ensuite; et l'on dit que l'amour est souvent un fruit du 15
mariage.

HARPAGON. Non: du côté de l'homme, on ne doit point
risquer l'affaire, et ce sont des suites fâcheuses, où je n'ai
garde de me commettre. Si tu avais senti quelque inclination pour elle, à la bonne heure: je te l'aurais fait épouser, 20
au lieu de moi; mais cela n'étant pas, je suivrai mon
premier dessein, et je l'épouserai moi-même.

CLÉANTE. Hé bien! mon père, puisque les choses sont ainsi,
il faut vous découvrir mon cœur, il faut vous révéler notre
secret. La vérité est que je l'aime, depuis un jour que je la 25
vis dans une promenade; que mon dessein était tantôt de
vous la demander pour femme; et que rien ne m'a retenu
que la déclaration de vos sentiments, et la crainte de vous
déplaire.

HARPAGON. Lui avez-vous rendu visite?   30

CLÉANTE. Oui, mon père.

HARPAGON. Beaucoup de fois?

CLÉANTE. Assez, pour le temps qu'il y a.

CLÉANTE. Mir?

HARPAGON. Dir.

CLÉANTE. Zur Ehefrau?

HARPAGON. Zur Ehefrau.

CLÉANTE. Hört: es stimmt schon, daß sie nicht so recht nach meinem Geschmack ist; doch um Euch zu gefallen, lieber Vater, werde ich mich entschließen, sie zu heiraten, wenn Ihr wollt.

HARPAGON. Ich? Ich bin einsichtiger als du denkst: ich möchte deiner Neigung keinesfalls Gewalt antun.

CLÉANTE. Verzeiht, ich werde mich aus Liebe zu Euch dazu zwingen.

HARPAGON. Nein, nein; eine Ehe, in der die Zuneigung fehlt, könnte nicht glücklich sein.

CLÉANTE. Das ist etwas, lieber Vater, das vielleicht im nachhinein kommt; sagt man doch, die Liebe sei oft eine Frucht der Ehe.

HARPAGON. Nein: Von seiten des Mannes ist das eine Angelegenheit, bei der man nichts riskieren darf, und es gibt da ganz schlimme Folgen, denen mich auszusetzen ich mich hüten werde. Wenn du eine gewisse Zuneigung zu ihr verspürt hättest, welch glücklicher Zufall: ich hätte dafür gesorgt, daß du sie an meiner Stelle heiratest; doch da das nun einmal nicht so ist, werde ich mein ursprüngliches Vorhaben ausführen und sie selbst heiraten.

CLÉANTE. Nun gut! lieber Vater – da die Dinge so stehen, muß ich Euch mein Herz entdecken, muß ich Euch unser Geheimnis enthüllen. Die Wahrheit ist, daß ich sie liebe, seit ich sie eines Tages auf einem Spaziergang sah; daß ich Euch noch vorhin bitten wollte, sie mir zur Frau zu geben, und daß mich allein Eure Absichtserklärung und die Furcht, Euch zu mißfallen, zurückgehalten hat.

HARPAGON. Habt Ihr sie besucht?

CLÉANTE. Ja, lieber Vater.

HARPAGON. Häufig?

CLÉANTE. Recht häufig für die kurze Zeit.

HARPAGON. Vous a-t-on bien reçu?

CLÉANTE. Fort bien, mais sans savoir qui j'étais; et c'est ce qui a fait tantôt la surprise de Mariane.

HARPAGON. Lui avez-vous déclaré votre passion, et le dessein où vous étiez de l'épouser?

CLÉANTE. Sans doute; et même j'en avais fait à sa mère quelque peu d'ouverture.

HARPAGON. A-t-elle écouté, pour sa fille, votre proposition?

CLÉANTE. Oui, fort civilement.

HARPAGON. Et la fille correspond-elle fort à votre amour?

CLÉANTE. Si j'en dois croire les apparences, je me persuade, mon père, qu'elle a quelque bonté pour moi.

HARPAGON. Je suis bien aise d'avoir appris un tel secret; et voilà justement ce que je demandais. Oh sus! mon fils, savez-vous ce qu'il y a? c'est qu'il faut songer, s'il vous plaît, à vous défaire de votre amour; à cesser toutes vos poursuites auprès d'une personne que je prétends pour moi; et à vous marier dans peu avec celle qu'on vous destine.

CLÉANTE. Oui, mon père, c'est ainsi que vous me jouez! Hé bien! puisque les choses en sont venues là, je vous déclare, moi, que je ne quitterai point la passion que j'ai pour Mariane, qu'il n'y a point d'extrémité où je ne m'abandonne pour vous disputer sa conquête, et que si vous avez pour vous le consentement d'une mère, j'aurai d'autres secours peut-être qui combattront pour moi.

HARPAGON. Comment, pendard? tu as l'audace d'aller sur mes brisées?

CLÉANTE. C'est vous qui allez sur les miennes; et je suis le premier en date.

HARPAGON. Hat man Euch gut empfangen?

CLÉANTE. Vortrefflich, jedoch ohne zu wissen, wer ich bin; das hat ja eben Marianes Überraschung bewirkt.

HARPAGON. Habt Ihr ihr offenbart, daß Ihr sie liebt und daß Ihr entschlossen seid, sie zu heiraten?

CLÉANTE. Gewiß; ich hatte sogar schon ihrer Mutter gegenüber gewisse Andeutungen gemacht.

HARPAGON. Hat sie sich angehört, was Ihr in bezug auf ihre Tochter geäußert habt?

CLÉANTE. Ja, auf sehr liebenswürdige Art.

HARPAGON. Und die Tochter erwidert Eure Liebe ganz und gar?

CLÉANTE. Wenn ich dem Anschein Glauben schenken darf, so bin ich davon überzeugt, lieber Vater, daß sie etwas für mich empfindet.

HARPAGON. Ich bin sehr froh, dieses Geheimnis in Erfahrung gebracht zu haben; genau das wollte ich nur wissen. Nun denn! lieber Sohn, wißt Ihr, was geschieht? Ihr werdet Euch gefälligst mit dem Gedanken vertraut machen, Eurer Liebe zu entsagen, all Eure Vorhaben in bezug auf eine Person, die ich für mich beanspruche, aufzugeben und Euch binnen kurzem mit derjenigen zu vermählen, die Euch bestimmt wird.

CLÉANTE. So also täuscht Ihr mich, lieber Vater! Nun gut! Da die Dinge denn so stehen, erkläre ich Euch meinerseits, daß ich von meiner Liebe zu Mariane keineswegs ablassen werde, daß ich auch vor dem Äußersten nicht zurückschrecke, um Euch ihren Besitz streitig zu machen, und daß, wenn Ihr auch die Zustimmung der Mutter für Euch habt, ich vielleicht anderswo Unterstützung finde, die mir zu Hilfe kommen wird.

HARPAGON. Was, Galgenvogel? Du besitzt die Frechheit, mir ins Gehege zu kommen?

CLÉANTE. Ihr seid es, der mir ins Gehege kommt; ich bin zuerst dagewesen.

HARPAGON. Ne suis-je pas ton père? et ne me dois-tu pas
respect!

CLÉANTE. Ce ne sont point ici des choses où les enfants
soient obligés de déférer aux pères; et l'amour ne connaît
personne.   5

HARPAGON. Je te ferai bien me connaître, avec de bons coups
de bâton.

CLÉANTE. Toutes vos menaces ne feront rien.

HARPAGON. Tu renonceras à Mariane.

CLÉANTE. Point du tout.   10

HARPAGON. Donnez-moi un bâton tout à l'heure.

Scène IV

Maître Jacques. Harpagon. Cléante.

MAÎTRE JACQUES. Eh, eh, eh, Messieurs, qu'est-ce ci? à quoi
songez-vous?   15

CLÉANTE. Je me moque de cela.

MAÎTRE JACQUES. Ah! Monsieur, doucement.

HARPAGON. Me parler avec cette impudence!

MAÎTRE JACQUES. Ah! Monsieur, de grâce.

CLÉANTE. Je n'en démordrai point.   20

MAÎTRE JACQUES. Hé quoi? à votre père?

HARPAGON. Laisse-moi faire.

MAÎTRE JACQUES. Hé quoi? à votre fils? Encore passe pour
moi.

HARPAGON. Je te veux faire toi-même, maître Jacques, juge   25
de cette affaire, pour montrer comme j'ai raison.

MAÎTRE JACQUES. J'y consens. Éloignez-vous un peu.

HARPAGON. J'aime une fille, que je veux épouser; et le
pendard a l'insolence de l'aimer avec moi, et d'y prétendre
malgré mes ordres.   30

HARPAGON. Bin ich denn nicht dein Vater? und schuldest du
mir keine Achtung?

CLÉANTE. Hier handelt es sich nicht um Dinge, in denen die
Kinder verpflichtet wären, hinter den Vätern zurückzu-
stehen; die Liebe kennt keinen Unterschied der Person.

HARPAGON. Ich werde mit einer rechten Tracht Prügel dafür
sorgen, daß du mich sehr wohl anerkennen lernst.

CLÉANTE. All Eure Drohungen werden nichts bewirken.

HARPAGON. Du wirst auf Mariane verzichten.

CLÉANTE. Keinesfalls.

HARPAGON. Man gebe mir auf der Stelle einen Stock.

Vierter Auftritt

Meister Jacques. Harpagon. Cléante.

MEISTER JACQUES. Nun, nun, meine Herren, was ist hier
los? Was habt Ihr vor?

CLÉANTE. Ich lache darüber.

MEISTER JACQUES. Ach! gnädiger Herr, nicht so heftig.

HARPAGON. So unverschämt mit mir zu sprechen!

MEISTER JACQUES. Ach! gnädiger Herr, ich bitte Euch.

CLÉANTE. Ich werde keinesfalls davon ablassen.

MEISTER JACQUES. Was denn? Das Eurem Vater?

HARPAGON. Laß mich nur machen.

MEISTER JACQUES. Was denn? Das Eurem Sohn? Mit mir
ginge das ja noch.

HARPAGON. Meister Jacques, ich will dich selbst zum Richter in dieser Angelegenheit machen, um zu beweisen, wie
recht ich habe.

MEISTER JACQUES. Ich bin einverstanden. Geht einmal aus-
einander.

HARPAGON. Ich liebe ein Mädchen, das ich heiraten will; und
dieser Galgenvogel besitzt die Schamlosigkeit, sie ebenfalls zu lieben und gegen meinen Willen Anspruch auf sie
zu erheben.

MAÎTRE JACQUES. Ah! il a tort.

HARPAGON. N'est-ce pas une chose épouvantable, qu'un fils
qui veut entrer en concurrence avec son père? et ne doit-il
pas, par respect, s'abstenir de toucher à mes inclinations?   5

MAÎTRE JACQUES. Vous avez raison. Laissez-moi lui parler,
et demeurez là. *(Il vient trouver Cléante à l'autre bout du
théâtre.)*

CLÉANTE. Hé bien! oui, puisqu'il veut te choisir pour juge, je
n'y recule point; il ne m'importe qui ce soit; et je veux   10
bien aussi me rapporter à toi, maître Jacques, de notre
différend.

MAÎTRE JACQUES. C'est beaucoup d'honneur que vous me
faites.

CLÉANTE. Je suis épris d'une jeune personne qui répond à   15
mes vœux, et reçoit tendrement les offres de ma foi; et
mon père s'avise de venir troubler notre amour par la
demande qu'il en fait faire.

MAÎTRE JACQUES. Il a tort assurément.

CLÉANTE. N'a-t-il point de honte, à son âge, de songer à se   20
marier? lui sied-il bien d'être encore amoureux? et ne
devrait-il pas laisser cette occupation aux jeunes gens?

MAÎTRE JACQUES. Vous avez raison, il se moque. Laissez-
moi lui dire deux mots. *(Il revient à Harpagon.)* Hé bien!
votre fils n'est pas si étrange que vous le dites, et il se met 25
à la raison. Il dit qu'il sait le respect qu'il vous doit, qu'il
ne s'est emporté que dans la première chaleur, et qu'il ne
fera point refus de se soumettre à ce qu'il vous plaira,
pourvu que vous vouliez le traiter mieux que vous ne
faites, et lui donner quelque personne en mariage dont il   30
ait lieu d'être content.

HARPAGON. Ah! dis-lui, maître Jacques, que moyennant

MEISTER JACQUES. Ha! er ist im Unrecht.

HARPAGON. Ist das nicht etwas Entsetzliches, daß ein Sohn
mit seinem Vater in Konkurrenz treten will? und muß er
nicht aus Anstand davon ablassen, sich in meine Zuneigung einzumischen?

MEISTER JACQUES. Ihr habt recht. Laßt mich mit ihm reden
und bleibt hier. *(Er kommt zu Cléante auf die andere
Seite der Bühne.)*

CLÉANTE. Also gut, da er dich nun einmal zum Richter
bestimmen will, will ich nicht zurückstehen; es ist mir
gleich, wer es ist; und auch ich, Meister Jacques, will dir
gern das Urteil in unserer Auseinandersetzung überlassen.

MEISTER JACQUES. Ihr erweist mir damit eine große Ehre.

CLÉANTE. Ich bin in ein junges Mädchen verliebt, die meine
Liebe erwidert und die ihr angetragene Treue voll Zuneigung entgegennimmt; und meinem Vater kommt es in
den Sinn, unsere Liebe stören zu wollen, indem er um
ihre Hand hat anhalten lassen.

MEISTER JACQUES. Er ist ganz bestimmt im Unrecht.

CLÉANTE. Schämt er sich denn nicht, in seinem Alter ans
Heiraten zu denken? Schickt es sich denn für ihn, sich
noch zu verlieben? sollte er diese Sache nicht den jungen
Leuten überlassen?

MEISTER JACQUES. Ihr habt recht, er macht sich über Euch
lustig. Laßt mich nur kurz mit ihm reden. *(Er kommt zu
Harpagon zurück.)* Na bitte! Euer Sohn verhält sich nicht
so ungehörig, wie Ihr ihn darstellt, und er nimmt wieder
Vernunft an. Er sagt, daß er wohl weiß, welche Achtung
er Euch schuldet, daß er nur in der ersten Erregung so
aufbrausend war und daß er sich keineswegs weigern
wird, sich dem zu unterwerfen, was Euch gefällt, wenn
Ihr nur bereit seid, ihn besser zu behandeln als bisher und
ihm jemanden zur Frau zu geben, mit der er zufrieden
sein kann.

HARPAGON. Ah! Sag ihm, Meister Jacques, daß er auf diese

cela, il pourra espérer toutes choses de moi; et que, hors
Mariane, je lui laisse la liberté de choisir celle qu'il
voudra.

MAÎTRE JACQUES *(il va au fils)*. Laissez-moi faire. Hé bien!
votre père n'est pas si déraisonnable que vous le faites; et   5
il m'a témoigné que ce sont vos emportements qui l'ont
mis en colère; qu'il n'en veut seulement qu'à votre manière d'agir, et qu'il sera fort disposé à vous accorder ce
que vous souhaitez, pourvu que vous vouliez vous y
prendre par la douceur, et lui rendre les déférences, les   10
respects, et les soumissions qu'un fils doit à son père.

CLÉANTE. Ah! maître Jacques, tu lui peux assurer que, s'il
m'accorde Mariane, il me verra toujours le plus soumis de
tous les hommes; et que jamais je ne ferai aucune chose
que par ses volontés.   15

MAÎTRE JACQUES. Cela est fait. Il consent à ce que vous
dites.

HARPAGON. Voilà qui va le mieux du monde.

MAÎTRE JACQUES. Tout est conclu. Il est content de vos
promesses.   20

CLÉANTE. Le Ciel en soit loué!

MAÎTRE JACQUES. Messieurs, vous n'avez qu'à parler ensemble: vous voilà d'accord maintenant; et vous alliez vous
quereller, faute de vous entendre.

CLÉANTE. Mon pauvre maître Jacques, je te serai obligé toute   25
ma vie.

MAÎTRE JACQUES. Il n'y a pas de quoi, Monsieur.

HARPAGON. Tu m'as fait plaisir, maître Jacques, et cela
mérite une récompense. Va, je m'en souviendrai, je t'assure. *(Il tire son mouchoir de sa poche, ce qui fait croire à*   30
Maître Jacques qu'il va lui donner quelque chose.)

MAÎTRE JACQUES. Je vous baise les mains.

Weise fortan alles von mir erhoffen kann; und daß, abgesehen von Mariane, ich ihm die Freiheit gewähre, die zu
erwählen, die er will.

MEISTER JACQUES *(geht zum Sohn)*. Laßt mich nur machen.
Na bitte! Euer Vater ist nicht so unverständig, wie Ihr ihn
macht; er hat mir erklärt, daß Euer aufbrausendes Wesen
ihn erzürnt hat, daß er nur über die Art Eures Vorgehens
ungehalten ist und daß er gern bereit sein wird, Euch
zuzugestehen, was Ihr begehrt, wenn Ihr Euch nur um-
gänglich zeigen und ihm die Ehrerbietigkeit, die Achtung
und den Gehorsam zuteil werden lassen wolltet, die ein
Sohn seinem Vater schuldet.

CLÉANTE. Ach! Meister Jacques, du kannst ihm versichern
daß, wenn er mir nur Mariane zugesteht, er in mir immer
den gehorsamsten aller Menschen finden wird; und daß
ich nie irgend etwas gegen seinen Willen tun werde.

MEISTER JACQUES. Das hätten wir. Er ist mit dem einverstanden, was Ihr sagt.

HARPAGON. Das geht ja ausgezeichnet.

MEISTER JACQUES. Es ist alles vereinbart. Er ist mit dem
zufrieden, was Ihr versprecht.

CLÉANTE. Dem Himmel sei Dank dafür.

MEISTER JACQUES. Meine Herren, Ihr könnt ruhig miteinander sprechen: Ihr seid Euch jetzt einig; Ihr habt Euch
nur gezankt, weil Ihr Euch mißverstanden habt.

CLÉANTE. Mein guter Meister Jacques, ich bin dir zu
lebenslangem Dank verpflichtet.

MEISTER JACQUES. Das ist nicht der Rede wert, gnädiger
Herr.

HARPAGON. Du hast mir einen Gefallen getan, Meister Jacques, und das ist eine Belohnung wert. Geh jetzt, ich
werde ganz bestimmt daran denken. *(Er holt ein Taschen-
tuch aus seiner Tasche, was Meister Jacques glauben
macht, er werde ihm etwas geben.)*

MEISTER JACQUES. Meinen herzlichsten Dank.

Scène V

Cléante. Harpagon.

CLÉANTE. Je vous demande pardon, mon père, de l'emportement que j'ai fait paraître.

HARPAGON. Cela n'est rien.   5

CLÉANTE. Je vous assure que j'en ai tous les regrets du
monde.

HARPAGON. Et moi, j'ai toutes les joies du monde de te voir
raisonnable.

CLÉANTE. Quelle bonté à vous d'oublier si vite ma faute!   10

HARPAGON. On oublie aisément les fautes des enfants, lorsqu'ils rentrent dans leur devoir.

CLÉANTE. Quoi? ne garder aucun ressentiment de toutes mes
extravagances?

HARPAGON. C'est une chose où tu m'obliges par la soumis-   15
sion et le respect où tu te ranges.

CLÉANTE. Je vous promets, mon père, que, jusques au
tombeau, je conserverai dans mon cœur le souvenir de
vos bontés.

HARPAGON. Et moi, je te promets qu'il n'y aura aucune   20
chose que de moi tu n'obtiennes.

CLÉANTE. Ah! mon père, je ne vous demande plus rien; et
c'est m'avoir assez donné que de me donner Mariane.

HARPAGON. Comment?

CLÉANTE. Je dis, mon père, que je suis trop content de vous,   25
et que je trouve toutes choses dans la bonté que vous avez
de m'accorder Mariane.

HARPAGON. Qui est-ce qui parle de t'accorder Mariane?

CLÉANTE. Vous, mon père.

HARPAGON. Moi!   30

CLÉANTE. Sans doute.

HARPAGON. Comment? C'est toi qui as promis d'y renoncer.

Fünfter Auftritt

Cléante. Harpagon.

CLÉANTE. Ich bitte Euch um Verzeihung, lieber Vater, daß ich mich so aufbrausend gezeigt habe.

HARPAGON. Das macht doch nichts.

CLÉANTE. Ich versichere Euch, daß es mir außerordentlich leid tut.

HARPAGON. Und ich, ich freue mich außerordentlich, daß du Vernunft angenommen hast.

CLÉANTE. Wie gütig von Euch, mein Vergehen so schnell zu vergessen.

HARPAGON. Mit Freuden vergißt man die Vergehen der Kinder, wenn sie sich wieder ihrer Pflicht unterwerfen.

CLÉANTE. Wie? all mein ungebührliches Verhalten läßt keine Kränkung zurück?

HARPAGON. Dazu verpflichtest du mich durch den Gehorsam und die Achtung, auf die du dich besinnst.

CLÉANTE. Ich verspreche Euch, lieber Vater, daß ich bis ins Grab die Erinnerung an Eure Güte in meinem Herzen bewahren werde.

HARPAGON. Und ich, ich verspreche dir, daß es nichts geben kann, was du von mir nicht erlangst.

CLÉANTE. Ach! lieber Vater, ich verlange nichts mehr von Euch; mir Mariane zu geben, heißt, mir genug gegeben zu haben.

HARPAGON. Wie?

CLÉANTE. Ich meine, lieber Vater, daß ich mehr als zufrieden über Euch bin; und daß mir durch die Güte, mit der Ihr mir Mariane gewährt, alle Wünsche erfüllt sind.

HARPAGON. Wer redet davon, dir Mariane zu gewähren?

CLÉANTE. Ihr, lieber Vater.

HARPAGON. Ich!

CLÉANTE. Gewiß.

HARPAGON. Was? Du hast doch versprochen, auf sie zu verzichten.

CLÉANTE. Moi, y renoncer?

HARPAGON. Oui.

CLÉANTE. Point du tout.

HARPAGON. Tu ne t'es pas départi d'y prétendre?

CLÉANTE. Au contraire, j'y suis porté plus que jamais. 5

HARPAGON. Quoi? pendard, derechef?

CLÉANTE. Rien ne me peut changer.

HARPAGON. Laisse-moi faire, traître.

CLÉANTE. Faites tout ce qu'il vous plaira.

HARPAGON. Je te défends de me jamais voir. 10

CLÉANTE. À la bonne heure.

HARPAGON. Je t'abandonne.

CLÉANTE. Abandonnez.

HARPAGON. Je te renonce pour mon fils.

CLÉANTE. Soit. 15

HARPAGON. Je te déshérite.

CLÉANTE. Tout ce que vous voudrez.

HARPAGON. Et je te donne ma malédiction.

CLÉANTE. Je n'ai que faire de vos dons.

Scène VI 20

La Flèche. Cléante.

LA FLÈCHE *(sortant du jardin, avec une cassette)*. Ah! Monsieur, que je vous trouve à propos! suivez-moi vite.

CLÉANTE. Qu'y a-t-il?

LA FLÈCHE. Suivez-moi, vous dis-je: nous sommes bien. 25

CLÉANTE. Comment?

LA FLÈCHE. Voici votre affaire.

CLÉANTE. Quoi?

LA FLÈCHE. J'ai guigné ceci tout le jour.

CLÉANTE. Ich auf sie verzichten?

HARPAGON. Ja.

CLÉANTE. Keinesfalls.

HARPAGON. Du hast nicht davon abgelassen, Anspruch auf sie zu erheben?

CLÉANTE. Im Gegenteil, ich strebe mehr denn je nach ihr.

HARPAGON. Was? Galgenvogel, schon wieder?

CLÉANTE. Nichts kann mich umstimmen.

HARPAGON. Warte nur ab, Verräter.

CLÉANTE. Ihr könnt machen, was Ihr wollt.

HARPAGON. Ich verbiete dir, mir je wieder unter die Augen zu treten.

CLÉANTE. Nur zu.

HARPAGON. Ich verstoße dich.

CLÉANTE. Verstoßt nur.

HARPAGON. Ich erkenne dich nicht mehr als Sohn an.

CLÉANTE. Meinetwegen.

HARPAGON. Ich enterbe dich.

CLÉANTE. Alles, was Ihr wollt.

HARPAGON. Und ich gebe dir meinen Fluch.

CLÉANTE. Eure Gaben sind mir gleichgültig.

Sechster Auftritt

La Flèche. Cléante.

LA FLÈCHE *(kommt mit einer Kassette aus dem Garten).* Ha! gnädiger Herr, ich finde Euch im rechten Moment. Folgt mir schnell!

CLÉANTE. Was gibt es denn?

LA FLÈCHE. Folgt mir, sage ich Euch: unsere Sache steht gut.

CLÉANTE. Wie denn?

LA FLÈCHE. Da ist, was Ihr braucht.

CLÉANTE. Was?

LA FLÈCHE. Ich habe den ganzen Tag darauf gelauert.

CLÉANTE. Qu'est-ce que c'est?

LA FLÈCHE. Le trésor de votre père, que j'ai attrapé.

CLÉANTE. Comment as-tu fait?

LA FLÈCHE. Vous saurez tout. Sauvons-nous, je l'entends
 crier.   5

Scène VII

Harpagon.

HARPAGON *(il crie au voleur dès le jardin, et vient sans
 chapeau).* Au voleur! au voleur! à l'assassin! au meurtrier!
 Justice, juste Ciel! je suis perdu, je suis assassiné, on m'a
 coupé la gorge, on m'a dérobé mon argent. Qui peut-ce   10
 être? Qu'est-il devenu? Où est-il? Où se cache-t-il? Que
 ferai-je pour le trouver? Où courir? Où ne pas courir?
 N'est-il point là? N'est-il point ici? Qui est-ce? Arrête.
 Rends-moi mon argent, coquin . . . *(Il se prend lui-même
 le bras.)* Ah! c'est moi. Mon esprit est troublé, et j'ignore 15
 où je suis, qui je suis, et ce que je fais. Hélas! mon pauvre
 argent, mon pauvre argent, mon cher ami! on m'a privé
 de toi; et puisque tu m'es enlevé, j'ai perdu mon support,
 ma consolation, ma joie; tout est fini pour moi, et je n'ai
 plus que faire au monde: sans toi, il m'est impossible de   20
 vivre. C'en est fait, je n'en puis plus; je me meurs, je suis
 mort, je suis enterré. N'y a-t-il personne qui veuille me
 ressusciter, en me rendant mon cher argent, ou en m'ap-
 prenant qui l'a pris? Euh? que dites-vous? Ce n'est personne. Il faut, qui que ce soit qui ait fait le coup, qu'avec 25
 beaucoup de soin on ait épié l'heure; et l'on a choisi
 justement le temps que je parlais à mon traître de fils.

CLÉANTE. Was ist das denn?

LA FLÈCHE. Der Schatz Eures Vaters, den ich erwischt habe.

CLÉANTE. Wie hast du das gemacht?

LA FLÈCHE. Ihr werdet alles erfahren. Machen wir uns davon, ich höre ihn schreien.

Siebter Auftritt

Harpagon.

HARPAGON *(ruft schon aus dem Garten nach dem Dieb und kommt ohne Hut).* Haltet den Dieb! den Dieb! den Mörder! den Totschläger! Gerechtigkeit, gerechter Himmel! ich bin verloren, bin ermordet, man hat mir die Kehle durchgeschnitten, man hat mir mein Geld geraubt. Wer kann das sein? Wo ist er abgeblieben? Wo steckt er? Wo verbirgt er sich? Was soll ich tun, um ihn zu finden? Wohin eilen? Wohin nicht eilen? Ist er nicht dort? Ist er nicht hier? Wer ist es? Halt! Gib mir mein Geld, Lump . . . *(Er packt sich selbst am Arm.)* Ach! das bin ich selbst. Mein Verstand ist verwirrt, und ich weiß nicht, wo ich bin, wer ich bin und was ich mache. Ach! mein armes Geld, mein armes Geld, mein teurer Freund! Man hat mich deiner beraubt; und da du mir entführt bist, habe ich meine Stütze, meinen Trost, meine Freude verloren; alles ist zu Ende für mich, und ich habe auf der Welt nichts mehr zu schaffen: ohne dich vermag ich unmöglich zu leben. Es ist aus, ich kann nicht mehr; ich sterbe, ich bin tot, ich bin begraben. Ist denn da niemand, der mich auferwecken möchte, indem er mir mein teures Geld zurückgibt oder mir sagt, wer es gestohlen hat? Wie? Was sagt Ihr? Da ist niemand. Wer auch immer diesen Streich ausgeführt hat, er muß höchst sorgfältig den Zeitpunkt abgepaßt haben; und man hat genau den Augenblick gewählt, in dem ich mit meinem verräterischen Sohn

Sortons. Je veux aller querir la justice, et faire donner la
question à toute la maison: à servantes, à valets, à fils, à
fille, et à moi aussi. Que de gens assemblés! Je ne jette mes
regards sur personne qui ne me donne des soupçons, et
tout me semble mon voleur. Eh! de quoi est-ce qu'on   5
parle là? De celui qui m'a dérobé? Quel bruit fait-on là-
haut? Est-ce mon voleur qui y est? De grâce, si l'on sait
des nouvelles de mon voleur, je supplie que l'on m'en
dise. N'est-il point caché là parmi vous? Ils me regardent
tous, et se mettent à rire. Vous verrez qu'ils ont part sans   10
doute au vol que l'on m'a fait. Allons vite, des commissaires, des archers, des prévôts, des juges, des gênes, des
potences et des bourreaux. Je veux faire pendre tout le
monde; et si je ne retrouve mon argent, je me pendrai
moi-même après.   15

sprach. Gehen wir. Ich werde die Justiz herbeiholen und
meinen gesamten Haushalt hochnotpeinlich befragen lassen: Dienerinnen, Diener, Sohn, Tochter und mich selbst
auch. Wie viele Leute da versammelt sind! Ich kann
meinen Blick auf niemanden werfen, der nicht meinen
Verdacht erregt und mir ganz nach meinem Dieb aussieht. He! worüber spricht man dort? Über den, der mich
bestohlen hat? Welchen Lärm macht man dort oben?
Befindet sich dort etwa mein Dieb? Bitte, wenn jemand
etwas über meinen Dieb weiß, so flehe ich ihn an, es mir
zu sagen. Ist er nicht dort mitten unter euch verborgen?
Sie sehen mich alle an und fangen an zu lachen. Ganz
sicher wird sich herausstellen, daß sie alle an dem Diebstahl beteiligt sind, den man mir angetan hat. Vorwärts,
schnell: Polizei, Häscher, Justizbeamte, Richter, Folter,
Galgen und Henker. Ich will alle Welt an den Galgen
bringen; und wenn ich mein Geld nicht wiederfinde,
erhänge ich mich danach noch selbst.

Acte V

Scène I

Harpagon. Le Commissaire. Son Clerc.

LE COMMISSAIRE. Laissez-moi faire, je sais mon métier, Dieu merci. Ce n'est pas d'aujourd'hui que je me mêle de découvrir des vols; et je voudrais avoir autant de sacs de mille francs que j'ai fait pendre de personnes.

HARPAGON. Tous les magistrats sont intéressés à prendre cette affaire en main; et si l'on ne me fait retrouver mon argent, je demanderai justice de la justice.

LE COMMISSAIRE. Il faut faire toutes les poursuites requises. Vous dites qu'il y avait dans cette cassette . . .?

HARPAGON. Dix mille écus bien comptés.

LE COMMISSAIRE. Dix mille écus!

HARPAGON. Dix mille écus.

LE COMMISSAIRE. Le vol est considérable.

HARPAGON. Il n'y a point de supplice assez grand pour l'énormité de ce crime; et s'il demeure impuni, les choses les plus sacrées ne sont plus en sûreté.

LE COMMISSAIRE. En quelles espèces était cette somme?

HARPAGON. En bons louis d'or et pistoles bien trébu-chantes.

LE COMMISSAIRE. Qui soupçonnez-vous de ce vol?

HARPAGON. Tout le monde; et je veux que vous arrêtiez prisonniers la ville et les faubourgs.

LE COMMISSAIRE. Il faut, si vous m'en croyez, n'effarou-cher personne, et tâcher doucement d'attraper quelques

Fünfter Aufzug

Erster Auftritt

Harpagon. Der Polizeibeamte. Dessen Schreiber.

DER POLIZEIBEAMTE. Laßt mich nur machen, ich verstehe mich auf mein Geschäft, Gott sei Dank. Ich bin nicht erst seit heute damit befaßt, Diebstähle aufzuklären; und ich hätte gerne so viele Säcke mit tausend Francs, wie ich Leute an den Galgen gebracht habe.

HARPAGON. Allen Beamten muß daran liegen, diese Angelegenheit in die Hand zu nehmen; und wenn man mir mein Geld nicht wiederbringt, werde ich von der Justiz Genugtuung verlangen.

DER POLIZEIBEAMTE. Man muß alle erforderlichen Schritte einleiten. Wie Ihr sagt, waren in dieser Kassette . . .?

HARPAGON. Genau zehntausend Taler.

DER POLIZEIBEAMTE. Zehntausend Taler!

HARPAGON. Zehntausend Taler.

DER POLIZEIBEAMTE. Das ist ein schwerwiegender Diebstahl.

HARPAGON. Keine Strafe ist groß genug für ein so ungeheuerliches Verbrechen; und wenn es nicht bestraft wird, werden die geheiligtsten Dinge nicht mehr in Sicherheit sein.

DER POLIZEIBEAMTE. Aus welchen Geldstücken bestand die Summe?

HARPAGON. Aus guten Louisdors und genau gewogenen Pistolen.

DER POLIZEIBEAMTE. Wen habt Ihr wegen dieses Diebstahls in Verdacht?

HARPAGON. Jedermann; und ich verlange, daß Ihr die Stadt und die Vorstädte gefangensetzt.

DER POLIZEIBEAMTE. Glaubt mir nur, man darf keine Aufregung verursachen und muß vorsichtig versuchen, einige

preuves, afin de procéder après par la rigueur au recouvre-
ment des deniers qui vous ont été pris.

Scène II

Maître Jacques. Harpagon. Le Commissaire. Son Clerc.

MAÎTRE JACQUES *(au bout du théâtre, en se retournant du*   5
côté dont il sort). Je m'en vais revenir. Qu'on me l'égorge
tout à l'heure; qu'on me lui fasse griller les pieds, qu'on
me le mette dans l'eau bouillante, et qu'on me le pende au
plancher.

HARPAGON. Qui? celui qui m'a dérobé?   10

MAÎTRE JACQUES. Je parle d'un cochon de lait que votre
intendant me vient d'envoyer, et je veux vous l'accommoder à ma fantaisie.

HARPAGON. Il n'est pas question de cela; et voilà Monsieur, à
qui il faut parler d'autre chose.   15

LE COMMISSAIRE. Ne vous épouvantez point. Je suis homme
à ne vous point scandaliser, et les choses iront dans la
douceur.

MAÎTRE JACQUES. Monsieur est de votre souper?

LE COMMISSAIRE. Il faut ici, mon cher ami, ne rien cacher à   20
votre maître.

MAÎTRE JACQUES. Ma foi! Monsieur, je montrerai tout ce que
je sais faire, et je vous traiterai du mieux qu'il me sera
possible.

HARPAGON. Ce n'est pas là l'affaire.   25

MAÎTRE JACQUES. Si je ne vous fais pas aussi bonne chère que
je voudrais, c'est la faute de Monsieur notre intendant,
qui m'a rogné les ailes avec les ciseaux de son économie.

HARPAGON. Traître, il s'agit d'autre chose que de souper; et

Beweise in die Hand zu bekommen, um sich sodann energisch an die Wiederbeschaffung des Geldes zu machen, das man Euch genommen hat.

Zweiter Auftritt

Meister Jacques. Harpagon. Der Polizeibeamte.
Dessen Schreiber.

MEISTER JACQUES *(im Hintergrund der Bühne; dreht sich noch einmal in die Richtung, aus der er gekommen ist).* Ich komme gleich zurück. Stecht es sofort ab; laßt ihm die Füße braten; steckt es in kochendes Wasser und hängt es an der Decke auf.

HARPAGON. Was? Wen? Den, der mich bestohlen hat?

MEISTER JACQUES. Ich spreche von einem Spanferkel, das Euer Verwalter mir soeben geschickt hat; und ich will es ganz nach meinen Vorstellungen für Euch zubereiten.

HARPAGON. Davon ist nicht die Rede; und da ist ein Herr, mit dem Ihr über etwas anderes reden müßt.

DER POLIZEIBEAMTE. Erschreckt Euch nur nicht. Ich werde dafür sorgen, daß Ihr auf keinen Fall in Verruf kommt, und alles wird im Guten abgehen.

MEISTER JACQUES. Nimmt der Herr an Eurem Essen teil?

DER POLIZEIBEAMTE. Mein lieber Freund, Ihr dürft hier Eurem Herrn nichts verbergen.

MEISTER JACQUES. Meiner Treu! gnädiger Herr, ich werde alles zeigen, was ich kann und Euch so gut bewirten, wie es mir möglich ist.

HARPAGON. Darum geht es hier nicht.

MEISTER JACQUES. Wenn ich Euch kein so gutes Essen vorsetze, wie ich es möchte, so ist Euer Herr Verwalter schuld, der mir mit der Schere seiner Sparsamkeit die Flügel gestutzt hat.

HARPAGON. Halunke, es geht hier um etwas anderes als um

je veux que tu me dises des nouvelles de l'argent qu'on
m'a pris.

MAÎTRE JACQUES. On vous a pris de l'argent?

HARPAGON. Oui, coquin; et je m'en vais te pendre, si tu ne
me le rends.　　　　　　　　　　　　　　　　　　　　　　5

LE COMMISSAIRE. Mon Dieu! ne le maltraitez point. Je vois à
sa mine qu'il est honnête homme, et que sans se faire
mettre en prison, il vous découvrira ce que vous voulez
savoir. Oui, mon ami, si vous nous confessez la chose, il
ne vous sera fait aucun mal, et vous serez récompensé　10
comme il faut par votre maître. On lui a pris aujourd'hui
son argent, et il n'est pas que vous ne sachiez quelques
nouvelles de cette affaire.

MAÎTRE JACQUES *(à part)*. Voici justement ce qu'il me faut
pour me venger de notre intendant: depuis qu'il est entré　15
céans, il est le favori, on n'écoute que ses conseils, et j'ai
aussi sur le cœur les coups de bâton de tantôt.

HARPAGON. Qu'as-tu à ruminer?

LE COMMISSAIRE. Laissez-le faire: il se prépare à vous con-
tenter, et je vous ai bien dit qu'il était honnête homme.　20

MAÎTRE JACQUES. Monsieur, si vous voulez que je vous dise
les choses, je crois que c'est Monsieur votre cher intendant qui a fait le coup.

HARPAGON. Valère?

MAÎTRE JACQUES. Oui.　　　　　　　　　　　　　　　　　25

HARPAGON. Lui, qui me paraît si fidèle?

MAÎTRE JACQUES. Lui-même. Je crois que c'est lui qui vous a
dérobé.

HARPAGON. Et sur quoi le crois-tu?

MAÎTRE JACQUES. Sur quoi?　　　　　　　　　　　　　　30

HARPAGON. Oui.

MAÎTRE JACQUES. Je le crois . . . sur ce que je le crois.

das Essen; ich will, daß du mir etwas über das Geld sagst, das man mir gestohlen hat.

MEISTER JACQUES. Man hat Euch Geld gestohlen?

HARPAGON. Ja, du Schuft; und ich bringe dich an den Galgen, wenn du es mir nicht zurückgibst.

DER POLIZEIBEAMTE. Mein Gott! setzt ihm nicht so zu. Ich sehe seinem Gesicht an, daß er ein rechtschaffener Mensch ist, und daß er Euch, ohne sich ins Gefängnis werfen zu lassen, alles entdecken wird, was Ihr wissen wollt. Ja, mein Freund, wenn Ihr uns die Sache eingesteht, wird Euch nichts Böses geschehen, und Ihr werdet von Eurem Herrn belohnt werden, wie es sich gehört. Man hat ihm heute sein Geld gestohlen, und Ihr werdet doch gewiß irgend etwas über diesen Vorfall wissen.

MEISTER JACQUES *(beiseite)*. Genau das brauche ich, um mich an unserem Verwalter zu rächen: Seit er hier eingetreten ist, wird er bevorzugt, hört man nur auf seinen Rat, und die Stockschläge von eben ärgern mich auch noch.

HARPAGON. Was brummelst du da vor dich hin?

DER POLIZEIBEAMTE. Laßt ihn nur: er macht sich daran, Euch zufriedenzustellen; ich habe Euch gleich gesagt, daß er ein rechtschaffener Mensch ist.

MEISTER JACQUES. Gnädiger Herr, wenn Ihr denn verlangt, daß ich Euch alles sage, so glaube ich, daß es Euer werter Herr Verwalter ist, der den Streich vollbracht hat.

HARPAGON. Valère?

MEISTER JACQUES. Ja.

HARPAGON. Er, der mir so ergeben scheint?

MEISTER JACQUES. Eben der. Ich glaube, er ist es, der Euch bestohlen hat.

HARPAGON. Und weshalb glaubst du das?

MEISTER JACQUES. Weshalb?

HARPAGON. Ja.

MEISTER JACQUES. Ich glaube es . . . weil ich es glaube.

LE COMMISSAIRE. Mais il est nécessaire de dire les indices
    que vous avez.
HARPAGON. L'as-tu vu rôder autour du lieu où j'avais mis
    mon argent?
MAÎTRE JACQUES. Oui, vraiment. Où était-il votre argent?   5
HARPAGON. Dans le jardin.
MAÎTRE JACQUES. Justement: je l'ai vu rôder dans le jardin.
    Et dans quoi est-ce que cet argent était?
HARPAGON. Dans une cassette.
MAÎTRE JACQUES. Voilà l'affaire: je lui ai vu une cassette.   10
HARPAGON. Et cette cassette, comment est-elle faite? Je
    verrai bien si c'est la mienne.
MAÎTRE JACQUES. Comment elle est faite?
HARPAGON. Oui.
MAÎTRE JACQUES. Elle est faite . . . elle est faite comme une   15
    cassette.
LE COMMISSAIRE. Cela s'entend. Mais dépeignez-la un peu,
    pour voir.
MAÎTRE JACQUES. C'est une grande cassette.
HARPAGON. Celle qu'on m'a volée est petite.   20
MAÎTRE JACQUES. Eh! oui, elle est petite, si on le veut
    prendre par-là; mais je l'appelle grande pour ce qu'elle
    contient.
LE COMMISSAIRE. Et de quelle couleur est-elle?
MAÎTRE JACQUES. De quelle couleur?   25
LE COMMISSAIRE. Oui.
MAÎTRE JACQUES. Elle est de couleur . . . là, d'une certaine
    couleur . . . Ne sauriez-vous m'aider à dire?
HARPAGON. Euh?
MAÎTRE JACQUES. N'est-elle pas rouge?   30
HARPAGON. Non, grise.
MAÎTRE JACQUES. Eh! oui, gris-rouge: c'est ce que je voulais
    dire.

DER POLIZEIBEAMTE. Es ist aber nötig, die Anhaltspunkte zu
nennen, die Ihr habt.

HARPAGON. Hast du ihn um den Ort herumschleichen
sehen, zu dem ich mein Geld geschafft hatte?

MEISTER JACQUES. Ja, natürlich. Wo war noch Euer Geld?

HARPAGON. Im Garten.

MEISTER JACQUES. Genau: ich habe ihn im Garten herumschleichen sehen. Und worin war das Geld doch
gleich?

HARPAGON. In einer Kassette.

MEISTER JACQUES. Da haben wir es: ich habe ihn mit einer
Kassette gesehen.

HARPAGON. Und diese Kassette, wie sieht sie aus? Ich weiß
dann schon, ob es meine ist.

MEISTER JACQUES. Wie sie aussieht?

HARPAGON. Ja.

MEISTER JACQUES. Sie sieht aus ... sie sieht aus wie eine
Kassette.

DER POLIZEIBEAMTE. Das versteht sich. Doch beschreibt sie
einmal etwas näher, damit wir Genaueres wissen.

MEISTER JACQUES. Es ist eine große Kassette.

HARPAGON. Die, die man mir gestohlen hat, ist klein.

MEISTER JACQUES. Nun ja, sie ist klein, wenn man es so
nehmen will; doch ich nenne sie groß wegen ihres In-
halts.

DER POLIZEIBEAMTE. Und welche Farbe hat sie?

MEISTER JACQUES. Welche Farbe?

DER POLIZEIBEAMTE. Ja.

MEISTER JACQUES. Ihre Farbe ist ... nun, so eine gewisse
Farbe ... Könntet Ihr mir nicht helfen, mich auszu-
drücken?

HARPAGON. Was?

MEISTER JACQUES. Ist sie nicht rot?

HARPAGON. Nein, grau.

MEISTER JACQUES. Ah ja! graurot: das ist es, was ich sagen
wollte.

HARPAGON. Il n'y a point de doute: c'est elle assurément.
  Écrivez, Monsieur, écrivez sa déposition. Ciel! à qui
  désormais se fier? Il ne faut plus jurer de rien; et je crois
  après cela que je suis homme à me voler moi-même.

MAÎTRE JACQUES. Monsieur, le voici qui revient. Ne lui allez
  pas dire au moins que c'est moi qui vous ai découvert
  cela.

Scène III

Valère. Harpagon. Le Commissaire. Son Clerc.
Maître Jacques.   10

HARPAGON. Approche: viens confesser l'action la plus noire,
  l'attentat le plus horrible qui jamais ait été commis.

VALÈRE. Que voulez-vous, Monsieur?

HARPAGON. Comment, traître, tu ne rougis pas de ton
  crime?   15

VALÈRE. De quel crime voulez-vous donc parler?

HARPAGON. De quel crime je veux parler, infâme! comme si
  tu ne savais pas ce que je veux dire. C'est en vain que tu
  prétendrais de le déguiser: l'affaire est découverte, et l'on
  vient de m'apprendre tout. Comment abuser ainsi de ma   20
  bonté, et s'introduire exprès chez moi pour me trahir?
  pour me jouer un tour de cette nature?

VALÈRE. Monsieur, puisqu'on vous a découvert tout, je ne
  veux point chercher de détours et vous nier la chose.

MAÎTRE JACQUES. Oh! oh! aurais-je deviné sans y penser?   25

VALÈRE. C'était mon dessein de vous en parler, et je voulais

HARPAGON. Es gibt keinen Zweifel mehr: das ist sie ganz sicher. Schreibt, mein Herr, schreibt seine Aussage auf. Himmel! Wem soll man von nun an noch trauen? Man kann vor nichts mehr sicher sein; und nach allem glaube ich, daß ich sogar imstande bin, mich selbst zu bestehlen.

MEISTER JACQUES. Gnädiger Herr, da kommt er zurück. Sagt ihm wenigstens nicht, daß ich es war, der Euch das entdeckt hat.

Dritter Auftritt

Valère. Harpagon. Der Polizeibeamte. Dessen Schreiber.
Meister Jacques.

HARPAGON. Tritt näher: gestehe sogleich die schwärzeste Tat, den fürchterlichsten Anschlag, der je begangen worden ist.

VALÈRE. Was wünscht Ihr, gnädiger Herr?

HARPAGON. Wie, Treuloser, du wirst nicht schamrot über dein Verbrechen?

VALÈRE. Von welchem Verbrechen beliebt es Euch denn zu reden?

HARPAGON. Von welchem Verbrechen ich reden will, Ruchloser! als ob du nicht wüßtest, was ich meine. Vergeblich würdest du danach trachten, es zu verbergen: die Sache ist aufgeklärt, und soeben habe ich alles erfahren. Wie kann man derart meine Güte mißbrauchen, sich absichtlich bei mir einschleichen, um mich zu hintergehen? um mir einen Streich von dieser Art zu spielen?

VALÈRE. Gnädiger Herr, da man Euch alles entdeckt hat, will ich keine Ausflüchte suchen und die Sache nicht abstreiten.

MEISTER JACQUES. Oho! Sollte ich es erraten haben, ohne es zu wissen?

VALÈRE. Ich hatte die Absicht, mit Euch darüber zu spre-

attendre pour cela des conjonctures favorables; mais puisqu'il est ainsi, je vous conjure de ne vous point fâcher, et
de vouloir entendre mes raisons.

HARPAGON. Et quelles belles raisons peux-tu me donner,
voleur infâme? 5

VALÈRE. Ah! Monsieur, je n'ai pas mérité ces noms. Il est
vrai que j'ai commis une offense envers vous; mais après
tout, ma faute est pardonnable.

HARPAGON. Comment, pardonnable? Un guet-apens? un
assassinat de la sorte? 10

VALÈRE. De grâce, ne vous mettez point en colère. Quand
vous m'aurez ouï, vous verrez que le mal n'est pas si
grand que vous le faites.

HARPAGON. Le mal n'est pas si grand que je le fais. Quoi?
mon sang, mes entrailles, pendard? 15

VALÈRE. Votre sang, Monsieur, n'est pas tombé dans de
mauvaises mains. Je suis d'une condition à ne lui point
faire de tort, et il n'y a rien en tout ceci que je ne puisse
bien réparer.

HARPAGON. C'est bien mon intention, et que tu me restitues 20
ce que tu m'as ravi.

VALÈRE. Votre honneur, Monsieur, sera pleinement satisfait.

HARPAGON. Il n'est pas question d'honneur là-dedans. Mais,
dis-moi, qui t'a porté à cette action? 25

VALÈRE. Hélas! me le demandez-vous?

HARPAGON. Oui, vraiment, je te le demande.

VALÈRE. Un dieu qui porte les excuses de tout ce qu'il fait
faire: l'Amour.

HARPAGON. L'Amour? 30

VALÈRE. Oui.

chen, und ich wollte einen günstigen Zeitpunkt dafür
abwarten; doch wenn es so steht, beschwöre ich Euch,
nicht in Zorn zu geraten und meine Gründe anhören zu
wollen.

HARPAGON. Und was für prächtige Gründe kannst du ange-
ben, gemeiner Dieb?

VALÈRE. Ah! Gnädiger Herr, diese Bezeichnungen habe ich
nicht verdient. Es ist wahr, daß ich Euch gegenüber
unrecht gehandelt habe; doch ist mein Fehlverhalten
schließlich verzeihlich.

HARPAGON. Wie, verzeihlich? Ein Hinterhalt? ein solcher
Anschlag?

VALÈRE. Ich bitte Euch, zürnt nicht. Wenn Ihr mich angehört habt, werdet Ihr erkennen, daß das Vergehen nicht
so groß ist, wie Ihr es macht.

HARPAGON. Das Vergehen ist nicht so groß, wie ich es
mache? Was? mein Blut, mein Leib und Leben, Galgenvogel?

VALÈRE. Euer Blut, gnädiger Herr, ist nicht in unwürdige
Hände gefallen. Ich bin von einer Herkunft, die ihm
keine Schande macht, und es ist bei all dem nichts geschehen, was ich nicht ganz und gar wiedergutmachen
könnte.

HARPAGON. Genau das ist auch mein Ziel, daß du mir
zurückerstattest, was du mir geraubt hast.

VALÈRE. Eurer Ehre, gnädiger Herr, wird voll und ganz
Genugtuung geschehen.

HARPAGON. Von Ehre ist dabei nicht die Rede. Aber sag mir,
wer hat dich zu dieser Tat angestiftet?

VALÈRE. Ach! das fragt Ihr mich noch?

HARPAGON. Ja, in der Tat, das frage ich dich.

VALÈRE. Ein Gott, der alles verzeihen macht, wozu er
verleitet: die Liebe.

HARPAGON. Die Liebe?

VALÈRE. Ja.

HARPAGON. Bel amour, bel amour, ma foi! l'amour de mes louis d'or.

VALÈRE. Non, Monsieur, ce ne sont point vos richesses qui m'ont tenté; ce n'est pas cela qui m'a ébloui, et je proteste de ne prétendre rien à tous vos biens, pourvu que vous me laissiez celui que j'ai. 5

HARPAGON. Non ferai, de par tous les diables! je ne te le laisserai pas. Mais voyez quelle insolence de vouloir retenir le vol qu'il m'a fait!

VALÈRE. Appelez-vous cela un vol? 10

HARPAGON. Si je l'appelle un vol? Un trésor comme celui-là!

VALÈRE. C'est un trésor, il est vrai, et le plus précieux que vous ayez sans doute; mais ce ne sera pas le perdre que de me le laisser. Je vous le demande à genoux, ce trésor plein 15 de charmes; et pour bien faire, il faut que vous me l'accordiez.

HARPAGON. Je n'en ferai rien. Qu'est-ce à dire cela?

VALÈRE. Nous nous sommes promis une foi mutuelle, et avons fait serment de ne nous point abandonner. 20

HARPAGON. Le serment est admirable, et la promesse plaisante!

VALÈRE. Oui, nous nous sommes engagés d'être l'un à l'autre à jamais.

HARPAGON. Je vous en empêcherai bien, je vous assure. 25

VALÈRE. Rien que la mort ne nous peut séparer.

HARPAGON. C'est être bien endiablé après mon argent.

VALÈRE. Je vous ai déjà dit, Monsieur, que ce n'était point l'intérêt qui m'avait poussé à faire ce que j'ai fait. Mon cœur n'a point agi par les ressorts que vous pensez, et un 30 motif plus noble m'a inspiré cette résolution.

HARPAGON. Eine schöne Liebe, eine prächtige Liebe, meiner Treu! die Liebe zu meinen Louisdors.

VALÈRE. Nein, gnädiger Herr, es ist nicht im mindesten Euer Reichtum, der mich verführt hat; nicht das hat mir die Sinne verwirrt, und ich erkläre, daß ich nichts von Eurem ganzen Besitz beanspruche, wenn Ihr mir nur den laßt, den ich habe.

HARPAGON. Das werde ich nicht tun, bei allen Teufeln! ich lasse ihn dir nicht. Was ist das nur für eine Frechheit, das behalten zu wollen, was er mir gestohlen hat!

VALÈRE. Nennt Ihr das denn einen Diebstahl?

HARPAGON. Ob ich das einen Diebstahl nenne? Einen so großen Schatz!

VALÈRE. Es ist ein Schatz, das ist wahr, und gewiß der wertvollste, den Ihr besitzt; doch ihn mir zu überlassen hieße nicht, ihn zu verlieren. Auf Knien erflehe ich von Euch diesen bezaubernden Schatz; und wenn Ihr recht handeln wollt, müßt Ihr ihn mir gewähren.

HARPAGON. Nichts davon werde ich tun. Was soll das denn heißen?

VALÈRE. Wir haben uns gegenseitig die Treue versprochen und geschworen, uns nie zu verlassen.

HARPAGON. Der Schwur ist bewundernswert, und das Versprechen erheiternd.

VALÈRE. Ja, wir haben uns gelobt, für immer einander zu gehören.

HARPAGON. Daran werde ich Euch hindern, das versichere ich Euch.

VALÈRE. Nur der Tod kann uns scheiden.

HARPAGON. Das heißt, auf mein Geld wirklich versessen zu sein.

VALÈRE. Ich habe Euch schon gesagt, gnädiger Herr, daß es nicht die Geldgier war, die mich zu dem getrieben hat, was ich getan habe. Mein Herz hat nicht aus den Beweggründen gehandelt, an die Ihr denkt; ein edleres Verlangen hat mir diesen Entschluß eingegeben.

HARPAGON. Vous verrez que c'est par charité chrétienne
    qu'il veut avoir mon bien; mais j'y donnerai bon ordre; et
    la justice, pendard effronté, me va faire raison de tout.

VALÈRE. Vous en userez comme vous voudrez, et me voilà
    prêt à souffrir toutes les violences qu'il vous plaira; mais   5
    je vous prie de croire, au moins, que, s'il y a du mal, ce
    n'est que moi qu'il en faut accuser, et que votre fille en
    tout ceci n'est aucunement coupable.

HARPAGON. Je le crois bien, vraiment; il serait fort étrange
    que ma fille eût trempé dans ce crime. Mais je veux ravoir 10
    mon affaire, et que tu me confesses en quel endroit tu me
    l'as enlevée.

VALÈRE. Moi? je ne l'ai point enlevée, et elle est encore chez
    vous.

HARPAGON. Ô ma chère cassette! Elle n'est point sortie de 15
    ma maison?

VALÈRE. Non, Monsieur.

HARPAGON. Hé! dis-moi donc un peu: tu n'y as point
    touché?

VALÈRE. Moi, y toucher? Ah! vous lui faites tort, aussi bien 20
    qu'à moi; et c'est d'une ardeur toute pure et respectueuse
    que j'ai brûlé pour elle.

HARPAGON. Brûlé pour ma cassette!

VALÈRE. J'aimerais mieux mourir que de lui avoir fait paraî-
    tre aucune pensée offensante: elle est trop sage et trop 25
    honnête pour cela.

HARPAGON. Ma cassette trop honnête!

VALÈRE. Tous mes désirs se sont bornés à jouir de sa vue; et
    rien de criminel n'a profané la passion que ses beaux yeux
    m'ont inspirée.   30

HARPAGON. Bald wird er noch behaupten, daß er sich meinen Besitz nur aus christlicher Nächstenliebe aneignen will; aber ich werde für Ordnung sorgen; und die Justiz, unverschämter Galgenvogel, wird mir für alles Genugtuung verschaffen.

VALÈRE. Ihr könnt tun, was Euch beliebt, und ich bin bereit, jede noch so harte Strafe zu erdulden, die Euch gefällt; doch bitte ich Euch, wenigstens zu glauben, daß, wenn Unrecht geschehen ist, es mir allein vorzuwerfen ist, und daß Eure Tochter an alldem nicht die geringste Schuld trifft.

HARPAGON. Wahrhaftig, das glaube ich wohl; es wäre auch höchst seltsam, wenn meine Tochter an diesem Verbrechen beteiligt wäre. Doch ich will nun mein Eigentum wiederhaben, und ich will, daß du mir offenbarst, wohin du es entführt hast.

VALÈRE. Ich? ich habe sie doch gar nicht entführt, sie ist noch in Eurem Haus.

HARPAGON. Oh, meine teure Kassette! Sie hat das Haus gar nicht verlassen?

VALÈRE. Nein, gnädiger Herr.

HARPAGON. He! sag mir mal: du hast sie doch nicht angerührt?

VALÈRE. Ich, sie anrühren? Ah! Ihr tut ihr Unrecht, und mir ebenso; in ganz reiner und achtungsvoller Liebe zu ihr bin ich entbrannt.

HARPAGON. In Liebe zu meiner Kassette entbrannt!

VALÈRE. Ich würde lieber sterben, als ihr gegenüber auch nur einen beleidigenden Gedanken zu äußern: dafür ist sie zu sittsam und ehrbar.

HARPAGON. Meine Kassette zu ehrbar!

VALÈRE. All mein Verlangen beschränkt sich darauf, mich an ihrem Anblick zu erfreuen; und nichts Verwerfliches hat die Zuneigung entheiligt, die ihre schönen Augen mir eingegeben haben.

HARPAGON. Les beaux yeux de ma cassette! Il parle d'elle
comme un amant d'une maîtresse.

VALÈRE. Dame Claude, Monsieur, sait la vérité de cette
aventure, et elle vous peut rendre témoignage . . .

HARPAGON. Quoi? ma servante est complice de l'affaire?   5

VALÈRE. Oui, Monsieur, elle a été témoin de notre engagement; et c'est après avoir connu l'honnêteté de ma
flamme, qu'elle m'a aidé à persuader votre fille de me
donner sa foi, et recevoir la mienne.

HARPAGON. Eh? Est-ce que la peur de la justice le fait   10
extravaguer? Que nous brouilles-tu ici de ma fille?

VALÈRE. Je dis, Monsieur, que j'ai eu toutes les peines du
monde à faire consentir sa pudeur à ce que voulait mon
amour.

HARPAGON. La pudeur de qui?   15

VALÈRE. De votre fille; et c'est seulement depuis hier qu'elle
a pu se résoudre à nous signer mutuellement une promesse de mariage.

HARPAGON. Ma fille t'a signé une promesse de mariage!

VALÈRE. Oui, Monsieur, comme de ma part je lui en ai signé   20
une.

HARPAGON. Ô Ciel! autre disgrâce!

MAÎTRE JACQUES. Écrivez, Monsieur, écrivez.

HARPAGON. Rengrégement de mal! surcroît de désespoir!
Allons, Monsieur, faites le dû de votre charge, et dressez-   25
lui-moi son procès, comme larron, et comme subor-
neur.

VALÈRE. Ce sont des noms qui ne me sont point dus; et
quand on saura qui je suis . . .

HARPAGON. Die schönen Augen meiner Kassette! Er redet über sie wie ein Liebender von seiner Geliebten.

VALÈRE. Frau Claude, gnädiger Herr, kennt die Wahrheit über diese Geschichte, und sie kann Euch bezeugen ...

HARPAGON. Was? meine Bedienstete hat bei dieser Sache mitgemacht?

VALÈRE. Ja, gnädiger Herr, sie war Zeugin unseres Treugelöbnisses; und nachdem sie sich von der Ehrbarkeit meiner Zuneigung überzeugt hat, hat sie mir dabei geholfen, Eure Tochter dazu zu überreden, daß sie mir ihr Wort gab und das meine entgegennahm.

HARPAGON. Wie? Die Furcht vor der Justiz läßt ihn wohl irre reden? Was bringst du uns da mit meiner Tochter durcheinander?

VALÈRE. Ich sage, gnädiger Herr, daß ich die allergrößte Mühe hatte, ihre Schamhaftigkeit dazu zu bringen, dem zuzustimmen, was meine Liebe verlangte.

HARPAGON. Wessen Schamhaftigkeit?

VALÈRE. Die Eurer Tochter; erst gestern hat sie sich endlich dazu entschließen können, daß wir uns gegenseitig ein Eheversprechen unterschreiben.

HARPAGON. Meine Tochter hat dir ein Eheversprechen unterschrieben?

VALÈRE. Ja, gnädiger Herr, wie auch ich ihr eines unterschrieben habe.

HARPAGON. O Himmel! noch ein Schicksalsschlag!

MEISTER JACQUES. Schreibt, mein Herr, schreibt auf.

HARPAGON. Das Unglück wird noch schlimmer! meine Verzweiflung noch größer! Vorwärts, mein Herr, waltet Eures Amtes und bereitet ihm seinen Prozeß als Dieb und als Verführer vor.

VALÈRE. Das sind Bezeichnungen, die ich überhaupt nicht verdient habe; und wenn man erfahren wird, welchen Standes ich bin ...

Scène IV

*Élise. Mariane. Frosine. Harpagon. Valère. Maître Jacques.
Le Commissaire. Son Clerc.*

HARPAGON. Ah! fille scélérate! fille indigne d'un père
comme moi! c'est ainsi que tu pratiques les leçons que je   5
t'ai données? Tu te laisses prendre d'amour pour un
voleur infâme, et tu lui engages ta foi sans mon consentement? Mais vous serez trompés l'un et l'autre. Quatre
bonnes murailles me répondront de ta conduite; et une
bonne potence me fera raison de ton audace.   10

VALÈRE. Ce ne sera point votre passion qui jugera l'affaire; et
l'on m'écoutera, au moins, avant que de me con-
damner.

HARPAGON. Je me suis abusé de dire une potence, et tu seras
roué tout vif.   15

ÉLISE *(à genoux devant son père)*. Ah! mon père, prenez des
sentiments un peu plus humains, je vous prie, et n'allez
point pousser les choses dans les dernières violences du
pouvoir paternel. Ne vous laissez point entraîner aux
premiers mouvements de votre passion, et donnez-vous le   20
temps de considérer ce que vous voulez faire. Prenez la
peine de mieux voir celui dont vous vous offensez: il est
tout autre que vos yeux ne le jugent; et vous trouverez
moins étrange que je me sois donnée à lui, lorsque vous
saurez que sans lui vous ne m'auriez plus il y a longtemps. 25
Oui, mon père, c'est celui qui me sauva de ce grand péril
que vous savez que je courus dans l'eau, et à qui vous
devez la vie de cette même fille dont . . .

HARPAGON. Tout cela n'est rien; et il valait bien mieux pour
moi qu'il te laissât noyer que de faire ce qu'il a fait.   30

Vierter Auftritt

Élise. Mariane. Frosine. Harpagon. Valère. Meister Jacques.
Der Polizeibeamte. Dessen Schreiber.

HARPAGON. Ha! verworfene Tochter! eines Vaters, wie ich
es bin, nicht würdige Tochter! so also befolgst du die
Lehren, die ich dir gegeben habe? Du läßt dich darauf ein,
dich in einen gemeinen Dieb zu verlieben, und gibst ihm
ohne meine Zustimmung dein Wort? Doch ihr sollt euch
beide getäuscht haben. Vier ordentliche Mauern werden
mir für dein Verhalten bürgen; und ein anständiger Galgen wird mir für deine Frechheit Genugtuung verschaffen.

VALÈRE. Eure Erregung wird in dieser Sache gewiß nicht das
Urteil sprechen; und man wird mich zumindest anhören,
bevor man mich verurteilt.

HARPAGON. Ich habe mich getäuscht, als ich von einem
Galgen sprach; du wirst lebendig aufs Rad geflochten.

ÉLISE *(auf Knien vor ihrem Vater)*. Ach, lieber Vater!
Nehmt doch eine etwas menschlichere Haltung an, ich
bitte Euch, und treibt die Dinge nicht so weit, daß Ihr die
äußerste Grausamkeit der väterlichen Gewalt anwendet.
Laßt Euch nicht vom ersten Aufbrausen Eures Zorns
mitreißen, und nehmt Euch die Zeit, zu überlegen, was
Ihr tun werdet. Macht Euch doch die Mühe, den genauer
zu betrachten, von dem Ihr Euch gekränkt glaubt: Er ist
ganz anders, als Ihr ihn seht und beurteilt; und Ihr werdet
es weniger seltsam finden, daß ich mich ihm versprochen
habe, wenn Ihr erfahren habt, daß ich ohne ihn schon
lange nicht mehr bei Euch wäre. Ja, lieber Vater, er ist es,
der mich damals aus jener großen Gefahr rettete, der ich,
wie Ihr wißt, in den Fluten ausgesetzt war, und dem Ihr
das Leben eben der Tochter verdankt, deren . . .

HARPAGON. All das ist unwichtig; und es wäre für mich viel
besser gewesen, er hätte dich ertrinken lassen, als mir
anzutun, was er getan hat.

ÉLISE. Mon père, je vous conjure, par l'amour paternel, de
    me . . .

HARPAGON. Non, non, je ne veux rien entendre; et il faut
    que la justice fasse son devoir.

MAÎTRE JACQUES. Tu me payeras mes coups de bâton.   5

FROSINE. Voici un étrange embarras.

Scène V

Anselme. Harpagon. Élise. Mariane. Frosine. Valère.
Maître Jacques. Le Commissaire. Son Clerc.

ANSELME. Qu'est-ce, seigneur Harpagon? je vous vois tout   10
    ému.

HARPAGON. Ah! seigneur Anselme, vous me voyez le plus
    infortuné de tous les hommes; et voici bien du trouble et
    du désordre au contrat que vous venez faire! On m'assas-
    sine dans le bien, on m'assassine dans l'honneur; et voilà   15
    un traître, un scélérat, qui a violé tous les droits les plus
    saints, qui s'est coulé chez moi sous le titre de domes-
    tique, pour me dérober mon argent et pour me suborner
    ma fille.

VALÈRE. Qui songe à votre argent, dont vous me faites un   20
    galimatias?

HARPAGON. Oui, ils se sont donné l'un et l'autre une pro-
    messe de mariage. Cet affront vous regarde, seigneur
    Anselme, et c'est vous qui devez vous rendre partie contre
    lui, et faire toutes les poursuites de la justice, pour vous   25
    venger de son insolence.

ANSELME. Ce n'est pas mon dessein de me faire épouser par
    force, et de rien prétendre à un cœur qui se serait donné;
    mais pour vos intérêts, je suis prêt à les embrasser ainsi
    que les miens propres.   30

HARPAGON. Voilà Monsieur qui est un honnête commissaire,

ÉLISE. Lieber Vater, ich beschwöre Euch bei Eurer väterlichen Liebe, mir . . .

HARPAGON. Nein, nein, ich will nichts hören; die Justiz soll ihre Pflicht tun.

MEISTER JACQUES. Du wirst mir meine Stockschläge bezahlen.

FROSINE. Welch seltsame Verwicklung.

Fünfter Auftritt

Anselme. Harpagon. Élise. Mariane. Frosine. Valère.
Meister Jacques. Der Polizeibeamte. Dessen Schreiber.

ANSELME. Was gibt es, werter Herr Harpagon? Ihr scheint mir ganz erregt.

HARPAGON. Ach! werter Herr Anselme, Ihr seht in mir den unglücklichsten aller Menschen; und es gibt viel Ärger und Unruhe um den Vertrag, den Ihr abschließen wollt! Man bringt mich um meinen Besitz, man bringt mich um meine Ehre; und da steht der Treulose, der Verbrecher, der den geheiligtsten Rechten Gewalt angetan hat, der sich bei mir als Bediensteter eingeschlichen hat, um mir mein Geld zu stehlen und meine Tochter zu verführen.

VALÈRE. Wen kümmert denn Euer Geld, von dem Ihr so wirr daherredet?

HARPAGON. Ja, sie haben einander die Ehe versprochen. Diese Herausforderung richtet sich gegen Euch, werter Herr Anselme, und Ihr müßt gegen ihn Klage erheben und alle gerichtlichen Schritte einleiten, um seine Unverschämtheit zu bestrafen.

ANSELME. Ich habe nicht die Absicht, mich mit Gewalt zu verheiraten und Anspruch auf ein Herz zu erheben, das vergeben ist; doch was Eure Interessen angeht, so bin ich bereit, mich ihrer anzunehmen, als wären es meine eigenen.

HARPAGON. Dieser Herr hier ist ein ehrbarer Polizeibeam-

qui n'oubliera rien, à ce qu'il m'a dit, de la fonction de son
office. Chargez-le comme il faut, Monsieur, et rendez les
choses bien criminelles.

VALÈRE. Je ne vois pas quel crime on me peut faire de la
    passion que j'ai pour votre fille; et le supplice où vous   5
    croyez que je puisse être condamné pour notre engage-
    ment, lorsqu'on saura ce que je suis . . .

HARPAGON. Je me moque de tous ces contes; et le monde
    aujourd'hui n'est plein que de ces larrons de noblesse, que
    de ces imposteurs, qui tirent avantage de leur obscurité, et 10
    s'habillent insolemment du premier nom illustre qu'ils
    s'avisent de prendre.

VALÈRE. Sachez que j'ai le cœur trop bon pour me parer de
    quelque chose qui ne soit point à moi, et que tout Naples
    peut rendre témoignage de ma naissance. 15

ANSELME. Tout beau! prenez garde à ce que vous allez dire.
    Vous risquez ici plus que vous ne pensez; et vous parlez
    devant un homme à qui tout Naples est connu, et qui peut
    aisément voir clair dans l'histoire que vous ferez.

VALÈRE *(en mettant fièrement son chapeau)*. Je ne suis point 20
    homme à rien craindre, et si Naples vous est connu, vous
    savez qui était Dom Thomas d'Alburcy.

ANSELME. Sans doute, je le sais; et peu de gens l'ont connu
    mieux que moi.

HARPAGON. Je ne me soucie ni de Dom Thomas ni de Dom 25
    Martin.

ANSELME. De grâce, laissez-le parler, nous verrons ce qu'il
    en veut dire.

VALÈRE. Je veux dire que c'est lui qui m'a donné le jour.

ANSELME. Lui? 30

ter, der, wie er mir gesagt hat, alle Pflichten seines Amtes gewissenhaft erfüllen wird. Beschuldigt ihn, wie es sich gehört, mein Herr, und laßt das Verbrechen besonders schwerwiegend erscheinen.

VALÈRE. Ich verstehe nicht, wie man aus der Zuneigung, die ich zu Eurer Tochter hege, ein Verbrechen machen kann; und die Strafe, zu der ich Eurer Meinung nach wegen unseres Eheversprechens verurteilt werden kann, wird, wenn man erfährt, welchen Standes ich bin, ...

HARPAGON. Ich lache über dieses ganze Gerede; die Welt ist heutzutage übervoll von diesen Gaunern mit Adelstitel, von diesen Betrügern, die einen Vorteil daraus ziehen, daß man sie nicht kennt, und sich frech mit dem ersten besten illustren Namen herausputzen, den anzunehmen ihnen in den Sinn kommt.

VALÈRE. Wißt, daß ich mir zu gut dafür bin, mich mit etwas zu schmücken, das mir nicht zusteht, und daß ganz Neapel über meine Herkunft Zeugnis ablegen kann.

ANSELME. Vorsichtig! Überlegt Euch genau, was Ihr sagen wollt. Ihr riskiert dabei mehr, als Ihr glaubt; Ihr sprecht in Gegenwart eines Mannes, der ganz Neapel kennt und der die Geschichte, die Ihr erzählen wollt, leicht durchschauen kann.

VALÈRE *(der stolz seinen Hut aufsetzt)*. Ich bin nicht der Mann, der irgend etwas zu befürchten hat, und wenn Ihr Neapel kennt, dann wißt Ihr, wer Dom Thomas von Alburcy war.

ANSELME. Das weiß ich selbstverständlich; und wenige haben ihn besser gekannt als ich.

HARPAGON. Mich interessiert weder Dom Thomas noch Dom Martin.

ANSELME. Bitte laßt ihn sprechen, wir werden sehen, was er vorzubringen hat.

VALÈRE. Ich habe vorzubringen, daß er es ist, der mir das Leben geschenkt hat.

ANSELME. Er?

VALÈRE. Oui.

ANSELME. Allez; vous vous moquez. Cherchez quelque
autre histoire, qui vous puisse mieux réussir, et ne préten-
dez pas vous sauver sous cette imposture.

VALÈRE. Songez à mieux parler. Ce n'est point une impos- 5
ture; et je n'avance rien qu'il ne me soit aisé de justifier.

ANSELME. Quoi? vous osez vous dire fils de Dom Thomas
d'Alburcy?

VALÈRE. Oui, je l'ose; et je suis prêt de soutenir cette vérité
contre qui que ce soit. 10

ANSELME. L'audace est merveilleuse. Apprenez, pour vous
confondre, qu'il y a seize ans pour le moins que l'homme
dont vous nous parlez périt sur mer avec ses enfants et sa
femme, en voulant dérober leur vie aux cruelles persécu-
tions qui ont accompagné les désordres de Naples, et qui 15
en firent exiler plusieurs nobles familles.

VALÈRE. Oui; mais apprenez, pour vous confondre, vous,
que son fils, âgé de sept ans, avec un domestique, fut
sauvé de ce naufrage par un vaisseau espagnol, et que ce
fils sauvé est celui qui vous parle; apprenez que le capi- 20
taine de ce vaisseau, touché de ma fortune, prit amitié
pour moi; qu'il me fit élever comme son propre fils, et
que les armes furent mon emploi dès que je m'en trouvai
capable; que j'ai su depuis peu que mon père n'était point
mort, comme je l'avais toujours cru; que passant ici pour 25
l'aller chercher, une aventure, par le Ciel concertée, me fit
voir la charmante Élise; que cette vue me rendit esclave de
ses beautés; et que la violence de mon amour, et les
sévérités de son père, me firent prendre la résolution de
m'introduire dans son logis, et d'envoyer un autre à la 30
quête de mes parents.

VALÈRE. Ja.

ANSELME. Kommt, Ihr scherzt wohl. Erfindet eine andere
Geschichte, die Euch vielleicht besser gelingt, und glaubt
nicht, Euch mit diesem Betrug retten zu können.

VALÈRE. So sprecht Ihr besser nicht. Das ist nicht im mindesten ein Betrug; und ich bringe nichts vor, was ich nicht
leicht beweisen könnte.

ANSELME. Was? Ihr wagt es, Euch als Sohn von Dom
Thomas von Alburcy auszugeben?

VALÈRE. Ja, das wage ich; und ich bin bereit, für diese
Wahrheit vor jedermann einzutreten.

ANSELME. Diese Frechheit ist unglaublich. So erfahrt zu
Eurer Beschämung, daß der Mann, von dem Ihr sprecht,
vor über sechzehn Jahren bei einem Schiffbruch mit
seiner Frau und seinen Kindern umkam, als er ihr Leben
vor den grausamen Verfolgungen retten wollte, die die
Unruhen in Neapel begleiteten und die mehrere adlige
Familien ins Exil trieben.

VALÈRE. Ja; doch erfahrt Ihr zu Eurer Beschämung, daß sein
sieben Jahre alter Sohn zusammen mit einem Bediensteten
von einem spanischen Schiff vor dem Untergang gerettet
wurde, und daß der so gerettete Sohn der ist, mit dem Ihr
sprecht; erfahrt weiter, daß der Kapitän dieses Schiffs,
von meinem Schicksal gerührt, Zuneigung zu mir gewann, daß er mich wie seinen eigenen Sohn aufziehen
ließ, und daß ich mich im Waffenhandwerk übte, sobald
ich dazu imstande war; daß ich vor kurzem erfahren
habe, daß mein Vater nicht tot ist, wie ich immer geglaubt
hatte; daß, als ich auf meiner Suche nach ihm hierherkam,
ein vom Himmel gelenkter Zufall mich der reizenden
Élise begegnen ließ; daß dieser Anblick mich zum Sklaven
ihrer Schönheit werden ließ; und daß die Macht meiner
Liebe und das strenge Wesen ihres Vaters mich zu dem
Entschluß brachten, Zugang zu ihrem Haus zu erlangen
und einen anderen auf die Suche nach meinen Eltern zu
schicken.

ANSELME. Mais quels témoignages encore, autres que vos
paroles, nous peuvent assurer que ce ne soit point une
fable que vous ayez bâtie sur une vérité?

VALÈRE. Le capitaine espagnol; un cachet de rubis qui était à
mon père; un bracelet d'agate que ma mère m'avait mis au 5
bras; le vieux Pedro, ce domestique qui se sauva avec moi
du naufrage.

MARIANE. Hélas! à vos paroles je puis ici répondre, moi, que
vous n'imposez point; et tout ce que vous dites me fait
connaître clairement que vous êtes mon frère. 10

VALÈRE. Vous ma sœur?

MARIANE. Oui. Mon cœur s'est ému dès le moment que vous
avez ouvert la bouche; et notre mère, que vous allez ravir,
m'a mille fois entretenue des disgrâces de notre famille.
Le Ciel ne nous fit point aussi périr dans ce triste nau- 15
frage; mais il ne nous sauva la vie que par la perte de notre
liberté; et ce furent des corsaires qui nous recueillirent,
ma mère et moi, sur un débris de notre vaisseau. Après
dix ans d'esclavage, une heureuse fortune nous rendit
notre liberté, et nous retournâmes dans Naples, où nous 20
trouvâmes tout notre bien vendu, sans y pouvoir trouver
des nouvelles de notre père. Nous passâmes à Gênes, où
ma mère alla ramasser quelques malheureux restes d'une
succession qu'on avait déchirée; et de là, fuyant la barbare
injustice de ses parents, elle vint en ces lieux, où elle n'a 25
presque vécu que d'une vie languissante.

ANSELME. Ô Ciel! quels sont les traits de ta puissance! et que
tu fais bien voir qu'il n'appartient qu'à toi de faire des
miracles! Embrassez-moi, mes enfants, et mêlez tous
deux vos transports à ceux de votre père. 30

VALÈRE. Vous êtes notre père?

ANSELME. Aber welche anderen Beweise außer Euren Worten können uns davon überzeugen, daß das nicht nur ein
Märchen ist, das Ihr auf einer wahren Begebenheit auf-
baut?

VALÈRE. Der spanische Kapitän; ein Rubinsiegel, das
meinem Vater gehörte; ein Armband aus Achat, das
meine Mutter mir um den Arm gelegt hatte; der alte
Pedro, jener Bedienstete, der zusammen mit mir dem
Untergang entkam.

MARIANE. Ach, auf diese Worte kann ich hier entgegnen,
daß Ihr keineswegs lügt und daß alles, was Ihr sagt, mich
eindeutig erkennen läßt, daß Ihr mein Bruder seid.

VALÈRE. Ihr meine Schwester?

MARIANE. Ja. Ich war zutiefst bewegt seit dem Augenblick,
da Ihr zu sprechen begannt; unsere Mutter, die Ihr über-
glücklich machen werdet, hat mir immer wieder von dem
Unglück unserer Familie erzählt. Auch uns hat der Himmel bei diesem furchtbaren Schiffbruch nicht umkommen
lassen, doch rettete er unser Leben nur um den Preis
unserer Freiheit; es waren Seeräuber, die meine Mutter
und mich von einer Planke unseres Schiffs bargen. Nach
zehn Jahren der Sklaverei gab ein günstiges Geschick uns
unsere Freiheit wieder und wir kehrten nach Neapel
zurück, wo wir feststellten, daß unser gesamter Besitz
verkauft war, doch konnten wir über unseren Vater
nichts in Erfahrung bringen. Wir begaben uns nach Genua, wo meine Mutter die armseligen Reste einer bereits
aufgeteilten Erbschaft retten wollte; um der barbarischen
Ungerechtigkeit ihrer Verwandten zu entgehen, kam sie
dann hierher, wo sie ihr Leben fast nur in Trauer verbrachte.

ANSELME. O Himmel! welches Zeichen deiner Allmacht!
und wie klar gibst du zu erkennen, daß du allein ver-
magst, Wunder zu vollbringen. Umarmt mich, liebe Kinder, und teilt beide eure Freude mit der Eures Vaters.

VALÈRE. Ihr seid unser Vater?

MARIANE. C'est vous que ma mère a tant pleuré?

ANSELME. Oui, ma fille, oui, mon fils, je suis Dom Thomas d'Alburcy, que le Ciel garantit des ondes avec tout l'argent qu'il portait, et qui vous ayant tous crus morts durant plus de seize ans, se préparait, après de longs 5 voyages, à chercher dans l'hymen d'une douce et sage personne la consolation de quelque nouvelle famille. Le peu de sûreté que j'ai vu pour ma vie à retourner à Naples m'a fait y renoncer pour toujours; et ayant su trouver moyen d'y faire vendre ce que j'avais, je me suis habitué 10 ici, où, sous le nom d'Anselme, j'ai voulu m'éloigner les chagrins de cet autre nom qui m'a causé tant de traverses.

HARPAGON. C'est là votre fils?

ANSELME. Oui. 15

HARPAGON. Je vous prends à partie, pour me payer dix mille écus qu'il m'a volés.

ANSELME. Lui, vous avoir volé?

HARPAGON. Lui-même.

VALÈRE. Qui vous dit cela? 20

HARPAGON. Maître Jacques.

VALÈRE. C'est toi qui le dis?

MAÎTRE JACQUES. Vous voyez que je ne dis rien.

HARPAGON. Oui, voilà Monsieur le Commissaire qui a reçu sa déposition. 25

VALÈRE. Pouvez-vous me croire capable d'une action si lâche?

HARPAGON. Capable ou non capable, je veux ravoir mon argent.

MARIANE. Ihr seid der, den meine Mutter so sehr beweint hat?

ANSELME. Ja, liebe Tochter, ja, lieber Sohn, ich bin Dom Thomas von Alburcy, den der Himmel mit allem Geld, das er bei sich trug, aus den Wellen rettete, und der, da er Euch seit über sechzehn Jahren tot glaubte, sich nach langen Reisen anschickte, in der Ehe mit einer lieben und klugen Person den Trost einer neuen Familie zu suchen. Da bei einer Rückkehr nach Neapel mein Leben offensichtlich nicht in Sicherheit gewesen wäre, habe ich dieses Vorhaben endgültig aufgegeben; und nachdem ich Mittel und Wege gefunden hatte, verkaufen zu lassen, was ich dort besaß, habe ich mich hier niedergelassen, wo ich unter dem Namen Anselme den Kummer jenes anderen Namens von mir fernhalten wollte, der mir solche Schicksalsschläge eingebracht hat.

HARPAGON. Ist der da Euer Sohn?

ANSELME. Ja.

HARPAGON. Ich verlange von Euch, mir die zehntausend Taler zurückzuzahlen, die er mir gestohlen hat.

ANSELME. Er soll Euch bestohlen haben?

HARPAGON. Genau er.

VALÈRE. Wer behauptet das denn?

HARPAGON. Meister Jacques.

VALÈRE. Das behauptest du?

MEISTER JACQUES. Wie Ihr seht, behaupte ich gar nichts.

HARPAGON. Ja, dort ist der Herr Polizeibeamte, der seine Aussage aufgenommen hat.

VALÈRE. Könnt Ihr mich einer solchen Gemeinheit für fähig halten?

HARPAGON. Fähig oder nicht fähig, ich will mein Geld wiederhaben.

Scène VI

*Cléante. Valère. Mariane. Élise. Frosine. Harpagon.
Anselme. Maître Jacques. La Flèche. Le Commissaire.
Son Clerc.*

CLÉANTE. Ne vous tourmentez point, mon père, et n'accusez   5
personne. J'ai découvert des nouvelles de votre affaire, et
je viens ici pour vous dire que, si vous voulez vous
résoudre à me laisser épouser Mariane, votre argent vous
sera rendu.

HARPAGON. Où est-il?   10

CLÉANTE. Ne vous en mettez point en peine: il est en lieu
dont je réponds, et tout ne dépend que de moi. C'est à
vous de me dire à quoi vous vous déterminez; et vous
pouvez choisir, ou de me donner Mariane, ou de perdre
votre cassette.   15

HARPAGON. N'en a-t-on rien ôté?

CLÉANTE. Rien du tout. Voyez si c'est votre dessein de
souscrire à ce mariage, et de joindre votre consentement à
celui de sa mère, qui lui laisse la liberté de faire un choix
entre nous deux.   20

MARIANE. Mais vous ne savez pas que ce n'est pas assez que
ce consentement, et que le Ciel, avec un frère que vous
voyez, vient de me rendre un père dont vous avez à
m'obtenir.

ANSELME. Le Ciel, mes enfants, ne me redonne point à vous   25
pour être contraire à vos vœux. Seigneur Harpagon, vous
jugez bien que le choix d'une jeune personne tombera sur
le fils plutôt que sur le père. Allons, ne vous faites point
dire ce qu'il n'est pas nécessaire d'entendre, et consentez
ainsi que moi à ce double hyménée.   30

HARPAGON. Il faut, pour me donner conseil, que je voie ma
cassette.

Sechster Auftritt

Cléante. Valère. Mariane. Élise. Frosine. Harpagon.
Anselme. Meister Jacques. La Flèche. Der Polizeibeamte.
Dessen Schreiber.

CLÉANTE. Quält Euch nicht weiter, lieber Vater, und beschuldigt niemanden. Ich habe einiges über Eure Angelegenheit herausgebracht und bin hierhergekommen, um Euch zu sagen, daß Euer Geld Euch zurückgegeben wird, wenn Ihr Euch dazu entschließen wollt, mich Mariane heiraten zu lassen.

HARPAGON. Wo ist es?

CLÉANTE. Macht Euch darum nur keine Sorgen: es ist an einem Ort, für den ich bürge, und alles hängt nur von mir ab. An Euch ist es, mir zu sagen, wofür Ihr Euch entscheidet; Ihr könnt wählen, entweder mir Mariane zu geben oder Eure Kassette zu verlieren.

HARPAGON. Hat man nichts herausgenommen?

CLÉANTE. Überhaupt nichts. Seht zu, ob Ihr Euch dazu entschließen könnt, dieser Heirat zuzustimmen und Euch mit Eurem Einverständnis dem der Mutter anzuschließen, die ihr die Freiheit läßt, zwischen uns beiden zu wählen.

MARIANE. Ihr wißt aber noch nicht, daß dieses Einverständnis nicht genügt und daß der Himmel mir soeben zusammen mit einem Bruder, den Ihr hier seht, einen Vater zurückgegeben hat, von dem Ihr mich erbitten müßt.

ANSELME. Der Himmel, liebe Kinder, gibt mich Euch nicht zurück, damit ich euren Wünschen im Weg sei. Werter Herr Harpagon, Ihr seht doch ein, daß die Wahl eines jungen Mädchens eher auf den Sohn als auf den Vater fällt. Vorwärts denn, besteht nicht darauf, daß man Euch eine Antwort gibt, die zu hören überflüssig ist, und willigt ebenso wie ich in diese doppelte Hochzeit ein.

HARPAGON. Um zu einer Entscheidung zu kommen, muß ich erst meine Kassette sehen.

CLÉANTE. Vous la verrez saine et entière.

HARPAGON. Je n'ai point d'argent à donner en mariage à mes enfants.

ANSELME. Hé bien! j'en ai pour eux; que cela ne vous inquiète point.   5

HARPAGON. Vous obligerez-vous à faire tous les frais de ces deux mariages?

ANSELME. Oui, je m'y oblige; êtes-vous satisfait?

HARPAGON. Oui, pourvu que pour les noces vous me fassiez faire un habit.   10

ANSELME. D'accord. Allons jouir de l'allégresse que cet heureux jour nous présente.

LE COMMISSAIRE. Holà! Messieurs, holà! tout doucement, s'il vous plaît: qui me payera mes écritures?

HARPAGON. Nous n'avons que faire de vos écritures.   15

LE COMMISSAIRE. Oui! mais je ne prétends pas, moi, les avoir faites pour rien.

HARPAGON. Pour votre paiement, voilà un homme que je vous donne à pendre.

MAÎTRE JACQUES. Hélas! comment faut-il donc faire? On me   20
donne des coups de bâton pour dire vrai, et on me veut pendre pour mentir.

ANSELME. Seigneur Harpagon, il faut lui pardonner cette imposture.

HARPAGON. Vous paierez donc le Commissaire?   25

ANSELME. Soit. Allons vite faire part de notre joie à votre mère.

HARPAGON. Et moi, voir ma chère cassette.

CLÉANTE. Ihr werdet sie heil und unversehrt sehen.

HARPAGON. Ich kann meinen Kindern kein Geld mit in die Ehe geben.

ANSELME. Nun gut! ich habe genug für sie; das soll Euch nicht beunruhigen.

HARPAGON. Verpflichtet Ihr Euch, alle Kosten der beiden Hochzeiten zu übernehmen?

ANSELME. Ja, ich verpflichte mich dazu; seid Ihr zufrieden?

HARPAGON. Ja, wenn Ihr mir für die Hochzeit einen Anzug machen laßt.

ANSELME. Einverstanden. Genießen wir jetzt die Freude, die dieser glückliche Tag uns schenkt.

DER POLIZEIBEAMTE. He! meine Herren, halt! nicht so eilig, wenn ich bitten darf: wer bezahlt mir meine Schriftstücke?

HARPAGON. Wir haben mit Euren Schriftstücken nichts zu schaffen.

DER POLIZEIBEAMTE. Ja! aber ich, ich habe keine Lust, sie umsonst angefertigt zu haben.

HARPAGON. Zu Eurer Bezahlung ist da jemand, den ich Euch zum Aufhängen überlasse.

MEISTER JACQUES. O je! wie soll man es denn anstellen? Man gibt mir Stockschläge, wenn ich die Wahrheit sage, und man will mich hängen, wenn ich lüge.

ANSELME. Werter Herr Harpagon, man muß ihm diesen Betrug verzeihen.

HARPAGON. Ihr bezahlt also den Polizeibeamten?

ANSELME. Meinetwegen. Beeilen wir uns, unsere Mutter an unserer Freude teilhaben zu lassen.

HARPAGON. Und ich, meine teure Kassette zu sehen.

Anhang

Anmerkungen

Schon um auch als Hilfe für ein genaues Verständnis des Originaltextes dienen zu können, lehnt sich die hier vorliegende Übersetzung, soweit dies möglich war, sehr eng an den Originaltext an; sie versucht, auch dessen sprachliche Eigenheiten, insbesondere die Satzperioden und die bisweilen recht komplizierten Verbalperiphrasen möglichst genau wiederzugeben. Für diese Entscheidung gibt es auch inhaltliche Gründe. Gerade bei einem Prosastück, bei dem nicht der Zwang zum Verseschmieden die sprachliche Anlage mit bedingt, gehört der häufig umständlich und preziös wirkende Sprachduktus zum historischen Gehalt des Stücks. Mit Ausnahme einiger Bediensteter und bisweilen Harpagons sprechen die Personen des *Avare* die Sprache der *honnêtes gens*, eines sozialen Milieus, das von großer Bedeutung für die Konfliktkonstellation unserer Komödie ist (vgl. dazu das Nachwort). Diese sprachlichen Eigenheiten, die zugleich historische und soziale sind, werden in den deutschen Übertragungen des Stücks zumeist eingeebnet, was dann schon auf der unmittelbar sprachlichen Ebene die Erkenntnis der historischen Besonderheit des Stücks erschwert. Gerade eine solche Erkenntnis aber wäre die Voraussetzung für eine angemessene Aneignung des Stücks in der Gegenwart. Es kann nicht darum gehen, wie dies in vielen Aufführungen geschieht, sich an einer diabolischen oder bisweilen ins Tragische verzerrten Karikatur des Geizigen zu delektieren; vielmehr muß man das historisch Andere ernst nehmen und erkennen, daß in ihm Probleme aufgeworfen werden, die noch heute von Bedeutung sind.
Bei dieser Konzeption der Übersetzung erübrigt es sich (mit wenigen Ausnahmen), in den folgenden Anmerkungen auf die Eigenheiten der Sprache des 17. Jh.s einzugehen. In erster Linie sollen die Anmerkungen Verständnisschwierigkeiten bei weniger bekannten Namen, Begriffen und Ausdrücken beheben. An einigen besonders markanten Stellen wurden darüber hinaus nach Molières Tod hinzugefügte Regieanweisungen in die Anmerkungen aufgenommen. Der zu Molières Lebzeiten erschienene Text ist in dieser Hinsicht sehr sparsam, und dies vor allem deshalb, weil das Spiel der Akteure festen Konventionen folgte, die nicht eigens schriftlich festgehalten werden mußten, innerhalb derer die Schauspieler allerdings einen eigenen Gestaltungsraum hatten (vgl. dazu insbes. Anm. zu 76,25, 88,18 und 132,17). Die in den Anmerkungen

wiedergegebenen Regieanweisungen stammen zumeist aus der Werkausgabe von 1734, die die mittlerweile weit zurückliegenden Traditionen des 17. Jh.s zum Teil sehr detailliert fixierte. Viele Anweisungen, die sich mehr oder weniger eindeutig aus dem Ablauf der Dialoge ergeben, wurden hier nicht aufgenommen. Schließlich enthalten die Anmerkungen eine Reihe interpretierender Kommentare, die sich auf den im Nachwort entwickelten Erklärungszusammenhang für das Stück beziehen.

Die Anmerkungen stützen sich in vielen Punkten auf die in den Werkausgaben von Despois/Mesnard und Couton angeführten Erläuterungen. Diese sowie die hier hinzugefügten Ergänzungen sind nicht besonders gekennzeichnet.

Personen

4,2 *Harpagon:* Diesen Namen übernahm Molière vermutlich aus der 1658 erschienenen Plautus-Übertragung des Abbé de Marolles. Die Komödie *Aulularia* des Plautus (gest. 184 v. Chr.), eines der Vorbilder für den *Avare*, wird dort mit einer spätlateinischen Ergänzung für die letzten, verlorengegangenen Szenen wiedergegeben. In dieser Ergänzung taucht der Name »Harpago« als Bezeichnung für einen geizigen Herrn auf. Lat. *harpago* ist eine Entlehnung aus dem Griechischen (*harpax* ›Raubvogel‹) und bedeutet ursprünglich ›Greif-, Enterhaken‹, dann auch ›räuberischer, habgieriger Mensch‹.

4,9 *femme d'intrigue:* Die deutsche Übersetzung »Heiratsvermittlerin« ist nicht ganz adäquat; sie entspricht vor allem der konkreten Funktion der Frosine in unserem Stück. Die *femme d'intrigue* ist eine traditionelle Komödienfigur, die vielfältige Funktionen im Bereich der Vermittlung zwischen Liebenden, des Ersinnens und Durchführens von Plänen zur Vereinigung voneinander getrennter Verliebter usw. erfüllt. In diesem Sinne agiert die Titelfigur von Chappuzeaus Komödie *La Dame d'intrigue ou Le Riche vilain,* einer 1663 verfaßten Nachahmung von Plautus' *Aulularia.* Molière hat Chappuzeaus Stück einige Handlungselemente entnommen, die vor allem die Titelrolle betreffen (vgl. Anm. zu 122,29).

4,17 *La scène est à Paris:* genauer gesagt, im Salon von Harpagons Haus, das sich also in der Stadt Paris selbst befindet, was ein deutliches Zeichen seines Wohlstands ist. Man kann es sich, wenn

man will, etwa in dem vor allem von erwerbstätigen Bürgern
bewohnten ehemaligen Hallenviertel vorstellen, einem Milieu, in
dem Molière selbst seine Jugend verbrachte. Sein Vater hatte dort
1638 ein Haus gekauft. (Zum Vergleich: Chappuzeau siedelt in
seiner Komödie seinen Geizigen zwar auch in Paris an, setzt aber
ausdrücklich hinzu: »hors des portes«, also in einem der *faubourgs*, wo Grund und Boden wie Immobilien wesentlich billiger
waren.)

Aufzug I, Auftritt 1

6,8 f. *engagement:* Es handelt sich dabei um ein schriftliches Eheversprechen (vgl. V,3), das ohne Wissen der Eltern abgeschlossen
wurde und das der ehrbaren Élise daher große Gewissensbisse
bereitet. (Vgl. Anm. zu 10,10 f.)

8,14 *blâme:* Eine Verbindung ohne Wissen oder gar gegen den
Willen der Eltern delektierte in jener Zeit zwar viele Theaterbesu-
cher und Romanleser (wie ja auch heute noch), widersprach
jedoch angesichts der für vermögende Familien damit verbunde-
nen großen wirtschaftlichen Transaktionen wesentlichen gesellschaftlich akzeptierten Normen. (Vgl. Anm. zu 10,10 f.)

8,31 *domestique:* Valère nimmt als *intendant* (vgl. 3. Aufzug) so-
zusagen eine leitende Funktion unter den Bediensteten Harpagons ein (vgl. dazu auch die Bemerkungen von Maître Jacques am
Ende von III,1). Diese Funktion Valères verweist darauf, welch
großen Umfang der Haushalt Harpagons trotz dessen Sparsamkeit hat.

10,10 f. *des choses plus étranges:* zweifellos eine Anspielung auf eine
mögliche Flucht und eine heimliche Heirat der beiden. Ähnlich
wie Cléante (I,2 und II,1) bemüht Valère die durch den Geiz
Harpagons geschaffene außergewöhnliche Situation, um diesen
Verstoß gegen wichtige und weitgehend akzeptierte Normen zu
rechtfertigen. Zwar ist nach kirchlichem Recht die Zustimmung
der Eltern keine unabdingbare Voraussetzung für eine Eheschließung, doch bemühten sich die Parlamente (eine Art hoher Ge-
richtshof) im 17. Jh. zunehmend, solche Ehen unmöglich zu
machen. Ein königliches Edikt von 1639 hatte schließlich die
umstandslose Enterbung von Kindern verfügt, die sich so dem
Willen ihrer Eltern entzogen. Der Erlaß unterstreicht damit die
Bedeutung wirtschaftlicher Interessen bei dieser Frage. (Vgl. dazu
Anm. zu 44,2 f. sowie die Darstellung von Gaudemet.)

10,20–12,5 *Vous voyez ... être flattés:* Auch die Heimlichkeit und
die Schmeichelei Valères sind ein normativ problematisches Verhalten, das der Rechtfertigung bedarf. Zwar ist dieses Vorgehen
ein beliebtes Handlungselement der Komödie, wenn ein Verliebter sich seiner Angebeteten nicht anders nähern kann (vgl. bei
Molière etwa Stücke wie *L'Amour Médecin* oder *Le Sicilien ou
L'Amour peintre*), doch will Molière in Valère wie in Cléante
(und auch den beiden zugehörigen Geliebten) offensichtlich ganz
vorbildlich an den Normen der *honnêteté* orientierte Protagonisten auf die Bühne bringen (vgl. Anm. zu 118,7–15).

Aufzug I, Auftritt 2

14,16 *engagé:* Zur Bedeutung von *s'engager* vgl. Anm. zu 6,8 f.
16,30–18,15 *Car enfin ... insupportable:* Cléante äußert hier mit
einem ähnlichen Aufwand an entschuldigender Rechtfertigung
dieselben Absichten, die schon Valère angedeutet hat (vgl. Anm.
zu 10,10 f. und 10,20–12,5).
18,5 *des habits raisonnables:* Angemessen ist diese Kleidung allerdings nur im Verständnis der gesellschaftlichen Bezugsgruppe
Cléantes, d. h. im Kreise der sich an gehobenen Verhaltensfor-
men orientierenden Bürger, die sich in dem soziokulturellen
Umfeld von *la cour et la ville* mit Teilen des Adels zusammenfin-
den. Harpagon wird diesen Aufwand vom Standpunkt des er-
werbsorientierten Bürgertums als Verschwendung und unange-
messene soziale Verhaltensweise harsch kritisieren (vgl. I,4 und
Anm. zu 30,14 f.). – Bemerkenswert ist in diesem Satz die Dop-
pelbedeutung von *s'engager* (zuvor ›sich versprechen‹; vgl. Anm.
zu 6,8 f.; hier ›sich verschulden‹), in der die Vermischung von
Liebes- und Geldproblemen sich auch lexikalisch niederschlägt.

Aufzug I, Auftritt 3

18,22 *Scène III:* Der Anfang dieser Szene ist eine Imitation der dem
Prolog folgenden ersten Szene von Plautus' *Aulularia*, in der
Euclio seine Sklavin Staphyla aus dem Haus jagt, weil er glaubt,
sie spioniere dem von ihm verborgenen Goldschatz nach. Die mit
possenhaften Elementen gefüllte Szene hat bei Molière jedoch
einen ganz anderen Stellenwert als bei Plautus. Nachdem in den
ersten beiden Szenen in teilweise langatmigen Dialogen der von
Harpagon verursachte Konflikt dargestellt worden ist, hat sie vor

allem den Charakter eines amüsanten Zwischenspiels, in dem der Zuschauer erst einmal Atem schöpfen kann.

22,8 *Les autres:* Diese Replik sowie der vorhergehende und nachfolgende Dialog sind erneut eine Imitation der *Aulularia* (IV,4). Dort verhört Euclio den Sklaven des Lyconides, der für seinen Herrn auskundschaften soll, welche Möglichkeiten für ihn noch bestehen, Euclios Tochter zu erlangen, und der kurz danach Euclios Goldschatz stehlen wird. In diesen Elementen der Handlung – der Diebstahl La Flèches folgt allerdings erst in IV,6 – lehnt sich Molière wohl am deutlichsten an Plautus an. Allerdings findet sich eine knappere Imitation dieser Plautus-Szene auch schon in der Komödie Chappuzeaus (II,6). Dort verhört der geizige Crispin Philipin, den Diener Lycastes, der später ebenfalls durch ein Betrugsmanöver den verborgenen Schatz Crispins raubt und ihm damit Lycastes Heirat mit seiner Tochter abpreßt.

Aufzug I, Auftritt 4

26,16 *écus:* Der *écu* ist seit der Münzreform von 1641 eine Silbermünze (*écu d'argent*; der *écu d'or* wurde durch den *Louis d'or* als Goldmünze abgelöst). Zugleich wird *écu* als Recheneinheit verwendet, die nach den Werten, die in unserem Stück angegeben werden, 3 *livres* entspricht (Harpagons Kassette ist ja in Wirklichkeit mit Goldstücken gefüllt). Diese Vermengung zwischen fiktiven Geldeinheiten (als Recheneinheiten) und realen Münzwerten ist charakteristisch für die noch wenig entwickelte und uneinheitliche Geldwirtschaft im 17. Jh. Die grundlegende Recheneinheit ist die *livre*, deren Wert in Gramm Silber angegeben wird (und dieser Wert verändert sich beständig durch die aus Finanznot immer wieder vorgenommenen Münzreformen und -spekulationen des Königshauses). Die Livre (manchmal im Stück auch *franc* genannt, was zuvor die Bezeichnung für die 1641 abgeschaffte Silbermünze war) wiederum wird unterteilt in 20 *sous* bzw. 240 *deniers* (dies ist das alte fränkische Münzsystem, wie es bis vor einiger Zeit in England noch in Kraft war). Neben dieser Recheneinheit gibt es die realen Münzen, deren Wert sich nach ihrem Edelmetallgewicht bemißt und sich daher nach jeder Neudefinition der Livre in bezug auf diese ändert. Neben dem Louisdor wird im Stück noch die *pistole* als Goldmünze erwähnt: Sie war eine in Europa weitverbreitete spanische Münze, die nach den Angaben im Stück einen Wert von 11 Livres hat. – Es ist für das

Stück ebenso charakteristisch wie für seinen ökonomischen Hintergrund, daß bei der Bezeichnung der Geldmengen die verwendeten Einheiten bisweilen bunt durcheinandergehen. Diese Uneinheitlichkeit wurde in der Übersetzung beibehalten, wobei in Kauf genommen werden muß, daß die Übersetzung ›Taler‹ für *écu* nur die Silbermünze, nicht aber die Recheneinheit trifft.

Die Summe, die Harpagon eingenommen hat, ist, gerade in dieser Zeit großer Geldknappheit, ganz enorm; sie kennzeichnet den außergewöhnlichen Umfang seiner Geschäfte. Wegen der völlig verschiedenen Lebensverhältnisse ist es kaum möglich, den Wert dieser Summe genau zu beziffern, doch geben einige Kommentatoren Werte an, die heute bis zu 500 000 DM entsprechen. Zum Vergleich: Der Tageslohn eines guten Handwerkers beträgt um die Mitte des 17. Jh.s ein bis zwei Livres.

26,21–28,14 *Qu'est-ce ... dix mille écus:* Dieser Dialog ist vielleicht eine vage Reminiszenz an eine Komödie von Pierre de Larivey, *Les Esprits* (1579). Auch in dieser von der *Aulularia* inspirierten Komödie verplappert sich ein begüterter alter Mann wiederholt und versucht dann, sich zu korrigieren.

30,5 f. *tout cousu de pistoles:* Zu *pistole* vgl. Anm. zu 26,16. – Die Redensart bezieht sich auf die früher übliche Praxis, Geld in Kleidungsstücke einzunähen, um es dadurch zu verstecken.

30,9 *équipage:* Das Wort bezeichnet an sich das Personal und die Ausstattung einer auf großem Fuß lebenden Person. Harpagon, der es offensichtlich nur auf Cléantes Kleidung bezieht, verwendet es wohl ironisch und wegen seiner Konnotationen, die auf einen aristokratischen Lebensstil hinweisen.

30,14 f. *vous donnez furieusement dans le marquis:* An dieser Stelle wird ausdrücklich klargestellt, daß der Konflikt zwischen Harpagon und Cléante eine gesellschaftliche Dimension hat. Der Vorwurf Harpagons besagt, daß Cléante die normative Orientierung des erwerbstätigen Bürgertums (Gelderwerb zum Zweck der Reinvestition und der fortschreitenden Anhäufung von Vermögen bei äußerster Sparsamkeit) negiert und sich an die Verhaltensideale des Adels anpaßt (vgl. zu diesem für das Stück zentralen Konflikt auch Anm. zu 18,5 sowie das Nachwort). Daneben klingt der Vorwurf an (den Harpagon dann in II,2 explizit formuliert), daß dieses Verhalten schließlich nur durch die Erwerbstätigkeit Harpagons finanziert werden kann (vgl. Anm. zu 60,27 f.).

30,27 *aiguillettes:* Hosenbänder. Die traditionelle Befestigung der Hose mit Bändern, die in entsprechende Ösen an der Weste

eingehakt wurden, wurde in der modischen Kleidung der Zeit mit allen möglichen Bändern, Schleifen usw. verdeckt. – Der Geschmack Harpagons wird im Stück wiederholt als veraltet charakterisiert (vgl. etwa Anm. zu 76,1 f.). Dadurch ergreift Molière in der Konfrontation der unterschiedlichen Orientierung Harpagons und Cléantes eindeutig Partei. Die von Harpagon kritisierten Eigenheiten der Kleidung Cléantes waren für den Großteil seines Publikums selbstverständlich.

32,2 *au denier douze:* Diese Formulierung der Zinsberechnung besagt, daß für zwölf geliehene Geldeinheiten (*denier*) eine Geldeinheit Zinsen zu bezahlen sind, also ein Zinssatz von einem Zwölftel oder 8,33 Prozent. Es ist bemerkenswert, wie versiert Harpagon in dieser Zinsberechnung ist. Immerhin muß er zunächst 11 Pistole in 220 Livres umrechnen, diese Summe dann durch zwölf teilen und dann noch den Rest von ⅓ Livre in Sous und Deniers auflösen. – Harpagon bezeichnet den *denier douze* als relativ geringen und ehrlichen, also nicht übertriebenen Zinsertrag (vgl. »à ne les placer que …« und zuvor »honnête intérêt«). Ein königliches Edikt von 1665 hatte allerdings nur den *denier vingt* (5 Prozent) als Zinssatz erlaubt. Harpagon selbst wird aber noch ganz andere Zinssätze verlangen (vgl. II,1 und Anm. zu 52,31), und auch der König und Colbert folgten bei der Kreditbeschaffung nur kurze Zeit so strengen Vorschriften. (Vgl. dazu das Nachwort.)

32,4–6 *Euh? Je crois . . . ces gestes-là:* Diese Reaktion Harpagons ist ein traditionelles Motiv der Darstellung eines Geizigen, die sich ähnlich in den erwähnten Komödien von Chappuzeau (II,2.3) und Larivey (II,5) findet. Auch bei Plautus ist sie schon angedeutet (*Aulularia* II,2).

32,19–25 *Le mariage . . . faire:* Diese beiden Repliken Cléantes und Harpagons fassen noch einmal die ganze Problematik der Liebesbindungen der beiden Geschwister zusammen (vgl. Anm. zu 8,14 und 10,10 f.). Es sollte nicht übersehen werden, daß die Art, wie Harpagon im folgenden seinen Kindern aus wirtschaftlichen Gründen völlig unbekannte Ehepartner zuweist, hier zwar durch das unabdingbar glückliche Ende einer Komödie entschärft wird, in der Realität jedoch ein massives Problem darstellte.

36,14 *elle fait une révérence:* Auch bei den folgenden Repliken wiederholen Harpagon und Élise immer wieder ihre gegenseitigen zeremoniellen Verbeugungen (Ausg. von 1734).

Aufzug I, Auftritt 5

40,6 *un gentilhomme qui est noble:* Der Ausdruck ist in sich widersprüchlich. *Gentilhomme* ist ein Angehöriger des alten (Schwert-)Adels, während *noble* ein erst seit kurzer Zeit geadelter (zumeist amtsadliger) Bürger ist. Normal wäre die umgekehrte Reihenfolge, also: Anselme ist nicht nur *noble*, sondern sogar *gentilhomme*. Doch scheint diese Formulierung eine gängige Fehlleistung beim beflissenen Ausdruck besonderer Hochachtung vor Adligen gewesen zu sein. Tallemant des Réaux berichtet in seinen *Historiettes* (1657–59), daß der offensichtlich sehr standesbewußte Dichter Malherbe (1555–1628) sich über einfache Leute empört haben soll, die ihn mit »Mon noble gentilhomme« begrüßten. Harpagon, der sonst auf den Adel so schlecht zu sprechen ist (vgl. Anm. zu 30,14 f. und 168,9), zeigt hier also übertriebenen Respekt vor dem Stand Anselmes (vielleicht allerdings nur aus taktischen Gründen).

40,28 *Sans dot:* Diese mehrmalige, von allem, was der Gesprächspartner vorbringt, unerschütterbare Wiederholung einer Replik ist ein Bühnenmittel, das Molière wiederholt zur Charakterisierung des Fehlverhaltens eines Protagonisten gebraucht hat (vgl. *Tartuffe* I,4; *Les Fourberies de Scapin* II,7). Unter anderem an diesen Passagen hat Henri Bergson in seinem Essai »Le Rire« (1899) seine Auffassung vom Wesen des Komischen expliziert, das er als »du mécanique plaqué sur du vivant« bestimmt: als einen sich verselbständigenden, der jeweiligen Situation gegenüber indifferenten Verhaltensautomatismus. – Das Motiv selbst übernimmt Molière wohl aus der *Aulularia* (II,2), doch hat er es durch seine stereotype Wiederholung als Antwort auf die verzweifelten Argumentationsversuche Valères so weit ausgebaut, daß darin erneut der zentrale Konflikt zwischen Geld und Liebe zur Sprache kommt. (Vgl. dazu das Nachwort).

44,2 f. *s'il se doit conclure ce soir:* Harpagon hat den Abschluß eines Ehevertrags zwischen Élise und Anselme vorbereitet (vgl. Frosine in II,5 sowie V,5). Dieser Ehevertrag ist die zivilrechtliche Voraussetzung für die kirchliche Eheschließung; er kann nur in Anwesenheit der Verlobten geschlossen werden, bedarf aber nicht deren ausdrücklicher Zustimmung – sie dürfen allerdings auch nicht ausdrücklich widersprechen. Élises letztes Mittel wäre ein solcher Widerspruch, doch ist unklar, ob sie sich dazu entschließen könnte (vgl. Anm. zu 118,7–15).

Aufzug II, Auftritt 1

48,19 *pour mes péchés:* Diese Wendung ist wohl ernsthaft gemeint. Cléante hat Gewissensbisse, weil er ohne Zustimmung und gegen den Willen seines Vaters handelt (vgl. dazu Anm. zu 8,14 und 10,10 f.).

48,29 *fesse-mathieux:* Dem Evangelisten Matthäus wurde zu jener Zeit eine Vergangenheit als Wucherer nachgesagt; bisweilen wurde er sogar als deren Schutzpatron angesehen. Die Entstehung des Wortes ist unklar; es könnte aus Wendungen wie »il fête le Saint-Mathieu« oder »il fait le Saint-Mathieu« hervorgegangen sein. Die wirtschaftliche Bedeutung der Geldverleiher wird aus dem ganzen Ablauf der Szene und insbesondere aus ihren Schluß-passagen deutlich.

52,5 *Au denier dix-huit ... honnête:* Der *denier dix-huit* (5,55 Prozent; vgl. Anm. zu 32,2) wäre in der Tat *honnête*, vor allem angesichts der Situation Cléantes. Der offiziell erlaubte Zinssatz war der *denier vingt* (5 Prozent).

52,11 Der *denier cinq* entspricht 20 Prozent. – Die für die Erhöhung des Zinssatzes gegebene Begründung ist von großer Bedeutung. Formal erscheint der Kreditgeber dadurch nicht verantwortlich für die Wucherzinsen, die sich danach errechnen (vgl. auch Anm. zu 52,31, 58,17–19 und 58,27).

52,24–26 *francs / livres / écus:* Zu den hier und in der folgenden Aufstellung verwendeten Rechengrößen vgl. Anm. zu 26,16.

52,31 *le mémoire:* Die Idee zu dieser Aufstellung entnimmt Molière möglicherweise einer Komödie des Abbé Boisrobert, *La Belle Plaideuse* (1654), die in vieler Hinsicht die wichtigste Vorlage des *Avare* ist (vgl. Anm. zu 60,1 f. und 122,29). Ergaste, der Sohn des geizigen Amidor, versucht dort Geld zu leihen, das die Mutter seiner Angebeteten benötigt. Sein Diener Filipin berichtet ihm von Verhandlungen mit einem »fesse-mathieu«, der ihm 15 000 Franc leihen will, und zwar zum *denier douze.* Der größte Teil dieser Summe soll jedoch durch eine Schiffsladung von Affen, Papageien und Kanonen abgedeckt werden, die der Wucherer erwartet (IV,2). Diese Zusammenstellung ist allerdings viel grotesker als bei Molière (Ergaste verzichtet denn auch auf einen solchen Kredit). In beiden Fällen gehört jedoch ein solches Verfahren zum Geschäftsgebaren eines Wucherers, und man kann vermuten, daß die Ware gar nicht existiert bzw. nicht daran gedacht ist, sie zu liefern. Die entsprechenden Klauseln dienen

lediglich dazu, unter scheinbarer Einhaltung der staatlichen Zins-
restriktionen bzw. des kanonischen Zinsverbots (vgl. Anm. zu
52,11 und 58,17–19) die Zinsen in die Höhe zu treiben. Statt die
Waren zu liefern, erbietet sich der Wucherer, sie sogleich wieder
zurückzukaufen – jedoch zu einem niedrigeren Preis, als sie in
dem Kreditvertrag bewertet worden sind (vgl. die Reaktion Cléantes am Ende der Aufzählung). Dieses Verfahren zur Kaschie-
rung von Zinsgewinnen ist in der jesuitischen Kasuistik der Zeit
ausdrücklich gerechtfertigt worden (sie wurde von Pascal im
achten Brief seiner *Lettres provinciales*, die 1656/57 erschienen,
bissig persifliert).

54,8 f. *de Gombaut et de Macée:* Gombaut und Macée sind die
Helden einer seit dem Ende des 15. Jh.s mündlich überlieferten
Liebesgeschichte (»églogue populaire«), die häufig auf Wandbe-
hängen dargestellt wurde (nachweisbar zum ersten Mal 1532). Sie
erfreute sich zur Zeit Heinrichs IV. (1553–1610) besonderer
Beliebtheit.

56,9 *Panurge:* Gefährte Pantagruels in den Romanen Rabelais'
(1494–1553). Das Zitat findet sich in dessen *Tiers Livre*, Kap. 2.

56,13–15 *et on s'étonne . . . qu'ils meurent:* Dieser Ausruf Cléantes
und die folgende Replik La Flèches sind eine weitere vorwegge-
nommene Rechtfertigung des Diebstahls der Kassette. Wie ver-
breitet diese Problematik war, zeigt die Reaktion des Publikums
auf eine ähnliche Bemerkung des Titelhelden in Molières *Dom
Juan* (IV,5), die von einem anonymen Kritiker Molières überliefert worden ist. Dieser berichtet empört von »quelques jeunes
étourdis, qui criaient tout haut que Molière avait raison, que la vie
des pères était trop longue pour le bien des enfants« (»einigen
jungen Wirrköpfen, die lauthals riefen, daß Molière recht habe,
daß das Leben der Väter zu lange daure für das Wohl der Kinder«; *Observations sur une comédie de Molière, intitulée »Le
festin de Pierre«*, zit. nach: OC II, S. 1207). – Vgl. auch Anm. zu
140,18 f.

Aufzug II, Auftritt 2

58,17–19 *La charité . . . nous le pouvons:* Diese Bemerkung Harpagons deutet eine theologische Rechtfertigung des Kreditgeschäfts
an, das ja nach kanonischem Recht verboten war. Harpagon will
nicht wegen des Zinsgewinns borgen, sondern aus christlicher
Nächstenliebe. Nach der Lehre der jesuitischen Kasuistik wird

eine an sich sündige Handlungsweise dadurch gereinigt, daß sie in guter Absicht vorgenommen wird (vgl. Anm. zu 52,31).

58,21 *La Flèche*: Cléante und La Flèche sind bis dahin im Bühnenhintergrund geblieben und bemerken erst jetzt Harpagon und Maître Simon (Ausgabe von 1734).

58,27 *découvert votre nom et votre logis*: Trotz aller Vorsichtsmaßnahmen und Klauseln des Kreditvertrags möchte Harpagon als Kreditgeber anonym bleiben, da sein Geschäft nicht nur anrüchig, sondern zu den faktischen Bedingungen, die er verlangt, auch strafbar ist. Die Aufgabe Maître Simons wäre es eigentlich, als Strohmann die Anonymität Harpagons wahren zu helfen. Dies war eine Praxis, die sich auch auf höchster Ebene wiederfand. Insbesondere adlige Kreditgeber bedienten sich solcher Strohmänner, um bei dem höchst ertragreichen Geschäft der Steuerpacht und der Kredite für das Budget des Königs unerkannt beteiligt sein zu können.

60,1 f. *Monsieur . . . je vous ai parlé*: Die folgende Konfrontation ist die wichtigste direkte Anleihe Molières aus Boisroberts *La Belle Plaideuse* (II,8). Tallemant des Réaux berichtet in seinen *Historiettes*, daß Boisrobert in dieser Szene eine wahre Begebenheit verarbeitet habe, die sich zwischen einem Angehörigen des hohen Amtsadels und dessen Sohn zugetragen haben soll. Boisrobert hat es allerdings vermieden, die Konfrontation zwischen Vater und Sohn so zuzuspitzen, wie dies bei Molière geschieht. Bei dem Disput zwischen Vater und Sohn geht es nicht, wie bei Molière, um einen grundsätzlichen Konflikt bezüglich der Verwendung von Geld, ist doch der wesentliche Grund für die Sparsamkeit des Vaters, daß er seinem Sohn einen Adelstitel kaufen will. In unserem Stück ist hier ein grundsätzlicher Dissens zwischen Vater und Sohn angelegt, der Molière den scharfen Tadel Rousseaus eingetragen hat (vgl. dazu Anm. zu 140,18 f.).

60,27 f. *un argent dont il n'a que faire*: Für Cléante ist die wirtschaftliche Tätigkeit Harpagons, die allein auf Kapitalvermehrung ausgerichtet ist, sinnlos – und das Stück urteilt über Harpagon systematisch aus dieser Perspektive. Um so wichtiger ist es, sich bewußt zu machen, daß dies primär keine Bewertung des Charakters ist, sondern ein aus der Konfrontation zweier Normensysteme geborenes Urteil (und daß Cléante seine Position nur vor dem Hintergrund des von Harpagon und seinen Vorfahren erworbenen Reichtums einnehmen kann). Vgl. Anm. zu 30,14 f.

Aufzug II, Auftritt 4

62,30–64,1 *le seigneur Harpagon: seigneur* ist eigentlich Anrede
oder Bezeichnung für einen Adligen (vgl. I,5: »le seigneur Anselme«). Seit der 1. Hälfte des 17. Jh.s kann es jedoch auch ohne
diese Standesimplikation als besonders höfliche Anrede an die
Stelle von *monsieur* treten (vgl. Anselme in V,5). Diese für die
Verwischung der Standesunterschiede bezeichnende Bedeutungs-
entwicklung ist jedoch nur in der Anrede üblich. La Flèches
Verwendung der Bezeichnung *seigneur* hat daher einen ironischen
Nebensinn.

Aufzug II, Auftritt 5

64,27–66,32 *Ah! Mon Dieu ... vos enfants:* Mögliches Vorbild für
diese Szene ist eine Komödie des italienischen Renaissance-
dichters Ariost (Ludovico Ariosto, 1474–1533), *I Suppositi*
(Prosafass. 1508, Versfass. 1528/31, frz. Übers. 1543). Doch ist
das interessierte Umschmeicheln eines verliebten Alten durch
einen Intriganten oder eine Intrigantin ein gängiges Bühnenmittel.

68,5 f. *Le Grand Turc ... la République de Venise:* In der Mitte des
17. Jh.s führten die Türken beständig Krieg mit Venedig und
eroberten unter anderem 1644–69 nach und nach die Insel Kreta.
Mehr aus legitimatorischen Gründen als aus Überzeugung unterstützte der allerchristlichste König Ludwig XIV. seit 1667 die
Republik bei der Verteidigung von Candia (heute Iraklion). Die
Anspielung hatte also Aktualität.

68,21 f. *faire un tour à la foire:* hier und im folgenden mit »promenieren« übersetzt. Die Bedeutung dieser *foires*, von denen es zu
bestimmten Zeiten bis zu drei in Paris gab, wäre noch am ehesten
mit dem traditionellen Jahrmarkt zu vergleichen. Sie waren zu
einem guten Teil Ausflugsziel und Treffpunkt der Damen der
besseren Gesellschaft, und wenn Frosine hier den Vorschlag
macht, dorthin auszufahren, so dient das nicht dem Einkauf,
sondern der Unterhaltung und Zerstreuung. Eine dieser *foires*, die
im Viertel Saint-Germain angesiedelt war, spielt in Boisroberts *La
Belle Plaideuse* eine wichtige Rolle.

70,4 f. *douze mille livres de rente:* Bei dem üblichen Zinssatz für
Rentenanlagen von 5 bis 6 Prozent würde dies bedeuten, daß
Mariane das enorme Kapital von 200 000 bis 240 000 Livres in die

Ehe einbringt. Nach einer ironischen, in der Tendenz jedoch
sicher zutreffenden Aufstellung in dem *Roman bourgeois* (1666)
von Antoine Furetière würde eine solche Mitgift ausreichen, um
zumindest einen höheren Amtsadligen zu heiraten. Kein Wunder
also, daß Harpagon zunächst perplex ist.

70,11 *orges mondés:* Entgegen dem, was die vorhergehende Aufzählung vermuten läßt, ist der *orge mondé*, ein aus geschälter
Gerste hergestelltes Gebräu, ein Schönheitsmittel, das eine falten-
lose und glänzende Haut bewirken soll.

70,25 f. *ne voilà-t-il pas par année vos douze mille francs*: Das
Argument, daß die Sparsamkeit von Frauen, die in bescheidenen
Lebensumständen großgeworden sind, besser sei als eine große
Mitgift, die die Frauen nur große Ansprüche stellen lasse, findet
sich schon bei Plautus (*Aulularia* III,5). Dort findet es den Beifall
des Schatzverwahrers Euclio, während Harpagon hier heftig wi-
derspricht – allerdings sind seine Interessen auch in ganz anderer
Weise berührt.

72,6 f. *il faut bien que je touche quelque chose:* Frosine hat zuvor die
Begriffe *héritage* und *fonds* in ihrer Ambivalenz zwischen konkreter und übertragener Bedeutung belassen. Harpagons Befürchtung geht nun dahin, er müsse diese fiktiven ›Kapitalien‹ im
Ehevertrag als real erhaltene quittieren (ein Verfahren, das durchaus nicht unüblich war, wenn der Ehemann seiner Frau etwas von
seinem Besitz überlassen wollte). Daher sein energischer Pro-
test.

74,2 *lunettes:* Eine Brille zu tragen galt im 17. Jh. als Zeichen
größter Gebrechlichkeit.

74,10–13 *Adonis … Anchise … son fils:* Alle diese Gestalten
entstammen der griechischen Mythologie und stehen für Schönheit und Jugend bzw. für Alter und Weisheit: Adonis, Geliebter
der Aphrodite; wurde nach seinem Tod auf deren Bitten von Zeus
für sechs Monate im Jahr wieder zum Leben erweckt. – Kephalos,
Geliebter der Eos (Göttin der Morgenröte). – Paris, Sohn des
alten Königs Priamos von Troja; er entschied den Streit zwischen
Hera, Pallas Athene und Aphrodite zugunsten der letzteren; als
Dank half ihm die Göttin der Schönheit bei der Entführung
Helenas, was dann zum Ausbruch des Trojanischen Krieges
führte. – Apollo, Sohn des Zeus, Gott des Lichts und Beschützer
der Musen. – Saturn (griech. Kronos), der Vater des Göttervaters
Zeus; die Zeit seiner Herrschaft ist das Goldene Zeitalter. –
Nestor, König von Pylos, weiser Ratgeber der Griechen während

ihres Feldzugs gegen Troja. – Anchises, der greise Vater des Aeneas, den der Sohn auf seinen Schultern aus dem brennenden Troja rettete.

76,1 f. *leurs perruques . . . leurs estomacs débraillés:* Es handelt sich hier erneut um Eigenheiten modischer Kleidung, die Harpagon besonders unsinnig (und, wie er zugleich andeutet, auch unmännlich) vorkommen. Indirekt wird er dadurch erneut als jemand charakterisiert, der am Überholten und Altmodischen festhält (vgl. Anm. zu 30,27).

76,14 *ma fluxion:* Die Rolle des Harpagon wurde von Molière gespielt, der hier wie auch in anderen Stücken seine chronische Bronchitis in die Rolle integrierte.

76,25 *Il prend un air sévère:* Der Ort der folgenden Regieanweisungen ist nicht eindeutig. Die Ausgabe von 1734 stellt sie jeweils nach den ersten Satz, der die Änderung im Minenspiel Harpagons auslösen soll, während sie in der Originalausgabe, wie hier auch, jeweils davor stehen. Es ist wohl dem Darsteller des Harpagon überlassen, mit welchen Übergängen er auf den Wechsel in Frosines Repliken reagieren will.

Aufzug III, Auftritt 1

82,2 *Scène I:* Diese Szene, die den gesamten Haushalt Harpagons auf die Bühne bringt, zeigt, auf welch großem Fuß Harpagon lebt. Sein sozialer Rang verpflichtet ihn trotz seiner Sparsamkeit offensichtlich zu diesem aufwendigen Gefolge.

88,18 *Rôt . . .:* Die Auslassungspunkte stehen hier für ein Bühnenspiel, dessen Ausgestaltung wohl den Schauspielern überlassen ist. Maître Jacques beginnt eine Aufzählung, und Harpagon versucht immer wieder, ihn zu unterbrechen, bis er ihm schließlich den Mund zuhält. Wie weit die Aufzählung geht, ist nicht im einzelnen fixiert, doch enthält die von Molières Vertrautem La Grange 1682 besorgte Werkausgabe einen ausgeführten Text, der hier wiedergegeben sei:

»MAÎTRE JACQUES. Hé bien! il faudra quatre grands potages bien garnis, et cinq assiettes d'entrée. Potages: bisque, potage de perdrix aux choux verts, potage de santé, potage de canard aux navets. Entrées: fricassée de poulets, tourte de pigeonneaux, ris de veau, boudin blanc, et morilles.

HARPAGON. Que diable! voilà pour traiter une ville entière.

MAÎTRE JACQUES. Rôt, dans un grandissime bassin, en pyramide; une grande longe de veau de rivière, trois faisans, trois poulardes grasses, douze pigeons de volière, douze poulets de grain, six lapereaux de garenne, douze perdreaux, deux douzaines de cailles, trois douzaines d'ortolans ...«

(»MEISTER JACQUES. Nun gut! wir brauchen vier große und reich garnierte Suppen und fünf kleinere Vorspeisen, Suppen: Krebssuppe, Rebhuhnsuppe mit Grünkohl, Kräutersuppe, Entensuppe mit Rübchen. Vorspeisen: Hühnerfrikassee, Tauben in Blätterteig, Kalbsbries, Geflügelpastete und Morcheln.

HARPAGON. Zum Teufel! das reicht ja, um eine ganze Stadt zu beköstigen.

MEISTER JACQUES. Braten, in einer sehr großen Schüssel zu einer Pyramide aufgetürmt: eine Keule vom Mastkalb, drei Fasane, drei fette Masthähnchen, zwölf gemästete Tauben, zwölf junge Hühner, sechs junge Hasen, zwölf Rebhühner, zwei Dutzend Wachteln, drei Dutzend Drosseln ...«)

Der Herausgeber der Ausgabe von 1734 hat diese ausführliche Version nicht abgedruckt, weil es ihm unwahrscheinlich vorkam, daß Molière Maître Jacques so lange habe sprechen lassen wollen. Vermutlich bietet dieser Text nur einen Anhaltspunkt, der verschieden lange ausgespielt werden konnte.

88,21 *Entremets ...:* Für diese Auslassung gilt wohl dasselbe wie für die vorhergehende; doch ist hier kein ausgeführter Text vorhanden.

90,1 f. *il faut manger pour vivre, et non pas vivre pour manger:* Diese Formulierung, die auch von Sokrates und Plutarch überliefert ist, findet sich vor allem in Ciceros *Rhetorica ad Herenium*, einem Traktat, der als Schullektüre verwendet wurde.

92,24 *le Picard:* Die Pikardie ist eine Provinz im Norden von Paris (Hauptstadt: Amiens).

94,25 *quatre-temps:* dreitägige kirchliche Fastenzeit zu Beginn jeder Jahreszeit.
vigiles: nächtliche Gebetsversammlung vor hohen kirchlichen Festtagen.

94,30–32 *Celui-là conte ... gigot de mouton:* In Plautus' *Aulularia* (II,4) berichtet der Sklave Strobilus, Euclio habe sich beim Prätor (einem hohen römischen Gerichtsbeamten) über einen Raubvogel beschwert, der ihm seinen Brei weggefressen habe, und verlangt, der Vogel solle vor Gericht geladen werden. Die Szene wird bei

Molière dadurch viel drastischer, daß alle Gerüchte und Begeben-
heiten in Anwesenheit Harpagons von Maître Jacques ganz ernsthaft berichtet werden, während die entsprechende Stelle bei Plautus ein possenreißerischer Dialog zwischen dem großsprecheri-
schen Sklaven und einem Koch ist.

94,32–96,4 *Celui-ci . . . rien dire:* Auch für diese Begebenheit gibt es
in zeitgenössischen Sammlungen ein Vorbild: Guillaume Bou-
chet, Sieur de Brocourt (2. Hälfte des 16. Jh.s) berichtet sie von
einem überaus geizigen Kardinal in seinen *Serées,* einer Sammlung
von Anekdoten, Späßen und gelegentlich Obszönitäten über zeitgenössische Persönlichkeiten (1. Ausg. 1584, mehrfach wieder-
aufgelegt).

Aufzug III, Auftritt 4

102,7–20 *Je vous avoue . . . trois mois:* Die etwas gewaltsamen
Scherze Frosines in dieser Szene sollten nicht darüber hinwegtäu-
schen, daß in dem Dialog zwischen Mariane und Frosine erneut
sehr drastisch dargestellt wird, unter welchen Umständen Ehen
geschlossen wurden.

Aufzug III, Auftritt 5

102,26 *lunettes* bezeichnet hier sowohl die Augengläser als auch das
Fernglas, was sich in der Übersetzung nicht wiedergeben läßt.

Aufzug III, Auftritt 6

104,10 *Madame* wird hier von den beiden jungen Frauen und in der
folgenden Szene auch von Cléante als Anrede für eine unverheiratete Frau verwendet. Es handelt sich dabei um eine sehr zeremo-
nielle und höfliche Anrede, die wohl in Anlehnung an den
Sprachgebrauch vornehmer Kreise gewählt wurde. Der eigentlich
zu erwartende Terminus *mademoiselle* verbot sich möglicherweise deshalb, weil sein hauptsächlicher Bestandteil *demoiselle* die
Bezeichnung für eine (verheiratete oder unverheiratete) Adlige
war, während *dame* diese Bedeutung längst verloren hatte und
gerade das Gegenteil aussagte (vgl. *Dame Claude*). In Antoine
Furetières *Dictionnaire universel* (1690) heißt es dazu: »Madame,
se dit encore en parlant des femmes roturières et bourgeoises.
Elles sont séparées des Dames de qualité par le rang des Demoisel-
les qui est entre eux.«

106,2 f. *je serai bientôt défait et de l'un et de l'autre:* Diese Bemerkung hat in den Augen Harpagons einen materiellen Sinn: die beiden Kinder werden ihm bald nicht mehr auf der Tasche liegen und das eventuell eingebrachte Vermögen der zukünftigen Ehefrau nicht mit in Anspruch nehmen.

Aufzug IV, Auftritt 1

118,7–15 *Oui, Madame … de la fortune:* Mariane und Élise entdecken hier wie von selbst ihre Seelenverwandtschaft, das heißt, sie stimmen in ihren Gefühlen und ihren Verhaltensnormen überein – wobei die letzteren, wie sich zeigt, sehr einengend wirken. Es wird hier erneut deutlich, daß Molière ganz vorbildhafte junge Protagonisten auf die Bühne stellen will, um dagegen Harpagon eindeutig abzusetzen (vgl. auch Anm. zu 10,20–12,5). – Wie in vielen Stücken Molières wird auch hier die Handlungsunfähigkeit der jungen bürgerlichen Komödienhelden sichtbar. Wirklich aktiv werden nur die Bediensteten: Frosine, die einen Plan entwirft, und La Flèche, der die Kassette stiehlt.

122,17 Die *basse Bretagne* ist der westliche, also von Frankreich am weitesten abgelegene Teil der Bretagne. Diese Region ist nicht nur aufgrund der Distanz für Frankreich im 17. Jh. praktisch Ausland, sondern auch deswegen, weil dort das Bretonische damals ganz ungebrochen (und teilweise ja bis heute) überlebte. Politisch ist die Bretagne zwar seit Anfang des 16. Jh.s endgültig in das Königreich eingegliedert, doch bewahrt sie zahlreiche Sonderrechte, um die es z. T. erbitterte Auseinandersetzungen gibt. Noch bei der Vereinheitlichung der Zölle durch Colbert 1664 wird die Bretagne den »provinces réputées étrangères« (»als ausländisch angesehenen Provinzen«) zugerechnet.

122,29 *Tout cela est fort bien pensé:* Der Plan der Frosine hat seinen Ursprung wohl in verschiedenen Quellen Molières. Er charakterisiert zunächst die Tätigkeit der »femme d'intrigue«, wie sie sich in der Komödie Chappuzeaus findet. Dort verdreht die Titelheldin Ruffine dem Geizigen den Kopf, um die Entführung seiner Tochter und den Diebstahl seines Schatzes vorzubereiten. In Boisroberts *La Belle Plaideuse* (II,3) erfinden die bedrohten Liebenden für die Geliebte des Ergaste einen bretonischen Adelstitel, um dessen geizigen Vater zu täuschen, nämlich den »comté de Grègue […] vers Lantriquet / Entre Kertronquedic et Kerlovadiquet«. Ganz ähnlich will auch Frosine Harpagon mit den für

Franzosen unverständlich klingenden bretonischen Namen täuschen. – Daß es sich bei dem Plan Frosines um ein beliebtes Bühnenmittel handelte, belegt die kurz nach dem *Avare* im Dezember 1668 uraufgeführte Komödie *Le Baron d'Albikrac* von Thomas Corneille (einem Bruder des berühmten Dramatikers), wo ein entsprechender Plan durchgeführt wird: der fingierte bretonische Baron von Albikrac umwirbt eine alte Dame, um dem Verehrer ihrer Tochter Zugang zu der Angebeteten zu verschaffen. – Im übrigen erscheint diese Episode inkohärent, sie findet keine Fortsetzung. Möglicherweise hatte Molière ursprünglich vor, das gute Ende der Komödie auf diese Weise herbeizuführen. Das hätte ihm den ausgesprochen unwahrscheinlichen Schluß erspart, allerdings seiner Komödie auch einen guten Teil ihrer erst durch diesen Schluß erreichten Bedeutung genommen. (Vgl. dazu das Nachwort.)

Aufzug IV, Auftritt 3

128,17–19 *du côté de l'homme ... de me commettre:* Man muß nicht erst dem Feminismus anhängen, um hier (erneut) herauszulesen, in welch hohem Maß gerade die Frauen Opfer dieser interessenorientierten Heiratspolitik waren (vgl. I,4, wo es über Cléante heißt: »je lui destine une certaine veuve«, gegenüber Élise hingegen: »je te donne au seigneur Anselme«). Die von Harpagon für das starke Geschlecht geäußerte Konzession hat hier allerdings auch taktische Gründe.

128,30 *Lui avez-vous rendu visite:* Der Wechsel vom vertraulicheren *tu* zum *vous* ist hier besonders charakteristisch für die Redestrategie Harpagons (vgl. ähnlich schon I,4).

130,28 *tu as l'audace:* Die Rückkehr zum *tu* ist hier ähnlich wie an anderen Stellen (vgl. etwa III,7) nicht mehr Ausdruck der Vertraulichkeit, sondern dient der Beschimpfung: das *tu* hat hier eine Konnotation von moralischer (und sozialer) Inferiorität.

Aufzug IV, Auftritt 4

132,17 *Maître Jacques:* Nach den Angaben der Ausgabe von 1734 muß man sich vorstellen, daß Maître Jacques während der folgenden Repliken zwischen Harpagon und Cléante steht und Harpagon wiederholt daran hindert, auf Cléante loszugehen.

136,23 *vous voilà d'accord maintenant:* Diese künstliche Versöh-

nung, die sofort wieder zu Bruch geht, ist nur auf ihre Bühnen-
wirksamkeit angelegt und ohne Bedeutung für die Handlung (vgl.
etwa eine ähnliche Szene in Molières *Dom Juan*: II,4). Dennoch
könnte man den von Maître Jacques erfundenen Antworten zugleich entnehmen, wie ein solcher Konflikt unter idealen Bedingungen zu lösen wäre. Molière aber hat die Kontroverse zwischen
Vater und Sohn bewußt so angelegt, daß ein Kompromiß nicht
denkbar ist. (Vgl. dazu Anm. zu 140,18 f. und das Nachwort.)

Aufzug IV, Auftritt 5

140,18 f. *Et je te donne ... de vos dons:* Diese letzten beiden
Repliken verweisen zurück auf La Flèches Charakterisierung des
Geizigen: »[. . .] *donner* est un mot pour qui il a tant d'aversions,
qu'il ne dit jamais: *Je vous donne*, mais: *Je vous prête le bonjour.*«
(II,4.) Hier, im Zustand höchster Empörung, *gibt* Harpagon nun
etwas, das ihm dann prompt ausgeschlagen wird. Diese für Harpagon vernichtende Replik Cléantes ist von Rousseau scharf
kritisiert worden. In seiner *Lettre à M. d'Alembert* schreibt er: »Si
la plaisanterie est excellente, en est-elle moins punissable; et la
pièce où l'on fait aimer le fils insolent qui l'a faite en est-elle moins
une école de mauvaises mœurs?« (»Wenn der Scherz auch noch so
vortrefflich ist, ist er deshalb weniger verdammenswert? und ist das
Stück, in dem man den unverschämten Sohn, der diesen Scherz
gemacht hat, liebenswert erscheinen läßt, deshalb weniger eine
Schule des Sittenverfalls?«) Rousseau greift damit einen traditionellen Vorwurf auf, der Molière zu seinen Lebzeiten wiederholt
gemacht wurde, doch richtet er sich nicht gegen die religionskriti-
schen oder anstößigen Szenen, sondern gegen den Zerfall der
Familie, der in dieser Szene auch faktisch vollzogen wird. Dieser
ist für Molière allerdings eine notwendige Konsequenz aus der
normativen Konfrontation zwischen Vater und Sohn (vgl. dazu
Anm. zu 30,14 f. und 60,27 f.).

Aufzug IV, Auftritt 7

142,6 *Scène VII:* Das Vorbild dieses Monologs findet sich in der
Aulularia (IV,9). Vor allem in bezug auf die Absolutheit der
Wertschätzung des Geldes durch Harpagon hat Molière ihn jedoch weit ausgebaut. Termini der affektiven Zuneigung zum Geld
finden sich auch schon in Lariveys *Les Esprits* (III,6), aber

Molière gibt dieser Bedeutung des Geldes für Harpagon eine
Intensität, die ohne Vorbild ist.

144,3 *Que de gens assemblés:* Harpagon wendet sich hier an das
Publikum.

Aufzug V, Auftritt 1

146,3 *Le Commissaire:* Es würde in die Irre führen, diesen *commissaire* etwa mit einem heutigen Polizeikommissar zu vergleichen.
Es handelt sich um ein käufliches Amt von geringer Bedeutung,
dessen Inhaber bestimmte Polizeifunktionen wahrnimmt – gegen
Bezahlung durch den, der ihn angefordert hat (vgl. V,6). Wie die
gesamte Justiz standen die *commissaires* in dem durchaus nicht
unberechtigten Ruf, gegen entsprechende Bezahlung zu einigem
bereit zu sein, mußten sie doch schließlich zusehen, wie sie die
Unkosten für den Erwerb ihres Amtes aufbringen und dann noch
Gewinn daraus ziehen konnten. In seiner *École des Maris* läßt
Molière einen Protagonisten, der um die Dienste eines *commissaire* nachgesucht hat, zu diesem sagen: »Vous serez pleinement
contenté de vos soins; / Mais ne vous laissez pas gratter la patte,
au moins« (»Ihr werdet für Eure Mühe voll und ganz zufriedenge-
stellt werden; doch dürft Ihr Euch dann auch nicht bestechen
lassen«; V. 933 f.)

146,21 f. *En bons louis d'or et pistoles bien trébuchantes:* Zu den hier
genannten Goldmünzen vgl. Anm. zu 26,16. *Bien trébuchante* ist
eine Münze, wenn sie auf dem *trébuchet,* der Münzwaage, das
richtige Gewicht anzeigt. Dies ist gar nicht so selbstverständlich,
da es gängige Praxis war, etwas von dem Edelmetall der Münzen
abzuschaben, und da schon die Prägeanstalten nicht immer ehr-
lich arbeiteten und die ohnehin vorgegebenen Gewichtstoleran-
zen zu ihren Gunsten ausdehnten.

146,25 *la ville et les faubourgs:* Im 17. Jh. wurde die Stadt Paris
(etwa das heutige 1. bis 4. sowie Teile des 5. und 6. Arrondisse-
ments) von einer großen Befestigungsanlage, der sog. *enceinte
bastionnée,* umgeben. *Faubourgs* sind, dem ursprünglichen Wort-
sinne nach (vgl. afrz. *fors* ›außerhalb‹), alle Siedlungen, die außerhalb dieser Stadtmauer liegen (sie sind heute längst in die Stadt
integriert; von der damaligen Stadtmauer stehen noch die Tore
Saint-Denis und Saint-Martin).

Aufzug V, Auftritt 2

154,8 *Scène III:* Das Vorbild dieses systematischen Verwirrspiels,
bei dem Harpagon über seine Kassette, Valère über Élise redet,
findet sich ebenfalls in der *Aulularia* (IV,10). Allerdings stehen
Schatz und Tochter bei Plautus nicht in demselben Zusammenhang wie bei Molière. Dort erlangt der junge Lyconides die
Zustimmung des Euclio zur Heirat mit dessen Tochter bereits am
Ende dieser Verwechslungsszene (da das Stück unvollständig
überliefert ist, ist nicht ganz klar, was danach mit dem Schatz
geschieht). Bei Molière hingegen bleibt die Austauschbarkeit von
Schatz und Tochter bis zum Schluß bestehen: Harpagon gibt Élise
Valère nur um den Preis der Rückgabe seiner Kassette zur Frau.

Aufzug V, Auftritt 5

166,27–30 *Ce n'est pas mon dessein . . . les miens propres:* Diese erste
Stellungnahme Anselmes charakterisiert ihn bereits als vollkom-
menen *honnête homme* und damit in direktem Gegensatz zu
Harpagon. Bereits in der *École des Maris,* einem der ersten
Stücke, das Molière in Paris aufgeführt hat, sagt der vernünftige
und aufgeschlossene Ariste: »Moi, je n'aurai pas cette faiblesse
extrême / De vouloir posséder un cœur malgré lui-même« (»Ich
für mein Teil werde mich nie derart unvernünftig zeigen, daß ich
ein Herz gegen seinen Willen besitzen möchte«; V. 995 f.). Die
Freiheit von Willensentscheidungen und das Respektieren per-
sönlicher Zuneigung sind für Molière in vielen seiner Stücke
wesentliche Elemente jenes neuen Normensystems, für das seine
positiven Protagonisten stehen.
168,9 *ces larrons de noblesse:* Harpagon hat schon zuvor seine
Abneigung gegen die Orientierung Cléantes an aristokratischen
Normen dargelegt. Hier verdächtigt er Valère, sich in betrügeri-
scher Absicht einen Adelstitel zuzulegen. Daß solche Manöver
für das Bürgertum durchaus gefährlich werden können, hat Molière etwa im *Tartuffe* dargestellt (die erste Fassung dieses Stücks
stammt von 1664). Die adlige Herkunft, die der Titelheld dieser
Komödie für sich beansprucht, erleichtert seine Betrugsmanöver
gegenüber dem leichtgläubigen Bürger Orgon.
170,11–16 *Apprenez ... nobles familles:* Während der folgenden,
recht langatmigen Berichte läuft hinter dem Rücken der Redenden
ein farcenhaftes Spiel zwischen Harpagon und Maître Jacques ab,

das in dem Bericht eines Schauspielers aus dem 18. Jh. überliefert ist und für das schon eine Regieanweisung der Ausgabe von 1682 einen Hinweis liefert. Auf einem Tisch stehen zwei brennende Kerzen, von denen Harpagon aus Sparsamkeit eine ausbläst. Sobald Harpagon sich abwendet, zündet Maître Jacques sie wieder an. Harpagon sieht die Kerze wieder brennen, bläst sie aus und behält sie in der Hand. Dann verschränkt er seine Arme auf dem Rücken, worauf Maître Jacques sie erneut anzündet. Nachdem Harpagon erneut bemerkt, daß die Kerze brennt, bläst er sie aus und steckt sie in die Tasche, wo Maître Jacques sie wieder anzündet, usw.

170,15 *les désordres de Naples:* Von 1504 bis 1713 gehörten Neapel und Sizilien zum Königreich Spanien. Es kam dort wegen der elenden Lage der Landbevölkerung wiederholt zu Volkserhebungen, die sich vor allem gegen die ungerechte Besteuerung und die Privilegien des Adels richteten. Nimmt man Anselmes Zeitangabe ernst, so könnte der berühmte Aufstand von 1647 gemeint sein, bei dem die Bevölkerung von Neapel unter der Führung des Fischhändlers Masaniello den Adel zu entmachten versuchte. Frankreich war indirekt in diesen Aufstand verwickelt, weil die Neapolitaner nach der Ermordung des Masaniello auch den spanischen Vizekönig verjagten und den Herzog von Guise (eine Nebenlinie des Hauses Lothringen) als Herrscher einsetzten. Doch dessen Regiment bekam dem Volk auch nicht besser, und die Spanier verjagten ihn im folgenden Jahr mit Hilfe der Bevölkerung wieder. Es läßt sich allerdings nicht mit Sicherheit nachweisen, daß Molière gerade diese Ereignisse im Auge hatte; seine Angaben sind sehr unbestimmt.

172,27 *Ô Ciel! quels sont les traits de ta puissance:* Die Beschwörung der Macht des Himmels kommt recht gelegen angesichts dieses höchst wunderbaren Zusammentreffens und seiner Vorgeschichte: Zwei mittellose Frauen begeben sich von Neapel nach Genua, und da sie dort kein Glück haben, machen sie sich eben auf den Weg nach Paris – in der damaligen Zeit eine wahre Weltreise! Doch kann man wohl davon ausgehen, daß Molière sich hier um Wahrscheinlichkeit gar nicht kümmerte. Die Dynamik seines Stücks verlangte diesen Schluß – den einzigen, der der Handlung noch eine glückliche Wende geben konnte. (Vgl. dazu das Nachwort.)

Nachwort

Molières »Avare« oder: Geld und Liebe im 17. Jahrhundert

> »Akkumuliert! Akkumuliert! Das ist Moses und
> die Propheten!«
>
> Marx[1]

> »Oui, l'argent est plus précieux que toutes les
> choses du monde, [...] et *sans dot* tient lieu de
> beauté, de jeunesse, de naissance, d'honneur, de
> sagesse et de probité.«
>
> Valère (als Sprachrohr Harpagons)[2]

1

Menschliche Natur und gesellschaftliche Konflikte – über die Einheit eines Komödiencharakters

Molières *Avare* ist ein höchst bemerkenswertes und mit der Rezeption kaum einer anderen seiner Komödien vergleichbares Schicksal zuteil geworden. Vom Publikum sehr kühl aufgenommen, spielt das Stück im Schaffen seines Autors eine recht beiläufige Rolle und wurde auch in der Folge wenig beachtet. Seit dem 19. Jahrhundert wurde es dann zunehmend als vollendetes Beispiel der komischen Darstellung eines Charakters angesehen und im Rahmen einer vor allem auf die Einheit und zeitlose Vollendung der literarischen Werke bedachte Konzeption von der französischen Klassik entsprechend hoch eingeschätzt. Eine nähere Betrachtung dieser Entwicklung verspricht nicht nur Einsichten in die Funktion und den Sinn der Kanonisierung von

---

1 Karl Marx, *Das Kapital*, Erster Band; in: K. M./Friedrich Engels, *Werke*, Bd. 23, Berlin [Ost]: Dietz, 1969, S. 621.
2 *L'Avare* I,5 (S. 46).

sogenannten klassischen Werken der Literatur; sie kann auch erste Aufschlüsse über die Bedeutung des Stückes selbst ermöglichen, indem sie aufzeigt, was diesem Prozeß der Kanonisierung zum Opfer fällt.

Als Molière seinen *Avare* am 9. September 1668 zum ersten Mal in seinem Theater im Palais-Royal auf die Bühne brachte, gab es eine ganze Reihe von äußeren Gründen, die einem Erfolg des Stücks entgegenstanden.[3] Er hatte in der ersten Hälfte des Jahres zwei beachtliche Theatererfolge erzielt: zunächst mit seinem *Amphitryon*, mit dem er bis zur Theaterpause während der Karwochen sein Programm bestritt, dann, nach einem längeren Aufenthalt am Hof des Sonnenkönigs in Versailles, mit einem Stück des ansonsten unbekannten Georges du Subligny, *La Folle Querelle ou la critique d'Andromaque*, einer Gelegenheitskomödie, die Aufsehen erregte durch ihre scharfe Kritik an der Ende 1667 mit großem Erfolg uraufgeführten Tragödie *Andromaque* von Racine. Nach diesen Erfolgen jedoch lebte Molières Theater fast zwei Monate lang von Wiederaufnahmen älterer Stücke seines Leiters. Wie sich aus den teils höchst mageren Einnahmen schließen läßt, reagierte das Publikum darauf mit recht geringem Interesse. Im Juli war das Theater für zwei Wochen überhaupt geschlossen, weil die Truppe Molières wieder zu einem *divertissement* des in Versailles versammelten Hofes beitragen mußte. Die Aufführung des *Avare* fiel damit in eine Zeit, in der das Interesse des Publikums bereits deutlich abgekühlt war.

Hinzu kommt, daß der *Avare* auch unter wenig günstigen Umständen verfaßt worden war. Über seine Entstehung gibt es zwar keinerlei Informationen aus zeitgenössischen Quellen, doch liegt es angesichts der eben geschilderten Situation nahe, daß Molière sein Stück in ziemlich kurzer Zeit nieder-

3 Alle Angaben über die materiellen Bedingungen der Truppe Molières, die zeitgenössische Theatersituation, Aufführungsdaten etc. sind, wenn nicht anders angegeben, den Zusammenstellungen von Montgrédien (1965) und Mélèse (1934) entnommen.

schrieb. Deutlichstes Indiz hierfür ist, daß es in Prosa verfaßt ist, ein Tatbestand, der bisweilen – allerdings mit nicht sonderlich überzeugenden Argumenten – für seinen geringen Erfolg direkt verantwortlich gemacht worden ist.[4] Weitere Anhaltspunkte für die Eile Molières bietet etwa die nicht immer ganz geglückte Integration der verschiedenen Vorlagen (vgl. dazu Abschnitt 3 dieses Nachworts sowie Anm. zu 122,29), möglicherweise auch der Umstand, daß der Autor in seinem Stück ausgiebig auf bewährte Bühneneffekte und possenhafte Handlungselemente zurückgreift.[5] Dem stand das beständige Verlangen des Pariser Theaterpublikums nach Neuem entgegen – es verschärfte damit noch die Situation eines Autors, der unter Termindruck schrieb und dessen Zeit durch die häufigen Verpflichtungen bei Hofe noch knapper wurde.[6]

4 Anders, als es vielleicht eine moderne Auffassung von Versdichtung nahelegen könnte, ist die Abfassung eines Textes in Versen in den Augen der Zeitgenossen Molières in erster Linie ein handwerkliches Problem (und keineswegs ein Privileg literarischer Texte – selbst einige der in jener Zeit erscheinenden Vorläufer der Zeitung, wie etwa die später zitierten *Lettres en vers à Madame et Monsieur* von Charles Robinet, sind in Versen abgefaßt). Man kann also davon ausgehen, daß die Umsetzung des Stücks in Verse für Molière eine reine Zeitfrage war und die Prosaausführung ihm vor allem Zeit sparen half. Allerdings verleiht die Ausführung eines Textes in Versen diesem ein höheres Prestige, und in Boileaus *Art poétique*, die eine nachträgliche Zusammenfassung und Kanonisierung bestimmter literarischer Entwicklungstendenzen der Zeit darstellt, erscheint die Versform im ersten Gesang als obligatorisch für literarische Texte (obwohl ihr auch dort nur eine dienende Funktion zugewiesen wird). In jedem Fall richtete sich die Reaktion des Publikums nicht in erster Linie nach diesem Kriterium, wie der große Erfolg anderer Prosastücke Molières zeigt.
5 Vgl. dazu etwa I,3; das Ende von III,1 sowie III,2; III,9 sowie Anm. zu 88,18 und 170,11–16; dazu die Ausführungen von Adam, *Histoire de la littérature française au XVIIe siècle*, Bd. 3, S. 372 f.
6 So heißt es bei Molières Vertrautem La Grange in dem Vorwort, das dieser für die postume Werkausgabe von 1680 verfaßte: »Ce qui estoit cause de cette inégalité dans ses ouvrages, dont quelques-unes semblent négligés en comparaison des autres, c'est qu'il estoit obligé d'assujettir son génie à des sujets qu'on lui prescrivoit, et de travailler avec une tres-grande precipitation, soit par les ordres du Roy, soit par la necessité des affaires de la troupe [...]« (»Der Grund für diese Unterschiede in seinen Werken, von denen einige im Vergleich

Jedenfalls gelang es Molière nicht, das nachlassende Interesse des Publikums an seinem Theater durch dieses neue Stück nachhaltig zu beleben. Nach einem durchschnittlichen Erfolg der Premiere ließ das Publikumsinteresse schnell nach, und Anfang Oktober wurde der *Avare* nach nur neun Aufführungen vom Spielplan abgesetzt. Im November erging es dann dem im Juli in Versailles zum ersten Mal aufgeführten *Georges Dandin* kaum besser (es wurde dem Stadtpublikum allerdings wohl ohne die Musik- und Balletteinlagen vorgestellt, die seinen Erfolg bei Hof verbürgt hatten). Danach wurde im Dezember und Januar der *Avare* zum Teil zusammen mit anderen Stücken wiederaufgenommen, ohne daß die Einnahmen wesentlich besser wurden. Im Februar 1669 verdrängte dann der Triumph des lange Zeit verbotenen und jetzt endlich freigegebenen *Tartuffe* den *Avare* endgültig vom Spielplan des Theaters im Palais-Royal, auf dem unsere Komödie später nur noch sporadisch wiedererschien.[7]

Alle Erklärungen für den geringen Erfolg des *Avare* sind wegen des Fehlens zuverlässiger Quellen kaum mehr als bloße Spekulation. Das einzige zeitgenössische Urteil, das überhaupt bekannt ist, ist nur wenig aussagekräftig. Es stammt aus der *Lettre en vers* des Literaten Charles Robinet.

---

mit den anderen nachlässig verfertigt scheinen, war, daß er gezwungen war, sein Genie den Themen zu unterwerfen, die man ihm vorschrieb, und daß er mit größter Eile arbeitete, sei es auf Befehl des Königs oder weil ihn die Situation der Truppe dazu nötigte [...]« – La Grange, *Vie de Molière en abrégé*, in: Poulet-Malassis (Hrsg.), *Molière jugé par ses contemporains*, S. 107 f.).

7 Insgesamt erbrachten die genannten Einzelaufführungen des *Avare* eine Einnahme von rund 8000 Livres. Der vorher genannte *Amphitryon* spielte in vergleichbarer Zeit etwa 13 000 Livres ein – ganz zu schweigen von dem Erfolg des endlich freigegebenen *Tartuffe*, der Molières Truppe von Februar bis April 1669 eine Einnahme von über 32 000 Livres sicherte. Wie schon das in Anm. 6 angeführte Zitat andeutet, war die materielle Situation seiner Truppe ein wichtiger Faktor für das Schaffen Molières, für den daher bei der Auswahl seiner Themen wie bei deren Gestaltung der Geschmack des Pariser Publikums und des Hofes eine große Rolle spielte.

Die literarischen Urteile dieser mit Neuigkeiten aus dem mondänen Leben gefüllten Gazette waren zumeist höchst unzuverlässig und parteilich, Molière jedoch im allgemeinen wohlgesonnen.[8] Robinet zufolge bietet Molières Stück »un avare qui divertit / [...] au-delà de ce qu'on peut dire, / Car, d'un bout à l'autre il fait rire.«[9] Auch wenn der Erfolg keineswegs den übertriebenen Lobsprüchen entsprach, läßt sich diesem Urteil wenigstens entnehmen, daß die Komödie, »prodigue en gais incidents«,[10] uneingeschränkt als Lustspiel rezipiert worden war. Diese Einschätzung wird bestätigt durch einen allerdings erst aus Quellen des 18. Jahrhunderts überlieferten Bericht über das Urteil des mit Molière befreundeten Literaturtheoretikers Boileau.[11] Das ist jedoch auch schon nahezu alles, was über die zeitgenössische Reaktion auf den *Avare* bekannt ist. Allein schon dieses magere Ergebnis zeigt, daß die Komödie offenbar nicht dazu angetan war, besonderes Aufsehen zu erregen oder gar Auseinandersetzungen auszulösen, wie dies bei manchem anderen Stück Molières der Fall war.

Von dieser insgesamt desinteressierten und beiläufigen Reaktion der Zeitgenossen hebt sich die postume Wertschätzung ab, die unserer Komödie in dem Maße zuteil wurde, wie, begünstigt durch den historischen Abstand, die Werke der französischen Klassik zu überzeitlich vorbildhaften literarischen Schöpfungen umgedeutet wurden. Es ist hier nicht der Ort, diesen Prozeß auch nur in Umrissen nachzuzeichnen.[12] Um den allgemeinen Kontext der entsprechenden Rezeption des *Avare* zu verdeutlichen, genügt es, darauf

---

8 Vgl. zu Robinet: Maurice Descotes, *Histoire de la critique dramatique en France*, Tübingen: Narr / Paris: Place, 1980, S. 57 ff.
9 *Lettre en vers à Madame et Monsieur*, 15. September 1668; zit. nach: Montgrédien (1965) S. 318 f. (»einen Geizigen, der vergnügt [...] mehr als sich sagen läßt, denn er bringt von Anfang bis Ende zum Lachen«).
10 Ebd., S. 318 (»reich an lustigen Zwischenfällen«).
11 Vgl. ebd.
12 Vgl. dazu: Thoma, »Literatur – Didaktik – Politik: Zur Rezeptionsgeschichte der französischen Klassik«.

hinzuweisen, daß ein entscheidendes Merkmal dieser Kanonisierung der Literatur darin besteht, daß ihre Gegenstände, und das heißt im Fall der dramatischen Gattungen in erster Linie ihre Protagonisten, als Verkörperung allgemein menschlicher Probleme, Leidenschaften usw. gedeutet werden, kurz, als Darstellung verschiedener Aspekte einer der Geschichte enthobenen Natur des Menschen.[13]

Was die Komödien Molières angeht, so ist eine wesentliche Voraussetzung für diese Deutung, daß die gesellschaftlichen Probleme und Auseinandersetzungen, auf die sie sich beziehen und in die sie eingreifen, ihre Bedeutung verlieren oder doch zumindest nicht mehr unmittelbar erkennbar sind. Eine derartige Entwicklung konstatierte bereits 1823 einer der ersten Vertreter des französischen realistischen Romans, Stendhal, als er in seiner Auseinandersetzung mit dem Theater der Klassik die These vertrat, daß die Komödien Molières das Publikum nicht mehr zum Lachen brächten.[14] Zur Begründung dieser These verwies er darauf, daß diese Komödien, für die Gesellschaft in der Blütezeit des Absolutismus konzipiert, mit den Problemen seiner Gegenwart,

13 Als Beispiel sei hier nur eine Bewertung des französischen Literaturwissenschaftlers Verdun Louis Saulnier angeführt (mitgeteilt in: Thoma, »Literatur – Didaktik – Politik: Zur Rezeptionsgeschichte der französischen Klassik«, S. 179). Aus dem Umstand, daß Literaturtheoretiker der französischen Klassik den allgemeinverpflichtenden Charakter der Vernunft postuliert hatten, der sich gerade auch in literarischen Werken manifestieren müsse, folgert Saulnier: »De là vient que les *Caractères, Horace, Andromaque, l'Avare* ... nous livrent des types sociaux du XVIIe siècle et, sous ce masque, des caractères à jamais reconnus; que, sous ses rubans de courtisan français, l'acteur tragique porte l'âme d'une passion de tous les siècles.« (»Daher kommt es, daß die *Caractères, Horace, Andromaque,* der *Avare* ... uns soziale Typen des 17. Jahrhunderts und, hinter dieser Maske, für immer gültige Charaktere bieten; daß der Tragödiendarsteller unter dem Zierat des französischen Höflings von einer Leidenschaft beseelt wird, die allen Zeiten angehört.« – Die im Zitat genannten Werke stammen neben Molière von La Bruyère, Corneille und Racine, dreien der wichtigsten literarischen Repräsentanten der französischen Klassik).

14 Stendhal, *Racine et Shakespeare,* S. 68 und 70; ausführlicher dazu dann das nachträglich geschriebene *Nouveau chapitre sur Molière,* in: ebd., S. 199–231.

der Gesellschaft des nachrevolutionären 19. Jahrhunderts, nichts mehr zu schaffen hätten.[15]

Diese Entwicklung, die bei Stendhal als historisches Problem reflektiert wird, macht es jedoch möglich, eine enthistorisierende Deutung zu entwickeln. Bezeichnend dafür ist bereits das später viel zitierte Urteil Goethes über den *Avare*. In den Gesprächen mit Eckermann, wo verschiedentlich Molière als großes Vorbild genannt wird, äußert Goethe sich folgendermaßen:

> »Molière ist so groß, daß man immer von neuem erstaunt, wenn man ihn wiederliest. Er ist ein Mann für sich, seine Stücke grenzen ans Tragische, sie sind apprehensiv, und niemand hat den Mut, es ihm nachzutun. Sein Geiziger, wo das Laster zwischen Vater und Sohn alle Pietät aufhebt, ist besonders groß und in hohem Sinne tragisch.«[16]

Die Bedeutung Molières wird hier in einer Weise begründet, die jeden historischen Bezug beiseite läßt. Als wesentlicher Gehalt des *Avare* wird ein unaufhebbarer innerfamiliärer Konflikt angesetzt, der die Komödie in ihr Gegenteil verwandle. Die zentrale Frage nach Bedeutung und gesellschaftlicher Funktion von Geiz wird dabei auf ein moralisches Problem reduziert (»Laster«), das als Auslöser des tragischen Konflikts fungiere. Zwar gibt es für beide Reduktionsschritte (Familiendrama, moralische Wertung) Anhaltspunkte in der Komödie, doch werden diese nicht mehr auf ihre Funktion für die von Molière eingenommene Perspektive hin befragt (vgl. dazu Näheres in Abschnitt 5 dieses Nachworts), sondern als allgemeingültige Darstellungsform der in dem Stück behandelten Probleme angesetzt, deren historische Besonderheit dadurch keine Rolle mehr für die Rezeption spielt.

Das Urteil Goethes ist vor allem deswegen von Interesse,

15 Vgl. dazu: ebd., S. 227 ff.
16 Eckermann, *Gespräche mit Goethe*, S. 121.

weil es bereits wesentliche Momente einer literaturwissenschaftlichen Bewertung des *Avare* enthält, die im Sinne jenes Kanonisierungsprozesses, von dem schon die Rede war, die Bedeutung des Stücks in erster Linie in der überzeitlichen Darstellung menschlicher »Natur« begründet sieht. Es ist keineswegs ein Zufall, daß sich die Rede vom Geiz als »Laster« auch bei den ersten wissenschaftlichen Herausgebern der Werke Molières wiederfindet, wenn diese über die im Stück aufgeworfenen Probleme schreiben: »Une seule chose est vraie, c'est que les vices, malheureusement immortels, changent un peu de costume suivant les temps.«[17] Deutlich ist hier die Tendenz, Literatur zum Ausdruck eines im wesentlichen immer Gleichen, eben ewig Menschlichen zu machen, wobei der Geiz dann lediglich als besonderer Aspekt dieser transhistorischen Seinsweise des Menschen gilt. Exemplarisch ist diese Position im Urteil des einflußreichen französischen Literaturwissenschaftlers Gustave Lanson[18] formuliert, wobei Lanson zugleich auch noch Gründe dafür liefert, warum Molières Geiziger gar keine historische Bedeutung haben kann:

> »*L'Avare* est peut-être la pièce où l'élément universel est le plus dégagé: Harpagon est le plus abstrait des caractères de Molière: *Il est l'avare en soi*; l'usurier du XVIIe siècle n'apparaît qu'à une minutieuse étude. C'est que le vice d'Harpagon se prêtait à cette expression abstraite, et les traditions littéraires depuis des siècles préparaient le type classique, universel de l'avare: l'avare qui entasse son or.«[19]

---

17 *Œuvres de Molière*, nouvelle édition, Bd. 7, S. 14 (»Wahr ist allein, daß die unglücklicherweise unsterblichen Laster ihr Äußeres jeweils an ihre Zeit anpassen.«).

18 Zu Lanson vgl. Heinz Thoma, *Aufklärung und nachrevolutionäres Bürgertum in Frankreich*, Heidelberg: Winter, 1976, S. 300 ff.

19 Lanson, *Histoire de la littérature française*, Bd. 1, Paris: Hachette, 1895, S. 512 (»Der *Avare* ist vielleicht das Stück, in dem das Universelle am deutlichsten zutage tritt: Harpagon ist der abstrakteste Charakter Molières: Er ist der *Geizige an sich*; der Wucherer des 17. Jahrhunderts kommt nur nach

Eindeutig ist hier zunächst die begriffliche Parallelsetzung »abstrait – universel – classique«, die modellhaft jenen Prozeß der Kanonisierung klassischer Literatur widerspiegelt, um den es hier geht. Bereits bekannt ist uns auch die Rede vom »Laster«, dessen Inhalt hier als das Anhäufen von Gold präzisiert wird. Hinzu kommt bei Lanson eine bemerkenswerte Form teleologischer Literaturgeschichtsschreibung, wonach der Entwicklung der Literatur eine Tendenz zu jenem vollendeten universellen und abstrakten Ausdruck innewohne, der sich dann in der Klassik verwirkliche. Für diese der Klassik eigene Art der literarischen Widerspiegelung des Universalen eigne sich der Geiz besonders gut, weil bei dieser Verhaltensweise die Abstraktion von ihren zeitbedingten Eigenheiten besonders leicht sei.

Stellt man sich auf einen solchen Standpunkt, so bleibt der literaturwissenschaftlichen Analyse im Grunde nur noch die Aufgabe, näher zu differenzieren, was denn nun eigentlich dieses allgemein menschliche Laster ausmachen könne und wie es sich genauer fassen ließe. Eine solche Analyse, die, wie sich zeigen wird, eher in den Bereich der Metaphysik als in den der Literaturwissenschaft gehört, ist aber letzten Endes ein recht steriles und undankbares Geschäft, und so kann es nicht verwundern, daß Untersuchungen gerade zum *Avare* eher dünn gesät sind. Dies läßt sich auch im Sinne Lansons verstehen: bei anderen Stücken Molières spielen eben die zeitbedingten Umstände eine sehr viel größere Rolle (etwa im *Tartuffe* oder im *Dom Juan*), wodurch dort das Untersuchungsfeld wesentlich umfangreicher wird. Was dagegen im Falle des *Avare* einer Literaturwissenschaft, welche sich an Prinzipien orientiert, die den Prämissen Lansons vergleichbar sind, zu tun bleibt und zu welchen

einer genauen Untersuchung zum Vorschein. Das liegt daran, daß Harpagons Laster sich für diese abstrakte Darstellung besonders eignete und die literarischen Traditionen seit Jahrhunderten den klassischen, universellen Typ des Geizigen vorbereiteten: den Geizigen, der sein Gold anhäuft« – Hervorhebung von Lanson).

Ergebnissen sie führt, soll an zwei neueren Aufsätzen über die Komödie exemplarisch dargelegt werden.

Die eine dieser Untersuchungen versucht vor allem herauszuarbeiten, welche symbolische Bedeutung der Gestalt Harpagons zukommt, einer Person, die der Autor, Marcel Gutwirth, schon eingangs ohne Umstände als »monster« bezeichnet.[20] In der Gestaltung dieses Unmenschen in Menschengestalt sieht er trotz aller Mängel (insbesondere des unwahrscheinlichen Happy-Ends) »the play's undoubted greatness« gegeben, ja, die Darstellungsabsicht Molières mache diese Mängel geradezu notwendig.[21] Vor allem bei der Rechtfertigung der Schlußwendung schwingt sich der Interpret so zu geradezu lyrischen Tönen auf: Diese wirke in dem Stück »as a strong sea-breeze carrying off all the pestilential gloom distilled by the misers nay-saving«[22]. Dieses Sprachregister dient Gutwirth auch dazu, den seiner Ansicht nach lebensbejahenden Schluß gebührend gegen die von Harpagon verkörperten Prinzipien abzusetzen. Harpagon sei nicht nur »defined by his inhumanity«, er wirke in dem Stück auch als Verkörperung der Lebensfeindlichkeit und des Todes.[23] Nach diesen Analyseschritten stellt sich der grundlegende Konflikt, der hier ausgetragen wird, folgendermaßen dar: »Thus Harpagon [...] emerges as the ancient foe of life, Old Man Winter, whose icy grip must and will be loosened on the world of the play in symbolic reenactment of spring's inevitable victory.«[24] Diese Interpretation reduziert also die Konfliktkonstellation der Komödie auf eine mythische Fabel, die ihr zugrunde liegen

20 Gutwirth, »The Unity of Molière's *Avare*«, S. 359.
21 Ebd., S. 360 (»die unbezweifelbare Größe des Stücks«).
22 Ebd., S. 363 (»wie eine kräftige Meeresbrise, die all den Pesthauch davonträgt, der durch die unsinnige Habgier des Geizigen erzeugt wird«).
23 Ebd., S. 364, 365.
24 Ebd., S. 365 (»So zeigt sich Harpagon als der Widersacher des Lebens von alters her, der Old Man Winter, dessen eisiger Zugriff auf die Welt des Stücks durch eine symbolische Wiederholung des Triumphs, den der Frühling unausweichlich erringt, gelöst werden soll und wird«).

soll und deren Bedeutung und Funktion nicht weiter begründbar ist (»the primal comic myth of a narrowly averted victory of Death over life«[25]). Im Grunde geht die Reduktion, die diese Deutung vornimmt, noch weiter als jene Lansons. War dort die Essenz des Stücks die Darstellung des Geizes als solcher, so ist hier der Geiz nur noch Zeichen für eine noch abstraktere (und das heißt auch noch weniger der Analyse zugängliche) Problematik (»the primal comic myth«).

Von ganz anderen Voraussetzungen ausgehend führt auch die Interpretation des *Avare* von Hans Robert Jauß zu vergleichbaren Ergebnissen. Jauß beginnt mit einem Vergleich von Plautus' *Aulularia* mit der Komödie Molières, um bei beiden »die Figur des Geizigen herauszulösen [. . .] und nach der zugrundeliegenden Auffassung von menschlicher Natur zu fragen«.[26] Es soll damit die Ansicht relativiert werden, daß ein klassisches Werk »die gleichbleibende Natur des Menschen« darstelle, sei doch, wie der Vergleich mit dem »konkurrierenden plautinischen Vorbild« zeige, die Geizdarstellung des *Avare* nicht zeitlos gültig.[27] Dennoch führt eine solche Erkenntnis noch nicht notwendig zu einer wirklich historischen Untersuchung der Geizdarstellung bei Molière. Es wird nun nämlich nachgewiesen, daß in ihr ein gewandeltes Verständnis vom Geiz als Manifestation »der sich gleichbleibenden Natur des Menschen« zum Ausdruck komme.[28] Ganz ähnlich wie für Gutwirth impliziert die Darstellung des Geizigen für Jauß also die Existenz einer menschlichen Konstante, die zwar nur in einer historisch

---

25 Ebd., S. 366 (»der ursprüngliche Mythos der Komödie vom in letzter Minute abgewendeten Sieg des Todes über das Leben«).

26 Jauß, »Molière. *L'Avare*«, S. 294 f.

27 Ebd., S. 291. – Es wird noch zu zeigen sein, daß die Rede vom »konkurrierenden plautinischen Vorbild« zumindest höchst ungenau ist, da sich Molière bei der Konzeption seiner Komödie praktisch gar nicht auf Plautus stützt, auch wenn er ihm eine ganze Reihe von Einfällen entlehnt (vgl. Abschn. 3 dieses Nachworts).

28 Ebd., S. 296.

bedingten Gestalt in Erscheinung trete, ihr aber als abstraktes Substrat zugrunde liege und die hier mit dem Begriff »Natur des Menschen« umschrieben wird. In Harpagon trete eine »alle Bindungen der Natur verleugnende Unvernunft« zutage, er verkörpere »ein Stück der gefallenen menschlichen Natur«.[29] Mit diesem Konzept werden die von der Komödie aufgeworfenen Probleme letztlich wieder auf eine abstrakte Begrifflichkeit reduziert, die einer historischen Differenzierung nicht mehr zugänglich ist.[30]

Durch diese Vorgehensweise unterstellen Gutwirth wie Jauß, daß Molière im *Avare* eine Darstellung des Charakters des Geizigen unternommen habe, die in einer (in beiden Untersuchungen begrifflich verschieden gefüllten) abstrakten Konzeption fundiert ist. Schwerlich wäre es jedoch möglich, das Vorhandensein einer solchen Konzeption bei Molière nachzuweisen. Die Logik einer solchen Argumentation ist vielmehr allein dadurch begründbar, daß die Interpreten sich auf allgemeine, überzeitliche Ideen berufen, die noch dem dichterischen Prozeß vorausliegen und im Stück lediglich anschaulich umgesetzt werden. So schreibt Gutwirth über den Geizcharakter, er sei als Ganzes »somehow essentially pre-existent to the parts«.[31] Die Formulierung »somehow essentially« gibt deutlich zu erkennen, wie unbegründbar dieses Vorgehen ist. Implizit wird der spekulative Charakter der Argumentation jedoch auch offenbar, wenn Jauß schreibt: »Der ästhetische Rang des *Avare* beruht nach diesen Deutungen vornehmlich auf der Kunst Molières, einem so inhumanen Gegenstand oder düsteren Mythos doch noch belachenswerte Seiten abzugewinnen.«[32] Dieser Satz setzt die Behauptung voraus, es existiere ein »inhuma-

---

29 Ebd., S. 300 und 301.
30 Zwar differenziert Jauß zwischen der antiken und der modernen Auffassung desselben Charakters (ebd., S. 298), beide beziehen sich aber gleichermaßen auf das abstrakte Konzept von menschlicher Natur, das im Zentrum der Analyse steht.
31 Gutwirth, »The Unity of Molières *Avare*«, S. 362.
32 Jauß, »Molière. *L'Avare*«, S. 303.

ner Gegenstand«, ein »düsterer Mythos«, der Molière als Ausgangspunkt diene, an dem sich jedenfalls sein Entwurf des Geizigen orientieren soll.

Die hier aufgeführten Beispiele ließen sich vermehren. Mit welcher Terminologie darin auch gearbeitet wird, letzten Endes läuft dieser Argumentationstypus immer darauf hinaus, die Geizdarstellung als moralphilosophisches Exempel oder metaphysisches Symbol zu deuten. Dagegen ist in der literaturwissenschaftlichen Forschung von einer Richtung besonders heftig protestiert worden, die Molière ganz anders verstand. Sie hat eingewandt, daß man damit ein Werk überfrachte, das in erster Linie ein artistisch-dramatisches Konstrukt, in den Worten Antoine Adams das Werk eines »pur poète« sei.[33] Dieses Argument, das in der Tradition des Molière-Buches von René Bray[34] steht, ist als Antithese und als Korrektiv der zuvor skizzierten Untersuchungsrichtung zweifellos berechtigt, doch läuft es seinerseits Gefahr, die Geizdarstellung als ein beliebiges oder zufälliges Thema der Komödie zu werten. Der Frage nach ihrer inhaltlichen Funktion und Tendenz wird damit erneut die Berechtigung abgesprochen.

Bei aller Verschiedenheit ist diesen Ansätzen zur Interpretation des *Avare* daher gemeinsam, daß sie ein Verständnis des Stücks zu formulieren versuchen, das von der historischen Bedeutung der in ihm behandelten Problematik absieht. Dabei ist das Ziel einer solchen Enthistorisierung unübersehbar. Ob nun diese Thematik mehr oder weniger deutlich zum nebensächlichen Anlaß der Entfaltung genialer Komik erklärt oder ob sie als Verweis auf überzeitliche Probleme der menschlichen Natur verstanden wird – in beiden Fällen

---

33 Adam, *Histoire de la littérature française au XVIIe siècle*, Bd. 3, S. 374. Vgl. in diesem Sinn etwa auch: Walker, »Action and Ending of *L'Avare*«, und: Hubert, »Theme and Structure in *L'Avare*«.

34 Bray, *Molière, homme de théâtre*. Vgl. die Zusammenfassung, S. 373: »Le monde comique est le monde du plaisir [...]. Le poète crée pour plaire« (»Die Welt der Komödie ist eine Welt des Vergnügens [...]. Der Dichter entwirft, um zu gefallen«).

soll damit begründet werden, daß diese Komödie als literarisches Werk über die Epoche ihrer Entstehung hinaus und für die heutige Zeit Gültigkeit beanspruchen kann. Die Problematik eines solchen Verfahrens kann hier nicht weiter diskutiert werden; es läßt sich jedenfalls dagegen die Position vertreten, daß eine der historischen Bedingtheit von Literatur gerecht werdende Aneignung literarischer Werke in wesentlich reflektierterer Weise deren Aktualisierung gerade aus ihrer historischen Bedingtheit begründen kann. Mit dem bedeutenden Literatursoziologen Werner Krauss kann man der etwa von Hans Robert Jauß häufig bemühten abstrakten Rede von der »Natur des Menschen« entgegenhalten: »Wenn die gesellschaftliche Bestimmung des Menschen seine Natur ist, muß auch aus den vergangenen Akten literarischer Selbstbezeugung ein volles Bild der geschichtlich durchlebten Widersprüche der Menschheit entstehen.«[35]
Schließlich bedarf es auch im Fall der vorgeblich so abstrakten Thematik des *Avare* keineswegs einer »minutieuse étude« im Sinne Lansons, um sich klarzumachen, daß mit der Geizthematik nicht nur ein wesentlicher Aspekt der Sozial- und Wirtschaftsgeschichte des 17. Jahrhunderts zum Gegenstand der Komödie wird, sondern auch eine Form der Erwerbstätigkeit, die Bestandteil der Vorgeschichte unserer von der kapitalistischen Organisation der Produktion geprägten gesellschaftlichen Gegenwart ist. Wie leicht vergessen jene Interpreten, die Harpagons Habgier und Geiz als Ausdruck eines unmenschlichen Charakters oder als Zeichen für die Verworfenheit menschlicher Natur ansehen, welche eminente Bedeutung diese Eigenschaften in dem von Max Weber untersuchten »Geist des Kapitalismus« gespielt haben. In diesem ideologischen System werden sie, trotz aller moralischer Bedenken, als notwendige Verhaltenswei-

---

35 Werner Krauss, »Literaturgeschichte als geschichtlicher Auftrag«, in: W. K., *Studien und Aufsätze*, Berlin: Rütten & Loening, 1959, S. 19–73, hier S. 66.

sen gerechtfertigt, so daß Max Weber das Ergebnis der daraus folgenden Lebensauffassung in der Formel zusammenfassen kann: »Kapitalbildung durch asketischen Sparzwang«[36] (eine Formel, die Harpagon in gewissem Sinn voll unterschrieben hätte). Und bei der Untersuchung des historischen Prozesses der Akkumulation von Kapital kommt Marx zu einer ganz entsprechenden Feststellung: »In den historischen Anfängen der kapitalistischen Produktionsweise [...] herrschen Bereicherungstrieb und Geiz als absolute Leidenschaften vor.«[37]

Für eine historisch-gesellschaftlich reflektierte Aneignung des *Avare* wäre der Ausgangspunkt somit die Auseinandersetzung mit einer spezifischen, historisch lokalisierbaren Form des Gelderwerbs, die in der Perspektive der Komödie in einer noch genauer zu bestimmenden Form kritisch dargestellt wird. Ein solcher Ansatz der Interpretation findet sich erst in jüngster Zeit – und mit durchaus unterschiedlichen Akzentsetzungen – in einigen wenigen Untersuchungen.[38] Bevor deren Ergebnisse genauer behandelt werden können, muß allerdings die Frage geklärt werden, inwieweit eine solche Sichtweise der Konfliktkonstellation in der Komödie nicht nur aus allgemeinen historischen Überlegungen, sondern auch aus den Entstehungsbedingungen des Stücks gerechtfertigt ist. Dabei muß man in Rechnung stellen, daß der Entwurf eines Dramenprotagonisten immer eine Konstruktion ist, daß man ihn nicht als Person mit einem kohärenten Charakter behandeln kann. Er verkörpert zunächst nur ein Bündel von Verhaltensweisen und Hand-

---

36 Max Weber, *Die protestantische Ethik und der Geist des Kapitalismus*, in: M. W., *Die protestantische Ethik I*, hrsg. von Johannes Winckelmann, Hamburg: Siebenstern-Verlag, ³1973, S. 180. – Zur Stellung Harpagons zu dieser Frage vgl. Abschn. 4 dieses Nachworts.
37 Marx (Anm. 1) S. 620.
38 Vgl. Nerlich, *Kritik der Abenteuerideologie*, Bd. 2, bes. S. 427–431; Nerlich, »Notizen zum politischen Theater Molières«, S. 44–48; Zilly, *Molières »L'Avare«. Die Struktur der Konflikte*; Albanèse, »Argent et réification dans l'Avare«, S. 35–50.

lungsmotivationen, um deren Darstellung es dem Autor in erster Linie geht.[39] Harpagon wäre danach als eine Konstruktion zu lesen, durch die bestimmte Probleme des Gelderwerbs und wirtschaftlichen Handelns in einer kritischen Perspektive dargestellt und bewertet werden. Eine solche Sichtweise der Dramencharaktere ist jedenfalls grundlegend für Molières Konzeption von der Funktion der Komödie und deren gesellschaftskritischer Bedeutung. Ebenso wie die Auseinandersetzung Molières mit den Vorlagen und Quellen seines *Avare* gehört diese Konzeption zu den Entstehungsbedingungen der Komödie. Um also auf die sozialgeschichtliche Bedeutung der Geizdarstellung in unserem Stück eingehen zu können, müssen zunächst die Voraussetzungen für eine solche Interpretation in diesen beiden Bereichen geklärt werden.

2

Von der gesellschaftskritischen Funktion des Lachens: Molières Konzeption der Komödie

Molière war alles andere als ein Theoretiker der Komödie; er war vor allem anderen ein Theaterdirektor und -praktiker, der seine Truppe nicht zuletzt deshalb mit eigenen Stücken versorgte, weil sie damit zumeist größere Erfolge erzielte als mit denen anderer Autoren. In einem Vorwort zu dem Anfang 1662 veröffentlichten Stück *Les Fâcheux* (›Die Lästigen‹) äußerte er sich in höchst sarkastischer Weise über die theatertheoretischen Bemühungen seiner Zeitgenossen, vor

---

39 Diese allgemeine Problematik kann hier nicht weiter diskutiert werden. Vgl. zu einer grundsätzlichen Kritik des Konzepts vom »personnage dramatique« als einheitlicher Person: Anne Ubersfeld, *Lire le théâtre*, Paris: Editions sociales, 1982, S. 109 ff. – B. Zilly verwendet in seiner Analyse des *Avare* den Begriff »Sozialcharakter« in einem Sinn, der unseren Ausführungen entspricht.

allem wohl seines berühmten Kollegen Pierre Corneille.
Dieser hatte der 1660 erschienenen Ausgabe seiner Werke
nicht nur eine ausführliche theoretische Abhandlung vorangestellt, sondern auch noch zu jedem seiner Stücke ein
Vorwort verfaßt, in dem er den regelgerechten Aufbau des
jeweiligen Stückes nachzuweisen versuchte. Vor allem über
diese Rechtfertigungsversuche macht Molière sich lustig,
wenn er schreibt:

> »[. . .] le temps viendra de faire imprimer mes remarques
> sur les pièces que j'aurai faites, et je ne désespère pas de
> faire voir un jour, en grand auteur, que je puis citer
> Aristote et Horace. En attendant cet examen, qui peut-
> être ne viendra point, je m'en remets assez aux décisions
> de la multitude, et je tiens aussi difficile de combattre un
> ouvrage que le public approuve, que d'en défendre un
> qu'il condamne.«[40]

Gegenüber einer theoretischen Rechtfertigung der Komödie
durch die poetologischen Autoritäten der Antike, Aristoteles und Horaz, gilt Molières Präferenz trotz seiner ironischen Verbeugung vor ihnen eindeutig dem Publikumsgeschmack. Diese Position hat nicht nur pragmatische
Gründe. Sicher war die Orientierung am Geschmack des
Publikums die wichtigste Voraussetzung dafür, daß Molière

---

40 OC I, S. 483 (»[. . .] zu gegebener Zeit werde ich meine Anmerkungen zu
den Stücken, die ich verfaßt haben werde, drucken lassen, und ich gebe
keineswegs die Hoffnung auf, zu beweisen, daß ich als bedeutender Schriftsteller Aristoteles und Horaz zu zitieren verstehe. Bis zu dieser Abhandlung, die
vielleicht nie erscheinen wird, gebe ich mich völlig mit den Entscheidungen der
Menge zufrieden, und ein Werk anzugreifen, das das Publikum schätzt, halte
ich für ebenso schwierig wie das Unterfangen, eines zu verteidigen, das jenes
ablehnt«). – Wollte man genauer differenzieren, müßte man hier anmerken,
daß Corneille zweifellos nicht der hartnäckigste Verfechter der in dieser
Passage verspotteten Autoritäten ist, in deren Namen ja 25 Jahre zuvor sein
Cid von der Académie française teilweise verurteilt worden war. Die Spitze
gegen Corneille (wie auch die Parodie einiger Corneille-Verse in den ersten
Stücken Molières) hat ihren Grund wohl auch in dessen großer Bekanntheit,
die einen Bühnenautor zu Beginn seiner Karriere besonders reizen mochte.

nach seiner Rückkehr nach Paris im Jahr 1658 (er war mit seiner Truppe zuvor 13 Jahre durch die Provinz gezogen) in kurzer Zeit der erfolgreichste Komödienautor geworden war, doch bedeutet diese Orientierung alles andere als eine bloße Anpassungsleistung. Sie geht vielmehr mit einer Konzeption von der Funktion der Komödie einher, mit der Molière den gesellschaftlichen Wandel produktiv umzusetzen versuchte, der sich in Frankreich nach dem Ende der großen Bürgerkriegswirren der Fronde (1648–53) und vor allem mit dem Beginn der Alleinherrschaft Ludwigs XIV. (März 1661) für einige Zeit durchzusetzen schien. Mit der relativen politischen Stabilität und dem unverkennbaren wirtschaftlichen Aufschwung dieses Zeitabschnitts gewann ein bürgerliches Publikum an Bedeutung, das zumindest teilweise Interesse an der lebenspraktischen Bedeutung und damit der gesellschaftskritischen Funktion der Literatur zeigte.[41] Dieser Entwicklung versuchte Molière mit seiner Konzeption der *comédie de mœurs* Rechnung zu tragen, einer Form der Komödie, die nicht mehr so sehr von den komischen Effekten lebte, die sich aus komplizierten Intrigen und Verwirrspielen gewinnen ließen, sondern eher aus der Problematisierung gesellschaftlich relevanter Verhaltensweisen und Normen. Elemente dieser Komödienkonzeption kann man zwei kurzen Stücken entnehmen, die Molière 1663 in polemischer Absicht verfaßte, um damit in der heftigen Auseinandersetzung Stellung zu beziehen, die von seiner *École des femmes* (›Die Schule der Frauen‹, Ende 1662 uraufgeführt) ausgelöst worden war. Vor allem in der *Critique de l'École des femmes*, einem Stück, das weitgehend aus einer Diskussion zwischen Befürwortern und Gegnern der Molièreschen Komödie besteht, kann man aus den Argumenten der Für-

---

41 Vgl. dazu: Lough, *Paris Theatre Audiences in the Seventeenth and Eighteenth Centuries*, S. 147 ff., 270 ff. – Es ist dies das bürgerliche Publikum des *parterre*, das Molière ausdrücklich aufwertet und für sich in Anspruch nimmt (OC I, S. 653 f.).

sprecher einiges über die Absichten des Autors erkennen. Erneut beruft sich Molière – wie schon in dem zitierten Vorwort zu *Les Fâcheux* – gegen die auf die Autoritäten der Antike gegründeten Regeln der »offiziellen« Theatertheorie auf den Publikumsgeschmack,[42] doch gibt er jetzt auch genauer zu erkennen, welche Entwicklungstendenzen seine Position rechtfertigen sollen. Gegen die Einwände der Kritiker, die einen Verfall des Publikumsgeschmacks beklagen, stellen die Fürsprecher Molières in diesem Stück die Komödie neuer Art über die Tragödie, der traditionell in der Hierarchie der dramatischen Gattungen der erste Platz zukam. Bereits diese Neubewertung ist ein Indiz für den Wandel des Publikums, war doch die Tragödie nach den Vorschriften der sogenannten Ständeklausel allein adligen Protagonisten vorbehalten und stellte in erster Linie aristokratische Normen und Verhaltensweisen dar.[43] Doch beinhaltet diese Entwicklung einen zweiten, für unsere Problematik noch aufschlußreicheren Aspekt. Die Überlegenheit der Komödie über die Tragödie wird nämlich mit den realistischen und gesellschaftskritischen Inhalten der Komödie begründet und gegen die Wirklichkeitsferne der großen Leidenschaften abgegrenzt, die die Tragödie zum Ausdruck bringe:

»Lorsque vous peignez des héros, vous faites ce que vous voulez. [...] Vous n'avez qu'à suivre les traits d'une

---

42 Vgl. OC II, S. 663: »Car enfin, si les pièces qui sont selon les règles ne plaisent pas et que celles qui plaisent ne soient pas selon les règles, il faudrait de nécessité que les règles eussent été mal faites. Moquons-nous donc de cette chicane où ils veulent assujettir le goût du public et ne consultons dans une comédie que l'effet qu'elle fait sur nous.« (»Wenn nun endlich die Stücke, die den Regeln entsprechen, nicht gefallen, und die, die gefallen, nicht den Regeln entsprechen sollten, so wären notwendigerweise die Regeln untauglich. Verlachen wir also diesen Winkelzug, mit dem man den Geschmack des Publikums unterjochen will, und lassen wir uns bei einer Komödie nur von der Wirkung beeinflussen, die sie auf uns ausübt.«)
43 Eine aufschlußreiche Darstellung der Bedeutung dieser Norm gibt Szondi, *Die Theorie des bürgerlichen Trauerspiels im 18. Jahrhundert*, S. 33 ff.

imagination qui se donne l'essor et qui souvent laisse le vrai pour attraper le merveilleux. Mais lorsque vous peignez des hommes, il faut peindre d'après nature. On veut que ces portraits ressemblent; et vous n'avez rien fait si vous n'y faites reconnaître les gens de votre siècle.«[44]

Diese Entgegensetzung von Tragödie und Komödie, die in der Diskussion in der *Critique de l'École des femmes* breiten Raum einnimmt, beinhaltet also eine Entgegensetzung von (imaginären) großen Leidenschaften und (realistischer) Alltäglichkeit, eine Entgegensetzung, die den Wandel gesellschaftlicher Wertvorstellungen verdeutlicht. Das Publikum Molières ist offenbar zunehmend an einer Behandlung seiner lebenspraktischen Probleme interessiert, die von den großen Gefühlsausbrüchen und Auseinandersetzungen der Tragödienhelden weit entfernt sind.

Einige Äußerungen in derselben szenischen Diskussion erlauben es auch, Molières Vorstellungen von der Stoßrichtung seiner *comédie de mœurs* genauer zu fassen. Schon das obige Zitat drückt den Anspruch auf eine realistische Darstellung aus (»vous n'avez rien fait, si vous n'y faites reconnaître les gens de votre siècle«). Daneben unterstreicht Molière vor allem seinen Anspruch, nicht einzelne Personen als lächerlich darzustellen, sondern in seinen Protagonisten gesellschaftlich relevante Probleme und Verhaltensweisen zur Sprache zu bringen:

»Ces sortes de satires tombent directement sur les mœurs, et ne frappent les personnes que par réflexion. N'allons point nous appliquer nous-mêmes les traits d'une censure

---

44 OC I, S. 661 (»Wenn Ihr [Tragödien-]Helden darstellt, könnt Ihr machen, was Ihr wollt. [...] Ihr müßt nur den Einfällen einer Phantasie folgen, die sich emporschwingt und oft die Wirklichkeit beiseite läßt, um das Wunderbare zu erhaschen. Wenn Ihr aber Menschen darstellt, so muß man sie ihrer Natur entsprechend darstellen. Man verlangt, daß diese Darstellungen wirklichkeitsgetreu sind; und Ihr habt nichts zustande gebracht, wenn man darin nicht die Menschen Eurer Zeit zu erkennen vermag«).

générale; et profitons de la leçon, si nous pouvons, sans faire semblant qu'on parle à nous.«[45]

Noch nachdrücklicher wird dieser Ansatz der verallgemeinernden, nicht personenbezogenen Problematisierung in einer zweiten kleinen Komödie formuliert, mit der Molière in der Auseinandersetzung mit seiner *École des femmes* Position bezieht, in dem *Impromptu de Versailles*. Er läßt dort zwei Marquis darüber streiten, welcher von ihnen mit dem *Marquis* gemeint sei, der in der *Critique de l'École des femmes* recht drastisch karikiert wird. Ein als Schiedsrichter angerufener Hofadliger erklärt ihnen, daß Molière mit seinen Komödien ganz andere Absichten habe als die, einzelne Personen zu karikieren:

»Il disait [. . .] que son dessein est de peindre les mœurs sans vouloir toucher aux personnes, et que tous les personnages qu'il représente sont des personnages en l'air, et des fantômes proprement, qu'il habille à sa fantaisie, pour réjouir les spectateurs [. . .].«[46]

Auf konkreter Ebene kommt hier ganz deutlich jenes Problem zum Ausdruck, das bereits theoretisch umrissen wurde: die Protagonisten der Molièreschen Komödien gewinnen ihre Einheit als ein Ensemble von Verhaltensweisen, die ihr Schöpfer als repräsentativ für eine bestimmte Problematik zusammenstellt. Damit ist die praktische Grundlage umrissen, auf der der Komödienautor bei der Abfassung seiner Stücke operiert.

45 OC I, S. 658 (»Derartige Satiren greifen ohne Umschweife Verhaltensweisen an und betreffen Personen nur, wenn man über sie nachdenkt. Beziehen wir doch die Spitzen einer allgemeinen Kritik nicht persönlich auf uns; und ziehen wir, wenn wir das können, lieber nützliche Lehren daraus, ohne so zu tun, als würde man uns ansprechen«).
46 OC I, S. 687 (»Er sagte, [. . .] es sei seine Absicht, Verhaltensweisen darzustellen, ohne damit jemanden persönlich treffen zu wollen, und alle Personen, die er auf die Bühne stelle, seien frei erfunden und eigentlich nur Puppen, die er seinen Einfällen entsprechend anziehe, um die Zuschauer zu erheitern«).

Offen bleibt damit allerdings noch eine präzise Funktionsbestimmung der so entstehenden Komödien. In den beiden bisher angeführten Stücken wurde ja nur sehr global die kritische Intention und ihre Orientierung am Vergnügen des Publikums als Bezugsrahmen angegeben. Zudem waren diese beiden auf eine literarische Auseinandersetzung reagierenden Stücke ja keine theoretischen Traktate, die systematisch Argumente entfalten würden; ihre Absicht war weit mehr die satirische Disqualifikation der Kontrahenten Molières. Diese hatten denn auch zum Teil sehr weitreichende Vorwürfe erhoben, die sich unter anderem gegen die in der *École des femmes* formulierte Religionskritik und den freizügigen Umgang mit als obszön verstehbaren Anspielungen richteten.[47] Die Verspottung der *Marquis* im *Impromptu de Versailles* trug Molière schließlich gar den Vorwurf ein, er wolle den Adel verächtlich machen und damit auch die Fundamente der königlichen Autorität unterminieren.[48] Trotzdem war der Streit um die *École des femmes* relativ harmlos im Vergleich mit den Angriffen, die er sich durch seine nachfolgenden Stücke *Tartuffe* und *Dom Juan* zuzog. Jenes blieb nach der Aufführung einer ersten Fassung im Mai 1664 während eines höfischen Festes in Versailles fast fünf Jahre lang verboten, dieses verschwand trotz eines außerordentlichen Theatererfolgs in den ersten Monaten des Jahres 1665 bald vom Spielplan der Molièreschen Truppe und wurde erst nach dem Tod seines Autors in einer entschärften Versfassung wieder gespielt. Den Gründen für diese Angriffe kann hier nicht im einzelnen nachgegangen werden;[49] es mag der Hinweis genügen, daß sie sich im wesentlichen gegen die in beiden Stücken sehr weitgehende

---

47 Vgl. dazu die ausführliche Dokumentation von Georges Montgrédien, *La querelle de l'École des femmes*, 2 Bde., Paris: Didier, 1972.
48 Dieser Vorwurf findet sich in der *Lettre sur les affaires du théâtre* (1663) des Literaten Donneau de Visé (OC I, S. 1109 f.); später wird er wiederholt auch von anderen Kritikern Molières wieder vorgebracht.
49 Für nähere Informationen darüber vgl. mein Nachwort zu der zweisprachigen Ausgabe des *Tartuffe*, München: Goldmann, 1983, sowie meinen Aufsatz

Infragestellung der Religion in ihrer Funktion als normatives System für lebenspraktische Fragen und Legitimationssystem der Herrschaftsausübung richteten. Es wäre vielleicht übertrieben zu sagen, Molière sei durch diese Angriffe konkret bedroht gewesen (immerhin wurden damals vorgebliche oder wirkliche Gotteslästerer durchaus noch hingerichtet); jedenfalls aber mußte er sich damit sehr viel ernsthafter auseinandersetzen. Es gibt daher zu beiden Stücken Verteidigungsschriften, die zwar nicht von Molière selbst verfaßt worden sind, an denen er aber zumindest teilweise mitgearbeitet hat, und in ihnen finden sich auch Anhaltspunkte für eine Antwort auf die Frage nach der Funktion der Molièreschen Komödie.

Die bedeutendste dieser Schriften ist die *Lettre sur la comédie de l'Imposteur.* Unter dem Titel *L'Imposteur* hatte Molière im August 1667 versucht, seinen seit 1664 verbotenen *Tartuffe* wieder auf die Bühne zu bringen. Bereits nach der ersten Aufführung wurde das Stück erneut verboten; der Erzbischof von Paris bedrohte sogar jeden mit Exkommunikation, der das Stück verbreitete, spielte oder auch nur läse. Auf diese Situation antwortet die *Lettre.* Sie enthält eine genaue Inhaltsanalyse des Stücks und verbindet diese mit allgemeinen Überlegungen zur gesellschaftlichen Funktion des Lächerlichen, die für die Konzeption Molières höchst aufschlußreich sind. Der Verfasser dieser *Lettre* ist unbekannt, doch zeigt allein schon seine genaue Kenntnis des Stücks, die unmöglich aus jener einen Aufführung allein stammen kann, daß er bei der Abfassung seiner Schrift die Unterstützung Molières genossen hatte.

Das zentrale Kriterium der theoretischen Ausführungen der *Lettre* ist die *raison.* Es wird in einem doppelten Sinn eingesetzt. Zunächst dient es der Rechtfertigung dafür, daß die Komödie Fragen der Religion behandelt, die eben auch der vernunftmäßigen Überprüfung ihres lebenspraktischen

»Adelskritik und Atheismusproblematik – Zur widersprüchlichen Einheit von Molières *Dom Juan*«.

Geltungsanspruchs sich unterwerfen müsse.[50] Zum anderen
wird das Vernunftkriterium benutzt, um die Funktionsweise
des Lächerlichen als des zentralen Wirkungsmechanismus
der Komödie zu bestimmen. Das Lächerliche ist der Argumentation der *Lettre* zufolge nämlich eine Art sinnlich
erfahrbares Warnsignal vor falschem Verhalten:

> »Le ridicule est donc la forme extérieure et sensible que la
> providence de la nature a attaché à tous ce qui est dérai-
> sonnable, pour nous en faire apercevoir, et nous obliger à
> le fuir.«[51]

Der Inhalt des Begriffs *raison* hat sich damit geändert; er
bezeichnet in diesem Kontext gesellschaftlich adäquates und
normgerechtes Verhalten. Denn unvernünftig im Sinn des
eben angeführten Zitats ist alles, was der »bienséance« und
der »convenance« entspricht (etwas modernisierend könnte
man die beiden Begriffe als Bezeichnungen für angepaßtes
und normgerechtes Verhalten verstehen).[52] Nach dieser
begrifflichen Weiterentwicklung kann die *Lettre* ihre Argumentation folgendermaßen weiterführen: »la disconvenance
est l'essence du ridicule« und »nous estimons ridicule tout ce
qui manque extrêmement de raison«.[53]
Was in der Komödie dem Lachen preisgegeben und dadurch
auch verändert werden soll, sind also Verhaltensweisen,

---

50 OC I, S. 1169 ff.
51 Ebd., S. 1174 (»Das Lächerliche ist also die äußerliche und erfahrbare
Gestalt, die die Vorsehung der Natur all dem mitgegeben hat, was unvernünftig ist, um uns darauf aufmerksam zu machen und uns dazu zu bringen, es zu
meiden«).
52 Vgl. ebd.; »[…] la bienséance est la raison apparente et la convenance est la
raison essentielle. De là vient que ce qui sied bien est toujours fondé sur
quelque raison de convenance, comme l'indécence sur quelque inconvenance
[…]« (»[…] der Anstand ist die in Erscheinung tretende Form der Vernunft,
und das Sittengesetz ist deren Wesen. Daher kommt es, daß das, was wohlan-
ständig ist, immer auf einem sittlichen Grund beruht, wie das, was sich nicht
gehört, auf einem Widerspruch zur Sittlichkeit […]«).
53 Ebd. (»das Wesen des Lächerlichen ist ein Verstoß gegen die Sittlichkeit«
und »wir halten für lächerlich, was in hohem Maße unvernünftig ist«).

Handlungsmotivationen und Wertsetzungen, die bestimmten Normen nicht entsprechen, deren Geltung begründet ist im Wirken der »providence de la nature«. Dieses Wirken gilt der *Lettre* als in sich vernünftig und einsichtig, so daß jedes Verhalten, das einmal mit dem Stigma des von ihr Abweichenden versehen und als unvernünftig und lächerlich erkannt worden ist, notwendigerweise gemieden werde. Es liegt auf der Hand, daß dieser Argumentationszusammenhang, der den vorgetragenen Thesen den Anschein des Selbstverständlichen (weil Natürlichen) gibt, in Wirklichkeit Partei für bestimmte normative Setzungen und Wertvorstellungen bezieht, die zwar als allgemeingültig dargestellt werden, die jedoch gesellschaftlich noch umstritten sind. Dazu braucht man gar nicht auf die tatsächlichen Konflikte zu verweisen, die einige Komödien Molières ausgelöst haben – dieser Sachverhalt ergibt sich schon aus der inneren Logik der hier referierten Argumentation. Wären nämlich die von der Komödie verteidigten Normen tatsächlich selbstverständlich, so bedürfte es der durch das Lächerliche vermittelten Kritik an Abweichungen von ihnen überhaupt nicht mehr.

Die Komödie Molières, so läßt sich nun zusammenfassen, ist geprägt von einer Situation des gesellschaftlichen Wandels, aus der sich ihre Konzeption und ihre Funktion verstehen lassen. Zumindest das erste Jahrzehnt der Regierungszeit Ludwigs XIV. entspricht durchaus nicht jenem idealisierten Bild von gesellschaftlicher Stabilität und konfliktfreier Blüte des Geistes, mit dem die eingangs angesprochene überzeitliche Vorbildlichkeit der französischen Klassik nur zu gern begründet worden ist.[54] Über die gesellschaftlichen

---

54 Dieses Bild findet sich etwa exemplarisch in der Einleitung des berühmten Buchs von Paul Hazard, *La Crise de la conscience européenne 1680–1715*, Paris: Fayard, 1961 ([1]1935), S. 3: »Demeurer; éviter tout changement qui risquerait de détruire un équilibre miraculeux: c'est le souhait de l'âge classique. [...] L'esprit classique, en sa force, aime la stabilité: il voudrait être la stabilité même (»Beharren; jede Veränderung vermeiden, die ein wundersames

Grundlagen dieser Umbruchsituation wird noch genauer zu
sprechen sein (vgl. dazu Abschnitt 4 dieses Nachworts); hier
soll nur festgehalten werden, daß die Funktionsbestimmung
der Molièreschen Komödie dieser Situation entspringt und
zugleich deren Problematik verdeutlichen kann. Das betrifft
den Wandel im Publikum, auf den sie sich beruft, den
Wandel im System der dramatischen Gattungen, aus dem
sich ihre literarische Reputation ergeben soll, vor allem aber
ihr Eingreifen und ihre Parteinahme in den gesellschaftlichen
Auseinandersetzungen und den Normkonflikten, die diese
Umbruchsituation mit sich bringt. Politisch kann man
Molière, wenn auch mit einer kritischen Distanz, von der
noch die Rede sein wird, als einen Parteigänger jener Verän-
derungen verstehen, die sich seit dem Regierungsantritt
Ludwigs XIV. vollziehen; seine Komödien sind in vielen
Punkten ein wirksames Instrument zur Propagierung der
neuen Wertvorstellungen.[55] Nicht umsonst ist im *Avare* wie
in vielen anderen Komödien Molières die Konfliktkonstellation der Komödie dadurch gekennzeichnet, daß sich das
Veraltete und das Neue, alte und junge Generation gegen-
überstehen.

Daß diese Stücke in einer solchen Funktionsbestimmung
nicht aufgehen, wird gerade am Beispiel des *Avare* noch zu
zeigen sein. Zunächst gilt es jedoch, sich darüber klarzu-
werden, daß auch hier der komische Konflikt eine Konfrontation zwischen zwei rivalisierenden Normensystemen bein-

Gleichgewicht zu zerstören vermöchte: das strebt das klassische Zeitalter an.
[...] Der Geist der Klassik, in seiner Blüte, liebt die Stabilität: am liebsten wäre
er die Stabilität selbst«). – Zu den Problemen dieser ideologisch höchst
aufschlußreichen Konstruktion wäre noch viel zu sagen (vgl. dazu Thoma,
»Literatur – Didaktik – Politik. Zur Rezeptionsgeschichte der französischen
Klassik«); begnügen wir uns hier mit einer Auseinandersetzung, die auf die im
Avare relevanten Fragen beschränkt bleibt.
55 Die politische Stellung Molières gegen eine lange Tradition der enthistori-
sierenden Forschung herausgearbeitet zu haben ist in erster Linie das Verdienst
Michael Nerlichs. Für eine genauere Diskussion seiner Thesen vgl. Abschn. 4
dieses Nachworts.

haltet, deren Bedeutung sich nur historisch-gesellschaftlich und nicht aus überzeitlichen Abstraktionen verstehen läßt. Von der sozialgeschichtlichen Bedeutung der Geizthematik war schon kurz die Rede; ohne diese noch genauer zu erläuternde Bedeutung in Frage stellen zu wollen, muß man wohl im Hinblick auf die Entwicklung Molières feststellen, daß diese Thematik im Vergleich mit der mancher früherer Komödien einen gewissen Rückzug darstellt. Molière verzichtet auf eine Behandlung von in hohem Maße konflikthaltigen Reizthemen, wie sie etwa den *Tartuffe* oder *Dom Juan* bestimmt hatten, und greift, ohne deshalb auf den Anspruch grundsätzlicher Normproblematisierung verzichten zu wollen, ein weniger im Zentrum der öffentlichen Diskussion stehendes Problem auf. Es liegt wohl auf der Hand, daß er damit ähnlichen Konflikten wie bei den vorgenannten Stücken aus dem Weg gehen wollte; nur spekulieren läßt sich hingegen darüber, ob dieses weniger konfliktträchtige Thema vielleicht der eigentliche Grund für das geringe Publikumsinteresse an seinem Stück war.

Wie dem auch sei, es steht außer Frage, daß der *Avare* Fragen aufgreift, die im Zentrum der Sozialgeschichte des 17. Jahrhunderts und der Vorgeschichte des modernen Kapitalismus stehen. Um sich diesen Fragen zu nähern, bedient sich Molière im wesentlichen dreier Quellen. Der Umgang mit diesen Quellen ist bereits höchst aufschlußreich für die Perspektive, unter der er seine eigene Komödie entwirft. Ehe wir zur Geizdarstellung im *Avare* selbst kommen, muß daher untersucht werden, in welchem Verhältnis sie zu ihren Vorlagen steht und was sich als das eigentlich Neue an ihr ausmachen läßt.

3

Die Produktion eines Komödiencharakters. Molières Umgang mit den Quellen des »Avare«

Seit langem schon hat sich die Literaturwissenschaft bei Molière wie bei allen bedeutenden Autoren mit größter philologischer Genauigkeit und Kennerschaft daran gemacht, jede auch nur im mindesten verwandte Stelle bei seinen Zeitgenossen wie bei Autoren, die vor ihm gelebt haben, aufzuspüren und als mögliche Quelle namhaft zu machen. Den dabei gewonnenen Erkenntnissen ist wohl kaum noch etwas hinzuzufügen (die wichtigsten dadurch aufgedeckten Parallelen und Anleihen sind in den Anmerkungen zum Text festgehalten). Eine geringe Rolle spielt jedoch in diesen an sich sehr verdienstvollen Untersuchungen zumeist die Frage, welche Bedeutung solchen Entlehnungen zukommt und in welchen funktionalen Zusammenhang sie durch die Einfügung in das neue Stück gestellt werden.[56] Der bloße Nachweis inhaltlicher oder gedanklicher Parallelität allein erbringt meist noch recht wenig für das Verständnis der Funktion dieser literarischen Traditionsbildung.

Ein gutes Beispiel hierfür ist das Verhältnis des *Avare* zu Plautus' Komödie *Aulularia*. Diese Komödie des römischen Dramatikers (gest. 184 v. Chr.) ist, wie sich schon oben bei der Diskussion der Interpretation von Hans Robert Jauß zeigte, häufig als wesentliches Vorbild für das Stück Molières angesehen worden. Einen Anschein von Plausibilität mag diese Ansicht dadurch gewinnen, daß dieser Vergleich ver-

---

56 Für eine Diskussion der verschiedenen Vorbilder, die in den folgenden Abschnitten aufgegriffen und weitergeführt wird, vgl.: Fritz Görschen, »Die Geizkomödie im französischen Schrifttum«; Henry C. Lancaster, *French Dramatic Literature in the Seventeenth Century*, New York: Gordian Press, 1966 (¹1936), Bd. 3,2, S. 714 ff.; Adam, *Histoire de la littérature française au XVIIe siècle*, Bd. 3, S. 371 f.; Gutwirth, »The Unity of Molière's *Avare*«.

schiedentlich in zeitgenössischen bzw. nicht lange nach dem Tod Molières gefällten Urteilen auftaucht.[57] Man muß sich jedoch darüber im klaren sein, daß ein solcher Vergleich nicht im mindesten eine interpretatorische Aussage beabsichtigt. Er steht im Kontext der nahezu das ganze 17. Jahrhundert übergreifenden Diskussion über die Vorbildlichkeit der antiken Literatur für die Literatur der Gegenwart (Hinweise hierauf fanden sich bereits in den im vorhergehenden Abschnitt zitierten Äußerungen Molières), die sich gegen Ende des Jahrhunderts zu einem wichtigen Literaturstreit, der sogenannten *querelle des anciens et des modernes* zuspitzte. Es kann wohl kein Zweifel daran bestehen, daß Molière in diesem Streit, der erst nach seinem Tod ausbrach, auf der Seite der *modernes* gestanden hätte, derjenigen also, die der antiken Literatur den Vorbildcharakter für die Literatur der Gegenwart abstritten.[58]

Allein dieser Umstand sollte in der Frage der Bedeutung des plautinischen Vorbilds für Molière zu einiger Vorsicht Anlaß geben. Untersucht man nun das Stück genauer, so kann man zwar feststellen, daß rein zahlenmäßig wohl die meisten nachweisbaren Anleihen Molières aus dem Stück des Plautus stammen, doch ist eine strukturelle Vergleichbarkeit beider Stücke kaum gegeben. Sowohl in der Gestaltung der jeweiligen Hauptfigur als auch in der Anlage des Stücks unterscheiden sich Molière und Plautus grundlegend voneinander. Plautus' Komödie beginnt mit einem Prolog, in dem der Hausgott (Lar) des Protagonisten Euclio auftritt. Er enthüllt dem Publikum bereits den Sinn der ganzen folgenden Handlung: Er habe den Euclio einen Schatz entdecken lassen, der ihm von dessen Großvater anvertraut worden sei. Dieser Schatz solle dazu dienen, die Tochter des Euclio mit Lyconides zu verehelichen, von dem sie bereits schwanger sei. Euclios Verbindung mit dem Schatz ist somit rein zufällig; am Ende des Stücks ist er wohl froh darüber,

57 Vgl. Montgrédien (1965), Bd. 1, S. 318 f., Bd. 2, S. 658 f.
58 Vgl. dazu: Müller, *Molière und die Anciens.*

des Schatzes und seiner Sorge um ihn wieder ledig zu sein.[59]
Geizig ist Euclio aus reiner Existenznotwendigkeit, ist er
doch ein armer Athener Bürger, der außer dem Schatz fast
nichts besitzt. Damit ist die Handlung des Stücks selbst
nichts weiter als ein teilweise übermütig komisches Spiel,
das den Zuschauer nicht weiter vor Probleme stellt und nur
am Rande bisweilen soziale Fragen anklingen läßt.[60] Vor
allem der recht drastischen Charakterisierung des Euclio hat
Molière eine ganze Reihe von bühnenwirksamen Einfällen
entlehnt, am ausführlichsten in den Reaktionen auf den
Raub des Schatzes und dem folgenden Verwirrspiel im
Dialog mit dem Liebhaber der Tochter des Geizigen.[61]
Entscheidend für die Anlage der Molièreschen Komödie ist
dagegen, daß der Goldschatz, den der Geizige versteckt,
kein zufälliger Fund, sondern Resultat seiner Erwerbstätigkeit ist. Erst dadurch wird es möglich, in der Gestalt Harpagons grundsätzliche Fragen der wirtschaftlichen Entwicklung seiner Zeit zu problematisieren. Diese Charakterisierung der Gestalt des Geizigen aber übernimmt Molière aus
Boisroberts Komödie *La Belle Plaideuse*, die aus dem Jahr
1654 stammt.[62] Dieser entwirft eine bereits weitgehend
aktualisierte Version der Geizkomödie, die Molière neben

---

59 Der Schlußteil der plautinischen Komödie ist verlorengegangen. Vgl. zu
dessen möglicher Rekonstruktion die Ausführungen des Übersetzers und
Herausgebers Walther Ludwig in der Ausgabe *Antike Komödien*, Bd. 1, Darmstadt: Wissenschaftliche Buchgesellschaft, 1981, S. 148.
60 In einigen Dialogen klingt der Gegensatz zwischen armen und reichen
Bürgern als Handlungsmotivation an. Vgl. etwa II,2 und II,5 (in der in
Anm. 59 zit. Übers. S. 118 ff. und 132).
61 Vgl. *L'Avare* IV,7 und V,3 sowie Anm. zu 154,8.
62 François le Métel, abbé de Boisrobert (1592–1662) war der Vertraute
Richelieus und hatte wesentlichen Anteil an dessen Literaturpolitik (vor allem
an der Gründung der Académie française 1634/35). Schon vor dem Tod
Richelieus (1643) fiel er in Ungnade und mußte Paris für einige Zeit verlassen.
Nach seiner Rückkehr war seine literarische Bedeutung nur noch gering, und
er mußte trotz einer gewissen Protektion durch Richelieus Nachfolger Mazarin
von seinen Pfründen leben. In diesen letzten Jahren seines Lebens schrieb er,
wohl aus materiellen Gründen, noch einiges für verschiedene Theatergruppen –
so auch dieses Stück.

der ökonomischen Charakterisierung seines Geizigen auch wesentliche Elemente der Konfliktkonstellation seines *Avare* lieferte. Amidor, der Protagonist der Komödie Boisroberts, ist ebenso wie Harpagon als Geldverleiher tätig und betreibt auch noch andere geschäftliche Transaktionen, die nicht genauer faßbar sind. Sein Sohn Ergaste ist, da er von seinem Vater nicht genügend Geld bekommt, auf der Suche nach Kreditquellen, vor allem, um einen Prozeß mit zu finanzieren, den Argine, die Mutter der von Ergaste umworbenen Corinne, führt. Dabei kommt es zu eben der Konfrontation zwischen geldverleihendem Vater und geldsuchendem Sohn, die Molière in den *Avare* übernommen hat (II,2).

Es lohnt sich, einen Vergleich zwischen den Parallelstellen in beiden Stücken anzustellen, weil daraus deutlich wird, wie Molière beim Entwurf seines *Avare* vorgegangen ist. Zunächst muß man dazu bemerken, daß bei Boisrobert der Kontrast zwischen den jungen Liebenden auf der einen und Amidor auf der anderen Seite schon von vornherein nicht so eindeutig markiert ist wie bei Molière. Die Rolle der Corinne erscheint zumindest am Anfang eher zwielichtig, die Betrugsmanöver gegenüber Amidor, in die sie verwickelt ist, werden erst durch den glücklichen Schluß des Stücks einigermaßen gerechtfertigt.[63] Auch über Ergaste kann man ähnliches sagen. Amidor zeigt sich andererseits keineswegs so rücksichtslos gewinnsüchtig wie Harpagon. Noch bevor Vater und Sohn selbst miteinander konfrontiert werden, gelingt es einem Mittelsmann, den von Amidor geforderten Zinssatz vom *denier dix* auf den *denier seize* herunterzuhandeln.[64] Vor allem aber hat Boisrobert die Auseinanderset-

---

63 Vgl. Boisrobert, *La Belle Plaideuse*; siehe etwa die Bemerkungen des Dieners Filipin zu Ergaste in I,3, z. B. S. 556: »De vous la finette absolument dispose« (»Durch ihre geschickte Art verfügt sie voll und ganz über Euch«), womit er Ergaste vor dem Einfluß Corinnes warnen will; siehe auch II,3 (S. 561 f.) sowie V,9 (S. 582): »elle est fille d'honneur, mais elle est un peu gueuse« (»sie ist ein ehrbares Mädchen, doch bisweilen betrügerisch«).
64 Ebd., S. 555 und 557. – Zum Zinssatz vgl. Anm. zu 32,2.

zung zwischen Vater und Sohn deutlich anders gestaltet als Molière. Als er in seinem Sohn den Darlehensnehmer erkennt, sagt Amidor:

> »Je me retranche tout pour t'acquérir du bien
> J'espargne, je mesnage, et mon fonds, que j'augmente
> Tous les ans, tout au moins de mille francs de rente,
> N'est que pour t'eslever sur ta condition;
> Mais tu secondes mal ma bonne intention.
> Je prens pour un ingrat un soin fort inutile;
> Il dissipe en un jour plus qu'on n'espargne en mille,
> Et par son imprudence et par sa lacheté,
> Destruit le doux espoir dont je m'estois flatté.«[65]

Amidors Sparsamkeit ist keineswegs eine auf die Anhäufung von Geldvermögen als absolutes Ziel gerichtete Erwerbstätigkeit; vielmehr soll sie dazu dienen, dem Sohn ein zur Nobilitierung führendes Amt zu erwerben oder ihm durch ein großes Vermögen die Heirat mit einer adligen Gattin zu ermöglichen.[66] Dieses Ziel gefährdet der Sohn durch seine

---

65 Ebd., S. 558 (»Ich verzichte auf alles, um Vermögen für dich zu erwerben, ich spare, bin haushälterisch, und mein Besitz, den ich jedes Jahr um mindestens tausend Francs Rente vermehre, ist nur dazu da, dich über deinen Stand zu erheben; doch du unterstützt meine guten Absichten nicht. Ganz sinnlos mühe ich mich für einen Undankbaren ab; er verschwendet an einem Tag mehr, als man in tausend sparen könnte, und durch sein unkluges Verhalten und seine Bequemlichkeit zerstört er die großen Erwartungen, mit denen ich mir geschmeichelt hatte«).

66 Amidor kalkuliert die finanziellen Aufwendungen für eine solche Nobilitierung genau ein. Die Aussicht, daß seine Tochter den Bruder Corinnes heiraten kann, den er für adlig hält (und der es am Schluß des Stücks ebenso wie seine Schwester durch einen gewonnenen Prozeß auch wird), kommentiert er so: »Je suis tout content qu'elle ait un brave homme d'espée; / Car tous ces gens de robe, avant qu'estre accordés, / Doivent tout leur office es sont incommodés« (ebd., S. 569; »Ich bin höchst zufrieden, daß sie einen aufrechten Angehörigen des Schwertadels bekommt, denn alle diese Amtsadligen müssen noch ihr Amt bezahlen und sind in finanziellen Schwierigkeiten, wenn man sie heiraten will«). Die Angehörigen des alten Adels (Schwertadel) bieten zumindest die Gewißheit, daß der Adelstitel seiner Tochter sicher ist – andernfalls käme Amidor womöglich noch in die Verlegenheit, seinem zukünftigen Schwiegersohn das Amt bezahlen zu müssen, das zu dessen Adelstitel führen könnte, was

übertriebene Verschwendungssucht, die Amidor für weit übersteigert, jedoch (ganz anders als Harpagon) durchaus nicht für grundsätzlich unangemessen hält. Ausdrücklich betont er:

> »Si tu te contentois d'un entretien honneste
> Tu m'aurais veu bon père, et selon ton estat
> Je t'aurois fait paroistre avec assez d'éclat;
> Mais tes profusions lassent ma patience.«[67]

Zwischen Amidor und seinem Sohn besteht also kein grundsätzlicher Konflikt über einen Lebensstil, der den Normen der gehobenen Gesellschaft folgt, oder über das Ziel des Aufstiegs in den Adel. Amidor ist nur sparsam, weil er anders dieses Ziel für unerreichbar hält, während sein Sohn es unmittelbar durch seine aufwendige Lebensführung zu verwirklichen sucht. Letzten Endes erreicht er das ja auch durch seine Heirat mit Corinne, wenn auch auf bisweilen moralisch zweifelhafte Weise.

Dadurch, daß Amidor für seine Kinder das Ziel des Aufstiegs in den Adel verfolgt, erhält der Konflikt mit seinem Sohn auch keinerlei soziale Dimension. Im Gegenteil, gerade Amidor erscheint als ein Bürger, der sich nur allzuleicht von jenen »larrons de noblesse« beeindrucken läßt, die Harpagon so scharf verurteilt.[68] Corinne wie auch ihr Bruder blenden Amidor im Verlauf des Stücks mehrfach mit einem usurpierten Adelstitel, der Amidor alle Verfehlungen seines Sohns vergessen läßt.[69] Dieser Betrug löst sich zu

---

je nach Bedeutung dieses Amtes allein ein Vermögen kosten kann. Im Prinzip ist Amidor jedoch bereit, den Preis für diesen sozialen Aufstieg durch Heirat zu bezahlen – ganz anders als Harpagon.

67 Ebd., S. 558 (»Würdest du dich mit einem angemessenen Aufwand begnügen, wäre ich dir ein guter Vater, und ich hätte dich, deinem Stand entsprechend, prunkvoll in Erscheinung treten lassen. Doch deine Verschwendungssucht erschöpft meine Geduld«).

68 *L'Avare* V,5 (S. 168).

69 Vgl. Boisrobert, *La Belle Plaideuse* II,4 (S. 562): »Je l'advoue, il est grand despencier / Mais il est honneste homme, il hante la noblesse« (»Ich gebe zu,

Ende des Stücks zwar wie manche andere Gaunerei dadurch in Wohlgefallen auf, daß die Mutter Corinnes gerade rechtzeitig nach einem gewonnenen Prozeß ihren Adelstitel zurückerhält, doch bleibt der soziale Konflikt zwischen Bürgertum und Adel dem Stück insgesamt äußerlich. Dies gilt, obwohl Boisrobert in der Anlage seines Stücks damit ein weiteres Strukturelement vorgibt, das Molière übernehmen wird: die Liebesbeziehung und schließliche Heirat zwischen zwei bürgerlichen und zwei adligen Geschwistern, die durch die Überlistung des Geizigen möglich wird. Amidor gibt seine Tochter dem Bruder der Corinne zur Frau, da er ja auch diesen für einen Adligen hält – wie im Fall seines Sohns ist es gerade der soziale Rang des zukünftigen Gatten, der ihn zu dieser Entscheidung veranlaßt.

Vergleicht man nun die Anlage dieses Stücks mit der des *Avare*, so liegt es auf der Hand, daß Molière viel Mühe darauf verwandt hat, all jene Elemente der sozialen und ökonomischen Realität, die er übernimmt, drastisch auf eine Konfliktkonstellation hin zuzuspitzen, in der jede Versöhnung unmöglich erscheint. Wenn er wie Boisrobert Vater und Sohn bei einem Kreditgeschäft zusammentreffen läßt, so erscheint der Vater bei ihm als ganz und gar unbarmherziger und gerissener Wucherer. Dies zeigt sich nicht nur in der Höhe des von Harpagon geforderten Zinssatzes, es zeigt sich auch darin, daß Molière mit der Liste der anstelle eines Teils des Kredits angebotenen Gegenstände ein weiteres Element der Charakterisierung der Wucherer auf Harpagon bezieht, das bei Boisrobert auf einen anderen Geldverleiher gemünzt war.[70] Zudem hat Harpagon von seinem Stand-

---

daß er ein großer Verschwender ist, aber er ist ein angesehener Mann, er verkehrt mit dem Adel«), und III,7 (S. 569): »L'honneur qu'il en reçoit commence à m'estonner. / C'est merveille de voir qu'une illustre comtesse / Digne d'un duc et pair jusques à nous s'abaisse« (»Die Ehre, die sie ihm antut, erstaunt mich allmählich. Es ist ein Wunder, daß eine berühmte Gräfin, die eines Herzogs und Pairs würdig wäre, sich bis zu uns herabläßt«).
70 Vgl. ebd., IV,2 (S. 571). Selbst dieser Geldverleiher beschränkt sich bei Boisrobert auf den *denier douze* – dafür will er allerdings nur ein Fünftel der

punkt bürgerlicher Erwerbstätigkeit aus nicht das geringste Verständnis für die sozialen Aufstiegsbestrebungen seines Sohnes,[71] und selbst die Heirat seiner Kinder mit zwei Abkömmlingen einer Adelsfamilie muß ihm regelrecht abgepreßt werden. Hinzu kommt noch die von Plautus und aus zeitgenössischen Quellen übernommene drastisch-possenhafte Darstellung einzelner Charakterzüge und Verhaltensweisen Harpagons[72] sowie der Umstand, daß Molière seinen Geizigen sich verlieben läßt. Molière entlehnt diese Idee einer zeitgenössischen Komödie, die sonst in vielem recht genau (viel genauer jedenfalls als Molière) dem plautinischen Vorbild folgt: Chappuzeaus *La Dame d'intrigue*[73]. Die Verliebtheit des Geizigen ermöglicht hier erst den Raub seines Schatzes, vor allem aber läßt die Liebe den Geizigen nicht nur seine Vorsicht, sondern zumindest teilweise seine Sparsamkeit vergessen – ganz im Gegensatz zu Harpagon.[74] Was in der Vorlage ein Einfall war, der der komischen Relativierung des Geizes diente, erhält bei Molière die Funktion, die Dominanz des Geizes über jede andere Regung noch drastischer zu unterstreichen.

Die Gestalt des Harpagon – sein Charakter – und damit auch die Konfliktkonstellation der Komödie entstehen somit aus

Summe in bar zahlen. Damit kommt er Harpagon wohl recht nahe; allerdings rät selbst die Mutter der Corinne, die dringend Geld braucht, Ergaste von diesem Geschäft ab.

71 Vgl. dazu Anm. zu 30,14 f. und 30,27.

72 Vgl. dazu etwa Anm. zu 18,22, 22,8, 70,24 f., 94,30–32, 94,32–96,4, 142,6 und 170,11–16.

73 Vgl. Anm. zu 4,9. – Bemerkenswert ist vielleicht noch, daß auch der Schatz von Chappuzeaus Geizigem Crispin aus Erwerbstätigkeit stammt. Doch hat Crispin ihn nicht selbst zusammengespart, sondern von einem befreundeten jüdischen Händler geerbt. Auch die Beziehung zwischen dem Geizigen und seinem Schatz bekommt also erst bei Molière ihre funktionale Bedeutung.

74 Vgl. im *Avare* vor allem II,5 und III,1. – Chappuzeaus Geiziger läßt für seine Angebetete (eben jene *dame d'intrigue*, die ihn um seinen Schatz erleichtern wird) ein großes Festmahl bestellen, was seine Dienerin zu dem Kommentar veranlaßt: »dès qu'on est amoureux, on cesse d'estre avare« (Chappuzeau, *La Dame d'intrigue* II,9; S. 391; »sobald man verliebt ist, hört man auf, geizig zu sein«), doch ist diese Einstellung nicht von Dauer.

einer Konzentration und Verschärfung von Verhaltensweisen und Wertvorstellungen, die Molière zum größten Teil im Keim schon in seinen Quellen vorfindet, die er jedoch zum Teil erst ins Grundsätzliche ausweitet und komisch übersteigert. Keine der Vorlagen, auch nicht die bedeutendste, die Komödie Boisroberts, entwickelt ihren Konflikt zu einer solchen Unversöhnlichkeit wie der *Avare*; keine gibt ihm vor allem auch die soziale und normative Dimension, die im *Avare* zu einem wesentlichen Problem wird. Vor allem mit Cléante und Harpagon stellt Molière zwei Protagonisten gegeneinander, deren normative Orientierung unvereinbar ist:

»HARPAGON. N'as tu point honte, dis-moi, d'en venir à ces débauches-là? de te précipiter dans des dépenses effroyables? et de faire une honteuse dissipation du bien que tes parents ont amassé avec tant du sueurs?

CLÉANTE. Et ne rougissez-vous point de déshonorer votre condition par les commerces que vous faites? de sacrifier gloire et réputation au désir insatiable d'entasser écu sur écu, et de renchérir, en fait d'intérêts, sur les plus infâmes subtilités qu'aient jamais inventées les plus célèbres usuriers?«[75]

Wo Boisroberts Amidor vom Einsatz des Vermögens für seinen Sohn spricht (»pour t'eslever au dessus de ta condition«), hat der Reichtum Harpagons nur sich selbst zum Ziel, eine Bestimmung, die der Sohn nicht nur in bezug auf seine eigenen Bedürfnisse kritisiert, sondern weil er sie grundsätzlich für verwerflich hält. Dieser fundamentale Konflikt ist das Ziel der Konstruktion Molières: Im Zentrum seiner Komödie stehen zwei unvereinbare Auffassungen über die gesellschaftliche Funktion und den Sinn des Gelderwerbs. Sie sind einander in der Absicht gegenübergestellt, einer bestimmten Sicht der Geizproblematik durch den zielgerichteten Einsatz aller Handlungselemente Plausi-

75 *L'Avare* II,2 (S. 60).

bilität zu verleihen. Es wurde bereits ausgeführt, daß diese
Sichtweise im wesentlichen aus der Parteinahme Molières
für ein bestimmtes Normensystem entspringt, das gegen
konkurrierende Wertvorstellungen dadurch durchgesetzt
werden soll, daß diese dem Lachen preisgegeben werden.
An der Gestalt Harpagons, an den Elementen der ökonomischen und sozialen Realität, auf die die Konstruktion dieses
Charakters verweist, soll die von Molière eingenommene
Perspektive im folgenden genauer herausgearbeitet werden.

4

Der soziale Ort des Geizigen.
Harpagon und die Probleme bürgerlicher
Erwerbstätigkeit im 17. Jahrhundert

Der zentrale Charakter der Komödie, die Gestalt des Harpagon, ist nach allem, was zuvor angeführt worden ist, das
Ergebnis einer systematischen und verzerrenden Konzentration von Elementen, die Molière der Tradition der Geizdarstellung in der Komödie entnahm, um sie in strategischer
Absicht zu kombinieren. Das heißt, daß die in die Gestaltung Harpagons eingegangenen Charakteristika bürgerlicher
Erwerbstätigkeit der Zeit durch ihre spezifische Zusammenstellung nur noch in einer bestimmten Perspektive erscheinen können und nach dem Willen des Komödienautors
erscheinen sollen. Die Gestalt als solche erhält ihre Einheit
durch eben diese Konstruktion, die Elemente der Tradition,
Beziehungen zur ökonomischen Realität und die dem
Zuschauer angebotene Sichtweise untrennbar verbindet. Es
ist wichtig, dies festzuhalten, da wir diese Einheit zum
Zweck der Analyse auflösen müssen und die Elemente
zunächst isoliert betrachten werden, durch die in der Gestaltung des Geizigen auf wirtschaftliche Problemzusammen-
hänge verwiesen wird.

In den Untersuchungen, die diesen Aspekt ins Zentrum ihrer Interpretation stellen, finden sich zwei völlig verschiedene, fast direkt entgegengesetzte Bewertungen von gesellschaftlichem Gehalt und Absicht der Geizdarstellung. Für Michael Nerlich ist Harpagon der »Typus des alten feudalmittelalterlichen Wucherers«,[76] und über die Bedeutung dieser Gestalt schreibt er:

> »Die agitatorische Wirkung Molières besteht vor allem in der artistischen Gestaltung der *Konsequenzen*, die aus der unnützen Thesaurierung und aus dem erpresserischen Wucher erwachsen. Unter diesem mittelalterlichen Finanzgebaren leiden alle: die Kinder Harpagons (die junge, auf Aktivität orientierte Bourgeoisie); das Gesinde (das Volk) und die Händler und Handwerker außerhalb des Hauses (die nichts liefern können), ja, sogar das Vieh (die Pferde, die zusammenbrechen).[77]

Nach dieser Deutung ist in der Gestalt Harpagons ein wirtschaftlich überholter Typ des Gelderwerbs verkörpert, der dem Verlachen deshalb preisgegeben wird, weil solche Verhaltensweisen der ökonomischen Entwicklung im Weg stehen, ihr gar schädlich sein können. Diese Sicht vertritt auch Ralph Albanèse, der von dem »atavisme économique« Harpagons spricht und die Intentionen des Komödienautors folgendermaßen zu bestimmen versucht:

> »[...] on pourrait dégager de l'*Avare* une mise en garde de la classe possédante qui enlève à l'argent son utilité sociale, bref, une critique du bourgeois prisonnier de son or. [...] La paranoia d'Harpagon constitue, en dernier ressort, une dramatisation extrême de l'appréhension éprouvé par une bourgeoisie avide de sécurité économique.«[78]

---

76 Nerlich, *Kritik der Abenteuerideologie*, Bd. 2, S. 428.
77 Nerlich, »Notizen zum politischen Theater Molières«, S. 46 f.
78 Albanèse, »Argent et réification dans l'*Avare*«, S. 48 (»Man könnte aus

Der Sinn der Konstruktion Harpagons, die Stoßrichtung des *Avare* wäre diesen beiden Interpreten zufolge in der Kritik an einem überholten (gleichwohl noch verbreiteten) wirtschaftlichen Verhalten zu suchen, das durch den daraus resultierenden (in diesem Lichte verfehlten) Einsatz von Geldvermögen der Entwicklung der Produktivkräfte hinderlich sei, wie sie von Colbert seit 1661 in die Wege geleitet worden war. Von diesem wirtschaftsgeschichtlichen Bezugsrahmen der Interpretation wird noch genauer zu sprechen sein; hier läßt sich zunächst festhalten, daß eine solche Deutung des *Avare* notwendigerweise auch eine Bewertung der wirtschaftlichen Entwicklungstendenzen Frankreichs in den sechziger Jahren oder allgemeiner in der zweiten Hälfte des 17. Jahrhunderts mit einschließt.

Dies gilt auch für die in der Einordnung ganz entgegengesetzte, jedoch auf einen analogen Deutungsrahmen Bezug nehmende Untersuchung von Bernhard Zilly. Für Zilly ist Harpagon ein »Kapitalist *avant la lettre*«,[79] das heißt eine Gestalt, die schon zu einer Zeit, in der sich wirtschaftsgeschichtlich von Kapitalismus noch nicht sprechen läßt, bereits Normen und Verhaltensweisen repräsentiert, die sich erst nach der Durchsetzung der kapitalistischen Produktionsweise allgemein verbreiten sollten. Zilly differenziert diese Interpretation folgendermaßen:

> »Trotz aller vorwärtsweisenden Züge ist Harpagon [. . .] kein kaufmännischer oder industrieller Kapitalist. Er wendet sein Geld als zinsbringendes Kapital auf der Grundlage vorkapitalistischer Produktionsverhältnisse an. [. . .] Diese Art der Kapitalverwertung weist, obwohl sie veraltet ist, in besonders deutlicher Weise wesentliche

dem *Avare* eine Warnung an die besitzende Klasse ablesen, die ihrem Geld seine soziale Nützlichkeit nimmt, kurz, eine Kritik an dem Bürger, der ein Gefangener seines Goldes ist. [. . .] Letzten Endes stellt Harpagons Paranoia eine aufs Äußerste zugespitzte dramatische Darstellung der Furcht dar, die ein Bürgertum empfindet, das nur auf wirtschaftliche Sicherheit aus ist«).

79 Zilly, *Molières »L'Avare«. Die Struktur der Konflikte*, S. 41.

Merkmale aller Kapitalverwertung auf: die vollständige Gleichgültigkeit alles Qualitativen.«[80]

Der Protagonist der Komödie stehe damit für eine Form der Geldverwertung, die typisch ist für ein vorkapitalistisches Bürgertum, das sich eben noch nicht mit guter Aussicht auf Gewinn in der Produktion engagieren kann und will.[81] Dieses Verständnis des Stücks impliziert eine Problematisierung jener wirtschaftlichen Entwicklung, die in den Interpretationen von Nerlich und Albanèse als positiver Bezugsrahmen gesetzt war. In einer historischen Situation des Übergangs vom Feudalismus zum Kapitalismus sei Molière in der Lage,

> »[...] Tendenzen der bürgerlichen Gesellschaft wie etwa den schrankenlosen, als Selbstzweck betriebenen Gelderwerb mit seinen zerstörerischen Folgen für das Individuum und die Gesellschaft zu erkennen und bloßzustellen«.[82]

Unser Stück drücke somit eine kritische Haltung gegenüber wirtschaftlichen Entwicklungstendenzen aus, die sich erst langsam herausbilden und denen gegenüber sein Autor Position ergreife für die *honnêtes gens*, ein Zilly zufolge im wesentlichen an aristokratischen Normen orientiertes Idealbild gesellschaftlichen Verhaltens.[83] Vergleichen wir beide Interpretationen miteinander, so ist zunächst festzuhalten, daß beide die Auffassung voraussetzen, daß ein Verständnis des *Avare* sich nur aus einer genaueren Bestimmung der zeitkritischen Funktion der Komödie entwickeln läßt. Eine Differenz liegt aber in der

---

80 Ebd., S. 43 f.
81 Vgl. ebd., S. 44: Harpagon legt »sein Vermögen dort an, wo die höchste und sicherste Rendite zu erwarten ist, ein wirtschaftlich sehr vernünftiger und moderner Standpunkt, über den auch die allermodernsten Kapitalisten noch nicht hinausgekommen sind und nicht hinauskommen können.«
82 Ebd., S. 109.
83 Vgl. ebd., S. 68 f.

unterschiedlichen Einschätzung der daraus resultierenden
konkreten Ziele Molières. Diese Einschätzung wiederum
hängt sowohl von einer unterschiedlichen Bewertung bestimmter Handlungselemente der Komödie ab als auch von
entgegengesetzten Auffassungen über die sozialgeschichtliche Bedeutung der Geldwirtschaft, wie sie bei Molière
dargestellt wird. Eine Klärung dieser Differenzen und damit ein genaueres Verständnis der kritischen Intentionen
des Stücks muß daher auf diesen beiden Ebenen erfolgen.

Gehen wir zunächst von einer Untersuchung von Entwick-
lungsstand und Status der Geldwirtschaft als einer spezifischen Form der bürgerlichen Erwerbstätigkeit im 17. Jahrhundert aus. Als Ausgangspunkt bietet sich die Konzeption
von der historischen Entwicklung Frankreichs an, in deren
Rahmen Michael Nerlich seine oben skizzierte Interpretation des *Avare* formuliert hat. Nerlich unterscheidet, den
Ergebnissen der neueren französischen Geschichtswissenschaft folgend, im wesentlichen zwei Phasen in der allgemeinen Entwicklung des französischen Bürgertums im 17. Jahrhundert. Die erste Hälfte des Jahrhunderts wird danach
bestimmt von einer primär politischen Allianz zwischen der
Monarchie und dem sogenannten Amtsadel (*noblesse de
robe*), dessen Anfänge bereits aus dem 16. Jahrhundert
stammen.[84] Dieses Bündnis zwischen Monarchie und bür-
gerlichem Beamtenapparat in Justiz und Verwaltung (dessen
Mitglieder ihre Ämter auf Lebenszeit kauften und dadurch
teilweise nobilitiert wurden) ermöglichte die allmähliche

---

84 Vgl. Nerlich, *Kritik der Abenteuerideologie*, Bd. 2, S. 376 ff. Grundlegend
für die Darstellung dieser Entwicklung sind verschiedene Arbeiten des französischen Historikers Roland Mousnier, insbesondere *La Venalité des offices sous
Henri IV et Louis XIII*, bes. S. 579–667. Mousniers Darstellung ist in einigen
Punkten, vor allem im Hinblick auf die uneingeschränkt positive Wertung
dieser Allianz, kritisiert worden (vgl. dazu vor allem: Boris Porchnev, *Les
soulèvements populaires en France au XVIIe siècle*, Paris: Flammarion, 1972,
S. 408 ff.), doch spielen diese Differenzierungen für die Zwecke der hier
intendierten Darstellung keine Rolle.

politische Entmachtung der oppositionellen Großaristokratie, die sich dem wachsenden Anspruch der Monarchie auf Alleinherrschaft in einem zunehmend politisch zentralisierten Nationalstaat widersetzte. Diese vor allem durch die Politik Richelieus vorangetriebene Entwicklung kommt nach der Niederwerfung der bürgerkriegsähnlichen Aufstandsbewegung der Fronde zu einem vorläufigen Endpunkt. Die Niederlage der in dieser Zeit vornehmlich von einigen hohen Adligen (und selbst Mitgliedern des Königshauses) angestifteten Umsturzversuche erklärt sich dabei vor allem daraus, daß selbst das der Monarchie gegenüber oppositionell eingestellte Bürgertum erkennen mußte, daß die vom Hochadel angestrebte dezentrale Organisation der gesellschaftlichen Herrschaft seinen wirtschaftlichen Interessen zuwiderlaufen mußte.[85]

Waren dadurch und später auch durch den Abschluß der kriegerischen Auseinandersetzungen mit Spanien (1659) politisch stabile Voraussetzungen für die Alleinherrschaft Ludwigs XIV. geschaffen, so wurden doch seit der Mitte des Jahrhunderts und angesichts dieser Stabilität die Probleme der Allianz zwischen Monarchie und Amtsbourgeoisie um so deutlicher. Die Schaffung eines bürgerlichen Beamtenapparats, die die Voraussetzung für die Durchsetzung der nationalstaatlichen Monarchie gewesen war, erwies sich jetzt als kritisch für die wirtschaftliche Entwicklung des politisch relativ gefestigten absolutistischen Staates. Die Politik des Ämterkaufs hatte nämlich neben ihrer politischen auch eine finanzielle Dimension. Diente sie dem Königtum als will-

---

85 Es ging dabei vor allem um die Sicherung der sogenannten *rente de l'Hôtel de ville*. Vgl. dazu: Martin / Bezançon, *L'Histoire du crédit en France sous le règne de Louis XIV*, S. 37: »La Fronde était finie, puisque les bourgeois, rassurés sur le sort de leur épargne, abandonnaient à tout jamais les Princes« (»Die Fronde war zu Ende, weil die Bürgertum, über die Zukunft seiner Ersparnisse beruhigt, von den Hochadligen endgültig abfiel«). – Vgl. auch die Darstellung von Jean Jacquart, »La Fronde des Princes dans la région parisienne et ses conséquences matérielles«, in: *Revue d'histoire moderne et contemporaine* 7 (1960) S. 257–290.

kömmene Geldquelle, so gewann sie für das vermögende Bürgertum große ökonomische Bedeutung, vor allem, seit ein Edikt von 1604 die Ämter unter bestimmten Voraussetzungen erblich gemacht und dadurch den Handel mit ihnen ermöglicht hatte.[86] In gewissem Sinn gewann der Erwerb und Besitz von Ämtern dadurch eine Eigendynamik, indem er Geldvermögen absorbierte und von der Investition in anderen Wirtschaftsbereichen abhielt.

In dieser Situation setzt die zweite Phase der Entwicklung des Bürgertums ein, die mit einer Verschiebung innerhalb seiner verschiedenen Gruppierungen einherging. Nicht mehr die politisch nützliche Amtsbourgeoisie wird für die wirtschaftlichen Entwicklungsvorhaben der Monarchie benötigt, sondern ein in Manufaktur und Handel aktives Bürgertum. Michael Nerlich interpretiert diese neue Phase als eine Erneuerung der Allianz zwischen Monarchie und Bürgertum, die aber nun ganz andere Akzente setze:

> »Die Erneuerung der Allianz muß allerdings mit neuen Kräften erfolgen, die nicht länger auf Rentner-Ideal und *oisiveté* (Müßiggang), sondern auf Handels- und Manufakturtätigkeit orientiert sind. Damit ist aber bereits der Keim zur späteren Sprengung der Allianz gelegt, denn die Fesseln, die dann zu eng werden sollten, legt Colbert seinen neuen Verbündeten von Anfang an selbst an.«[87]

Auf die im zweiten Satz gemachte Einschränkung werden wir noch zurückkommen müssen, denn aus ihr folgt bei genauerer Betrachtung eine wichtige Relativierung dieser These von der Erneuerung der Allianz. Zunächst aber legt

---

86 Vgl. dazu: Mousnier, *La venalité des offices sous Henri IV et Louis XIII*, S. 223 ff. sowie 600 ff. – Nicht umsonst gehörte dieser Erlaß zu den umstrittensten der Zeit. Vor allem vom Adel wurde immer wieder seine Abschaffung verlangt; sie konnte jedoch nie endgültig durchgesetzt werden, was für die Machtposition der Amtsbourgeoisie spricht.

87 M. Nerlich, *Kritik der Abenteuerideologie*, Bd. 2, S. 413; ähnlich ist auch der historische Bezugsrahmen der Interpretation von Albanèse, »Argent et réification dans l'*Avare*«, S. 45 f.

diese Interpretation der Entwicklung des Bürgertums im 17. Jahrhundert zwei Schlußfolgerungen nahe, die für das Verständnis der gesellschaftskritischen Intentionen des *Avare* von Bedeutung sind.

Zum einen wird daran deutlich, daß man, um die Stoßrichtung der Komödie verstehen zu können, das Bürgertum selbst nicht als ein einheitliches Ganzes behandeln kann. Es gibt darin Gruppen mit ganz unterschiedlichen Interessen, und schon die hier sehr schematisch dargestellte historische Differenzierung innerhalb des Bürgertums sollte vor einer allzu eiligen Schlußfolgerung warnen, die in der Molière-Forschung häufig anzutreffen ist und der zufolge die in einer Gestalt wie Harpagon formulierte Kritik an einem bestimmten Typ bürgerlichen Verhaltens als Beweis für eine antibürgerliche bzw. aristokratische Einstellung des Komödienautors gilt.[88] Vielmehr wird gerade in dieser historischen Perspektive klar, daß Harpagon bestimmte bürgerliche Positionen innerhalb einer historischen Entwicklung repräsentiert, Positionen, deren komische Entwertung die positive Entgegensetzung anderer, aber ebenfalls bürgerlicher Verhaltensmöglichkeiten beinhaltet. In diesem Sinn ist die von Michael Nerlich vorgenommene historische Bewertung genauer verständlich: als der »artistisch perfekteste Propagandist der Politik Colberts«[89] soll Molière mit den Mitteln der Komödie neuen, den ökonomischen Problemen und Anforderungen Folge leistenden wirtschaftlichen Verhaltensweisen das Wort reden.

Diese Argumentation ist in sich schlüssig, und es besteht auch sicher kein Zweifel, daß der interpretatorische Ansatz

---

88 Diesem Irrtum unterliegt teilweise auch Zilly, *Molières »L'Avare«. Die Struktur der Konflikte*, wie schon aus den früher angeführten Zitaten deutlich wurde (vgl. vor allem S. 109 f.). Implizit zeigt sich dieser Trugschluß auch, wenn Zilly den Einspruch Cléantes gegen das wirtschaftliche Verhalten Harpagons und die daraus resultierenden Normen als »Klassenflucht« kennzeichnet (etwa S. 15, 17 und 28; vgl. dazu auch unsere Ausführungen in Abschn. 5 dieses Nachworts).
89 Nerlich, *Kritik der Abenteuerideologie*, Bd. 2, S. 419.

sinnvoll ist. Dennoch sind ihre konkreten Ergebnisse, vor
allem die Folgerungen für unsere Komödie, fragwürdig,
weil der sozialgeschichtliche Hintergrund in einigen Punkten anders zu rekonstruieren ist. Dies soll ein weiterer
Exkurs in die Probleme der wirtschaftlichen und gesellschaftlichen Entwicklung zeigen.

Die historische Interpretation Nerlichs geht davon aus, daß
die absolute Monarchie Frankreichs mit der Politik Colberts
den Prozeß der »ursprünglichen Akkumulation« betreiben
will,[90] jene ökonomische Entwicklung also, die nach Mar-
xens Verständnis im Bereich der Besitzverhältnisse wie dem
der Arbeitskräfte und Rechtsverhältnisse die historischen
Voraussetzungen für die Entfaltung der kapitalistischen Produktionsweise erst ermöglicht.[91] Aus dieser Einschätzung
der historischen Bedeutung der Politik Colberts erklärt sich
Nerlichs Urteil, sie sei trotz aller Mängel »in der Gesamtten-
denz progressiv«,[92] es habe bis weit ins 18. Jahrhundert
hinein keine wirkliche Alternative zu ihr gegeben,[93] und
Molière müsse notwendigerweise als progressiv-bürgerlicher
Autor seine »Botschaft von einer besseren Welt« mit einem
Eintreten für diese Politik verbinden.[94]

Nun ist es zweifellos so, daß ein solches Urteil sich zumindest teilweise auf die Absichtserklärungen und Deklarationen Colberts stützen kann. Man muß allerdings sogleich
einschränkend feststellen, daß in jenen grundlegenden
Memoranden Colberts über Wirtschaft und Finanzen, auf
die Nerlich sich bezieht, kein ökonomisches Entwicklungs-
denken im Sinne eines Akkumulationsprozesses enthalten
ist. Im Grunde betrachtet Colbert die internationale ökonomische Lage statisch; seine Politik zielt im wesentlichen

90 Ebd., S. 410 ff.
91 Vgl. Marx (Anm. 1), S. 741 ff., 777 ff.
92 Nerlich, *Kritik der Abenteuerideologie*, Bd. 2, S. 418.
93 Ebd., S. 451.
94 Ebd., S. 417 ff.; vgl. auch Nerlich, »Notizen zum politischen Theater
Molières«, S. 36 f.

darauf ab, Frankreich mit politischen, protektionistischen und notfalls auch kriegerischen Maßnahmen einen größeren Anteil an einem gleichbleibenden Geschäft zu sichern. Letzten Endes ist auch Colberts Anteil an dem für die wirtschaftliche und finanzielle Stabilität Frankreichs verhängnisvollen Krieg mit den Niederlanden (seit 1672) größer, als dies häufig angenommen wird, und dies ist aus dem statischen Charakter seiner ökonomischen Konzeption durchaus verständlich.[95] Weiter muß man dazu einschränkend feststellen, daß, entgegen manchen Absichtserklärungen und entgegen einem weitverbreiteten Vorurteil über die mit Colberts Namen verknüpfte Konzeption des Merkantilismus, Colbert auch in der Zeit der sechziger Jahre des 17. Jahrhunderts, als er über teilweise beträchtliche Budgetüberschüsse verfügte, kaum etwas für die Ausweitung des Produktionsbereichs und die Belebung der Investitionstätigkeit tat. An dieser Tatsache ändert auch die Förderung einiger Prestigemanufakturen nichts.[96]

---

95 Zu den ökonomischen Konzeptionen Colberts vgl.: Rothkrug, »Critiques de la politique commerciale et projets de réforme de la fiscalité au temps de Colbert«, S. 83 ff.; Goubert, *Louis XIV et vingt millions de français*, S. 148 ff.; Murat, *Colbert*, S. 223 ff., 250 ff. – Insbesondere Goubert und Murat unterstreichen, daß dieses Denken in seiner Logik notwendigerweise zum kriegerischen Konflikt führen mußte, wie dies ein Satz aus einem Memorandum an den König über den Konflikt mit den (wirtschaftlich übermächtigen) Niederlanden aus dem Jahr 1672 deutlich zum Ausdruck bringt: »Si le Roy assujetissait toutes les provinces unies du Pays bas, leur commerce devenant le commerce des sujets de Sa Majesté, il n'y aurait rien à désirer davantage« (»Würde der König die vereinigten Provinzen der Niederlande unterwerfen, so wären, da ihr Handel der Handel von Untertanen seiner Majestät werden würde, alle Wünsche in Erfüllung gegangen«; zit. nach: Goubert, S. 160).

96 Zur Politik der Wirtschaftsförderung vgl.: Goubert, *Louis XIV et vingt millions de français*, S. 173 ff.; Pierre Clément, *Histoire de Colbert et de son administration*, Paris: Didier, 1874, Bd. 1, S. 279 ff.; Rémond, »Economie dirigée et travaux publics sous Colbert«. Rémond gibt eine genaue Aufstellung der Budgetentwicklung und der Investitionen im Bereich der Verkehrswege, dem bei weitem bedeutendsten Investitionssektor (S. 316). Selbst in den besten Jahren um 1670, als der Bau des Canal du Midi große Summen verschlang, überstiegen diese Investitionen kaum ein Prozent des Budgets (meist waren sie

Nun dürfen diese Feststellungen nicht zu der Schlußfolgerung verleiten, es werde hier Colbert vorgeworfen, er habe eine falsche oder unüberlegte Wirtschaftspolitik betrieben. Es wäre müßig, über mögliche Alternativen zu dieser Politik zu diskutieren; es geht vielmehr um die Relativierung einer allzu einseitig »progressiven« Interpretation der Politik Colberts. Allgemein läßt sich wohl sagen, daß die Schwierigkeiten und Widersprüche, unter denen Colbert seine Politik betreiben mußte, zu groß waren, als daß sie (wenn er es denn beabsichtigte) in dem Sinne hätte wirksam werden können, den ihr Nerlich zuschreibt.[97] Dies aber gilt auch für das Kernstück dieser Politik, die Förderung des Handels, eines Bereichs, für den Colbert in erster Linie jenes Kapital zu mobilisieren suchte, das ein Harpagon – der Interpretation Nerlichs zufolge – in seinen Wuchergeschäften festlegte[98]. Nun ist es zweifellos so, daß die von Colbert betriebene Förderung des Handels (und vor allem des Überseehandels) eine beträchtliche Steigerung des Ansehens dieser wirtschaftlichen Tätigkeit bedeutete. Geleitet von der Überzeugung, daß der Überseehandel »peut faire renaistre

niedriger als die Summen, die der König etwa für den Unterhalt seiner unehelichen Kinder ausgab). Eine wichtige Rolle spielte auch die entwicklungshemmende Reglementierung der meisten Gewerbe, auf der Colbert hartnäckig beharrte.

97 Zu den Widersprüchen, in denen sich die gesamte Wirtschaftspolitik bewegte, vgl. das Urteil der Colbert sehr positiv gegenüberstehenden Historikerin Murat (*Colbert*, S. 286): »La grande contradiction à laquelle se heurte fondamentalement toute l'œuvre économique de Colbert consiste à vouloir imposer [...] un large mouvement capitaliste malgré un régime politique à caractère arbitraire« (»Der große Widerspruch, auf den grundsätzlich die gesamte wirtschaftliche Initiative Colberts stößt, besteht darin, daß er [...] trotz eines durch Willkür gekennzeichneten Regierungssystems eine breite kapitalistische Entwicklung durchsetzen will«). – Nerlichs Darstellung der Wirtschaftspolitik Colberts entspricht in ihrer Tendenz der bürgerlich-republikanischen Geschichtswissenschaft zur Zeit der Dritten Republik, die Colbert als einen Vorkämpfer der bürgerlichen Wirtschaftsordnung idealisierte. Vgl. dazu eine Kritik an den Werken des großen Historikers Ernest Lavisse: Sée, »Que faut-il penser de l'œuvre économique de Colbert?«.
98 Vgl. Nerlich, *Kritik der Abenteuerideologie*, Bd. 2, S. 430.

l'abondance dans ses estats«,[99] unterstützte der König vor
allem in diesem Bereich die Politik Colberts und gestattete
sogar Adligen, für die sonst von Standes wegen jede direkte
wirtschaftliche Betätigung verboten war, Handelsgeschäfte
zu tätigen, ohne daß sie auf ihre Privilegien verzichten
mußten. Die Formulierungen dieses Edikts sind bezeichnend für den sozialen Prestigegewinn, den der Handel aus
wirtschaftlichen und politisch-ideologischen Gründen im
Rahmen der Politik Colberts erlangen konnte:

> »[. . .] le commerce, et particulièrement celui qui se fait
> par mer, est la source féconde qui apporte l'abondance
> dans les Estats et la répand sur les sujets à proportion de
> leur travail et de leur industrie, et [. . .] il n'y a point de
> moyen d'acquérir du bien qui soit plus innocent et plus
> légitime; aussy a-t-il toujours esté en grande considéra-
> tion parmi les nations les mieux policées, et universelle-
> ment bien reçu comme une des plus honnêtes occupations
> de la vie civile.«[100]

Ähnliche Formulierungen finden sich auch in den verschiedenen Dekreten, mit denen die großen Handelskompanien
für Ost- und Westindien sowie für Nordeuropa gegründet
wurden,[101] und im Jahr 1675 erklärt ein Vertrauter Colberts,
Jacques Savary, in einem vielgelesenen Handbuch über alle
Probleme des Innen- und Außenhandels in geradezu hymni-

---

99 Diese Formulierung findet sich in einem Brief des Königs an die Seefahrts-
behörde in Le Havre, abgedr. in: Clément (Hrsg.), *Lettres, mémoires et
instructions de Colbert*, Bd. 2,1, S. 425 (»in seinen Provinzen den Überfluß
neu entstehen lassen kann«).
100 Ebd., Bd. 2,1, S. CLXIX (»Der Handel und vor allem der Überseehandel
stellt die ertragreiche Quelle dar, die den Überfluß in die Provinzen bringt und
sie auf die Untertanen ihrer Arbeit und ihrem Fleiß entsprechend verteilt, und
es gibt keinen Weg, sich ein Vermögen zu erwerben, der makelloser und
rechtmäßiger wäre; er stand daher bei den am besten regierten Nationen immer
in großem Ansehen und wird allgemein als eine der ehrbarsten Beschäftigungen
im bürgerlichen Leben hoch geschätzt«).
101 Vgl. ebd., Bd. 2,1, S. 428, 765, sowie Bd. 2,2, S. 800 f.

schen Formulierungen den Handel zum eigentlichen Funda-
ment und zur wichtigsten Tätigkeit des Königreichs.[102]
Glaubt man diesen Deklarationen, die ja in durchaus guter
Absicht die Entwicklung des Handels propagieren wollten,
so wäre es in der Tat gut vorstellbar, daß Molière in der
Gestalt Harpagons ökonomisch unbewegliche Bürger lächerlich machen will, die sich und ihrem Kapital eine so
glänzende Zukunft verschließen. Doch die Wirklichkeit entsprach eben keineswegs den schönen Zukunftsprojektionen,
und hier erst kommen wir zu dem ökonomischen Kontext,
aus dem sich die sozialgeschichtliche Bedeutung Harpagons
verstehen läßt. Es gelang Colbert nämlich durchaus nicht,
Kapitaleigner in ausreichendem Maß zu Investitionen zu
verlocken. Gerade das besitzende Bürgertum hatte eine
Reihe gewichtiger Gründe, den ökonomischen Verspre-
chungen Colberts zu mißtrauen.[103] Die mit großem Aufwand und Versprechen gegründeten Handelskompanien
waren schon bald in finanziellen Schwierigkeiten, konnten
nur noch mit Hilfe des Königs magere Dividenden auszah-
len[104] und wurden im Verlauf des Kriegs mit den Niederlanden nach und nach fast sämtlich von der übermächtigen
holländischen Konkurrenz erdrückt.[105] Für diesen allgemeinen Niedergang des französischen Überseehandels gibt es
eine ganze Reihe von Gründen. Wie auch immer man diese
gewichten mag – es kann jedenfalls kaum bestritten werden,
daß neben den zweifellos vorhandenen objektiven Schwie-

102 Vgl. Savary, *Le Parfait Négociant*, Vorwort.
103 Vgl. zu den Schwierigkeiten Colberts, das Kapital für die verschiedenen
Handelskompanien zusammenzubringen: K. Malettke, »Colberts Werben für
die *Compagnie des Indes orientales*«, in: *Aus Theorie und Praxis der
Geschichtswissenschaft. Festschrift für Hans Herzfeld*, hrsg. von Dietrich
Kurze, Berlin / New York: de Gruyter, 1972, S. 349–373; s. a. Clément
(Hrsg.), *Lettres, mémoires et instructions de Colbert*, Bd. 2,1, S. CLXII ff.
104 Vgl. ebd., Bd. 2,2, S. 601 f.
105 Vgl. ebd., S. CLXV ff., sowie das teilweise Eingeständnis Colberts über
sein Scheitern, ebd., S. 123 f. – Zum allgemeinen Niedergang des Handels
gegen Ende des Jahrhunderts vgl. Delumeau, »Le Commerce extérieur français
au XVIIe siècle«, S. 94 ff.

rigkeiten (Vorsprung der Holländer, unsichere Verkehrswege, wenig geregelte Austauschverhältnisse, kaum verall-
gemeinerbare Regeln für den Geschäftsablauf)[106] auch die
Politik Colberts dazu beitrug – zumal sie, wie bereits ange-
sprochen wurde, in vielen Punkten einem ökonomischen
Denksystem folgte, das einer wirtschaftlichen Expansion
nicht förderlich war.

Es ist daher gar nicht so sehr eine Frage der Mentalität, wenn
sich das geldbesitzende Bürgertum gegenüber diesen großen
Plänen so zurückhaltend verhielt, sondern eher eine Frage
der wirtschaftlichen Vernunft. Ohne auf Einzelheiten näher
einzugehen, kann man sagen, daß eine der wesentlichen
Voraussetzungen der oben angesprochenen ursprünglichen
Akkumulation, nämlich die Bildung von großen Geldvermögen, im 17. Jahrhundert eben nicht im Bereich des Handels oder der Manufakturproduktion vor sich geht, sondern
im Kreditgeschäft, dem einzigen Wirtschaftszweig, der
schnelle und gute Profite versprach.[107] Wer es nicht überhaupt vorzog, sein Geld sicher in Grundbesitz oder in
Ämtern anzulegen (was übrigens auch Colbert mit dem
größten Teil seines riesigen Privatvermögens tat[108]), wer es

---

106 Will man sich von diesen Problemen einen Eindruck verschaffen, genügt
ein Blick auf die verwirrende Vielfalt von Maßen, Gewichten, Münz- und
Geldrelationen und Kreditierungsmöglichkeiten, die Savary in seinem Buch für
die einzelnen Handelsplätze aufführt. Vgl. dazu Henri Hauser, *Les Débuts du
capitalisme en France*, S. 207 ff. und 302 ff., sowie Jean Meuvret, *Études
d'histoire économique*, Paris: A. Colin, 1971, S. 231 ff.

107 Vgl. Goubert, *Louis XIV et vingt million de français*, S. 176: »[...]
quand elle [la richesse française] recherchait du profits rapides et considéra-
bles, il y avait l'usure, le trafic des grains, les affaires avec le Roi, ces vieilles
choses [...]. Trop compliqués, trop lourdes, [...] financièrement suspectes,
les affaires que Colbert proposait, n'inspiraient pas confiance« (»... wenn es
[das französische Geldvermögen] schnelle und beträchtliche Profite suchte, gab
es den Wucher, den Getreidehandel, die Geschäfte mit dem König, diese
bewährten Dinge [...]. Weil sie zu kompliziert, zu schwerfällig [...] und in
bezug auf den Ertrag unsicher erschienen, flößten die Geschäfte, die Colbert
vorschlug, kein Vertrauen ein«). – Vgl. zur Bildung großer Geldvermögen
auch Martin / Bezançon, *L'Histoire du crédit sous le règne de Louis XIV*,
S. III, 136 ff; Dessert, »Finances et société au XVIIe siècle«, S. 849 ff.

108 Vgl. dazu: Murat, *Colbert*, S. 343 ff.

»arbeiten« lassen wollte, engagierte sich in diesem Bereich, vor allem – wenn das vorhandene Kapital ausreichte – in dem äußerst lukrativen Geschäft mit der Steuerpacht oder mit den sogenannten *affaires extraordinaires*, den Krediten, die der König zur Deckung seines Budgetdefizits aufnahm. All diese Geldgeschäfte mit dem König warfen zum Teil exorbitante Profite ab und waren bestens organisiert, wobei große Kapitaleigner zumeist nur über Strohmänner Geld investierten.[109]

Zwar hatte Colbert in den ersten Jahren der Regierungszeit bei seinen Versuchen, die königlichen Finanzen zu sanieren, gerade hier energisch durchgegriffen und durch eine gerichtliche Untersuchung dieser Kreditgeschäfte die Rückerstattung großer Beträge, die aus illegalen Profiten stammten, erzwungen. Doch auch wenn er dadurch für eine gewisse Zeit die hier gegebenen Gewinnmöglichkeiten beschneiden konnte, so war dieser Erfolg nicht von Dauer, da die Maßnahmen nichts an dem grundsätzlichen System änderten, das die geordnete Abwicklung der staatlichen Finanzen weitgehend in die Hände vermögender Privatleute legte.[110] Ähnliches gilt auch für den königlichen Erlaß von 1665, durch den der legale Zinssatz auf den *denier vingt* (5 Prozent) beschränkt wurde. Sobald es die Schulden der Monarchie erforderten (seit Beginn der siebziger Jahre des 17. Jahrhun-

---

109 Vgl. dazu die ausführlichen Darstellungen bei Martin / Bezançon und Dessert.

110 Vgl. Martin / Bezançon, *L'Histoire du crédit sous le règne de Louis XIV*, S. 83: »Il est donc juste de prétendre que les idées intransigeantes de Colbert contre les traitants ne furent que passagères; et même on peut se demander si elles ne furent pas de circonstance« (»Gerechterweise muß man also sagen, daß Colberts kompromißlose Vorhaben gegen die Hochfinanz nicht von Dauer waren; man kann sich sogar fragen, ob sie nicht rein opportunistisch waren«). – Dessert hat in seiner Untersuchung der »chambre de justice« von 1661, des großen Gerichtsverfahrens gegen das Milieu der Hochfinanz, gezeigt, daß das wesentliche Ergebnis dieses Verfahrens ein teilweiser Austausch der Kreise war, die von diesen Geschäften profitierten. Colbert ersetzte die Protégés seiner Vorgänger durch seine eigene Klientel.

derts), mußte Colbert selbst wieder Anleihen mit höheren Zinssätzen akzeptieren.

Allen Maßnahmen und Investitionsanreizen zum Trotz bleibt also der Bereich des Kreditgeschäfts der erfolgversprechendste Anlagebereich für Geldvermögen. In diesem Bereich findet sich eine ganze Hierarchie von Kreditgebern, die ihre Geschäfte in größerem oder kleinerem Maßstab tätigen, je nach dem Umfang des Kapitals und der Beziehungen, über die sie verfügen.[111] Sowohl wegen der relativ dürftigen Anhaltspunkte im *Avare* als auch wegen der mageren Informationen, die es über die weitgehend verborgen vor dem Licht der Öffentlichkeit operierenden unteren Ränge dieser Hierarchie gibt, ist es schwer, Harpagon in diesem Kontext genauer zu situieren. Der Umfang seiner Geschäfte ist wohl recht beträchtlich. Neben der sehr ansehnlichen Summe von 30 000 Livres in Gold hat er jedenfalls noch weiteres Kapital in Kreditgeschäften engagiert, wie Molière andeutet (vgl. III,8). In allen Gelddingen und Modalitäten des Kreditgeschäfts sehr versiert, kennt er sich auch in den dafür erforderlichen Winkelzügen und Rechtfertigungsstrategien aus (vgl. Anm. zu 32,2, 58,17–19 und 58,27). Sicher kann er sich trotz dieses Kapitals nicht selbständig in den Kreditgeschäften mit der Krone engagieren, unter Umständen könnte er sich aber durch Anteile bei großen *financiers* mittelbaren Zugang dazu verschaffen.[112]

Jedenfalls führt Harpagon, wie er Cléante vorhält, den Versuch seiner Vorfahren fort, Stück für Stück ein großes Geldvermögen anzuhäufen.[113] Die diesbezüglichen Bemerkungen Harpagons wie auch seine grundsätzlich antiaristokratische (und damit auch gegen die Investition von Kapital

---

111 Zu diesem sehr schwer faßbaren Milieu vgl. Bouvier / Germain-Martin, *Finances et financiers de l'Ancien Régime*, S. 105 ff.

112 Vgl. dazu Martin / Bezançon, *L'Histoire du crédit sous le règne de Louis XIV*, S. 157 ff., sowie Bouvier / Germain-Martin, *Finances et financiers de l'Ancien Régime*, S. 103.

113 *L'Avare* II,2 (S. 60).

in den Ämterkauf gerichtete) Einstellung gewinnen erst dann ihre Bedeutung, wenn man sich klarmacht, welch ein langwieriger, die Anstrengungen mehrerer Generationen erfordernder Prozeß der Akkumulation der für die Entfaltung der kapitalistischen Produktion notwendigen Geldvermögen ihr zugrunde liegt. In diesem Prozeß ist ganz konkret immer wieder die Entscheidung des Kapitaleigners gegen andere Möglichkeiten der Verwendung seines Geldvermögens (Luxuskonsum, Ämterkauf, Investition in Grundbesitz usw.) erforderlich – eine Haltung, die in solcher Konsequenz nur durch den rigiden »Geist des Kapitalismus« ermöglicht wird.[114] Vor diesem Hintergrund erst läßt sich das Verhalten Harpagons in seiner geschichtlichen Tendenz verstehen.

Allerdings ist hier wiederum eine Einschränkung notwendig: Die Tatsache, daß Harpagon – anders, als Nerlich schreibt – durchaus nicht ohne weiteres aus der Perspektive eines wirtschaftlich fortschrittlichen Bürgertums kritisierbar ist, daß also das Ansammeln von Vermögen objektiv einer rationalen Wirtschaftstätigkeit entsprach, war für die Zeitgenossen in keiner Weise erkennbar. Es war schon die Rede davon, daß das Denken der Zeit keinerlei Kategorien bereitstellte, die politökonomische Entwicklung auch nur ansatzweise zu erfassen. Den meisten Zeitgenossen Molières waren die Finanzkreise einfach zutiefst verhaßt und zumindest ebenso suspekt wie die Wirtschaftspolitik Colberts (was ja auch nur zu berechtigt war, kamen doch alle diese Geldvermögen vor allem aus den Steuereinkünften der Monarchie und damit mittelbar oder – im Falle der Steuereintreiber – unmittelbar durch eine zusätzliche Belastung der Bevölkerung zustande). So definiert ein Pamphlet aus der Mitte des Jahrhunderts die Steuerpächter in einer Weise, die der Darstellung Harpagons in der im *Avare* entworfenen Perspektive recht ähnlich ist: »Qu'appelez vous partisan? – Celui qui

114 Dieser Prozeß ist anschaulich dargestellt bei J. Hook, »Structures de l'échange et mentalités marchandes. Les Marchands de Rouen 1650–1750«.

fait profession d'or et argent. / Quel est le signe du partisan?
– Le principal est l'avarice [. . .].«[115]
Neben diesem allgemeinen Mißtrauen gegen das Milieu der
finance, in das Harpagon den hier dargelegten Gründen
zufolge einzuordnen ist, ist für die Tendenz, mit der in
unserer Komödie ungehemmtes wirtschaftliches Erfolgsstreben dargestellt wird, auch noch ein konkretes politisches
Problem von Bedeutung. Schon vor dem Ausbruch des
Krieges gegen die Niederlande wurde die nicht zuletzt von
der höchst aggressiven Wirtschaftspolitik Colberts ausge-
hende wachsende Kriegsgefahr manchen Zeitgenossen deutlich. Im Entstehungsjahr des *Avare*, 1668, erscheinen zwei
Texte, die dafür höchst bezeichnend sind. Ein anonymes,
gegen Colbert gerichtetes Pamphlet wirft diesem vor, durch
seine Wirtschaftspolitik eine gefährliche Konkurrenzsitua-
tion mit den wirtschaftlich übermächtigen Nachbarn im
Norden heraufzubeschwören, statt auf Eintracht und Zu-
sammenarbeit der Völker zu sinnen.[116] Und in der achten
Satire von Molières Freund Boileau wird wirtschaftliches
Erfolgsstreben um jeden Preis implizit auf eine Stufe mit den
als wahnwitzig bezeichneten Eroberungskriegen Alexanders
des Großen gestellt (allerdings nimmt Boileau Colbert ausdrücklich von dieser Kritik aus).[117]
Man kann wohl vermuten, daß auch die Furcht vor den
Folgen dieser Politik und damit eine allgemeine Skepsis
gegenüber der von Colbert betriebenen wirtschaftlichen
Expansion eine Rolle spielen, wenn in unserer Komödie

115 Zit. nach: Martin / Bezançon, *L'Histoire du crédit sous le règne de Louis XIV*, S. 131 (»Wen nennt Ihr einen Steuerpächter? – Den, dessen Glaubensbekenntnis aus Gold und Geld besteht. / Was ist das Kennzeichen des Steuerpächters? – Das wesentlichste ist die Habgier [. . .]«).
116 Es handelt sich um die *Mémoires pour servir à l'histoire D.M.R.* (*D.M.R.* bedeutet wohl *du maquereau royal*, also ›des königlichen Zuhälters‹, womit Colbert gemeint ist). Vgl. dazu Rothkrug, »Critique de la politique commerciale et projets de réforme de la fiscalité au temps de Colbert«, S. 88 f.
117 Vgl. *Les premières satires de Boileau* (Ausg. Adam), V. 67 ff., 99 ff., 187 ff.

schrankenlose Gewinnmaximierung so negativ dargestellt wird. Jedenfalls gibt es im Umkreis Molières ausgeprägt pazifistische Tendenzen, die auch dadurch genährt wurden, daß Ludwig XIV. schon 1667/68 mit jener Eroberungspolitik begann, der später noch ganz andere Raubzüge folgen sollten und die schließlich den wirtschaftlichen Ruin des Landes zur Folge hatte.

So verkehrte etwa der eben erwähnte Boileau in einem Zirkel bürgerlicher Schriftsteller und Philosophen, der sich um einen der einflußreichsten und bedeutenden Amtsadeligen, den Präsidenten Lamoignon[118], gebildet hatte und in dem skeptisch-philosophische und pazifistische Gedanken diskutiert wurden.[119] Man sollte diese Zusammenhänge nicht überbewerten, es scheint jedoch zumindest möglich, daß die ersten Eroberungskriege, die nach einem Jahrzehnt inneren und äußeren Friedens stattfanden, bei diesen Überlegungen eine Rolle spielten. Offiziell zwar feierte man die Siege der französischen Heere in Flandern und in der Franche-Comté in überschwenglichen Lobsprüchen – so auch Molière, der den König in einem Sonett über die Helden der Antike stellte[120]; sein *Amphitryon*, dessen Buchausgabe dieses Sonett vorangestellt war, beinhaltet jedoch eine in der mythologischen Fabel verschlüsselte scharfe Kritik an der auf Willkür und Gewalt basierenden Machtausübung der Herrschenden.[121]

118 Lamoignon war der Präsident des Parlement de Paris, des mächtigsten dieser Gerichtshöfe des Ancien Régime. In dieser Funktion vertrat er etwa den König bei dessen Abwesenheit in bestimmten Bereichen.
119 Vgl. dazu Adam in seiner Ausgabe der Satiren Boileaus, S. 228 ff., sowie ders., *Histoire de la littérature française au XVIIe siècle*, Bd. 3, S. 114 ff. – Vgl. zu Entwicklung und Denken dieser amtsbürgerlichen Kreise auch die allgemeine Darstellung bei H. Kortum, *Charles Perrault und Nicolas Boileau*, Berlin: Rütten & Loening, S. 122–132 und 150 f., sowie zum Pazifismus Boileaus M. Nerlich, »La Mythologie comme arme poétique dans la lutte pour la paix«, in: Beiträge zur romanischen Philologie 17 (1978) H. 1, S. 65–80.
120 Vgl. OC II, S. 1185 f.
121 Vgl. dazu mein Nachwort zu der deutschen Ausgabe dieses Stücks, Stuttgart: Reclam, 1982 (Universal-Bibliothek, 8488).

Es muß allerdings betont werden, daß es keine konkreten Anhaltspunkte dafür gibt, daß die hier angesprochenen Zusammenhänge im *Avare* einen direkt greifbaren Niederschlag finden, doch mögen sie neben den aus der allgemeinen wirtschaftsgeschichtlichen Entwicklung resultierenden Vorbehalten in die Geizdarstellung des *Avare* mit eingehen. Jedenfalls zeigt dieses Stück als die wesentliche Folge von Geiz und Habgier vor allem eine völlige Zerstörung aller familiären und sozialen Bindungen. Harpagons Verhalten wirkt nur deshalb so zerstörerisch, weil das Gewinnstreben bei ihm jede mögliche Form affektiver oder sozialer Einbindung beiseite schiebt.

Nichts in dem Stück läßt also darauf schließen, daß Molière in dem darin aufgebauten Konflikt nur eine Form des Gewinnstrebens einer anderen gegenüber aufwerten wollte. Die aus der Konfliktkonstellation des Stückes resultierende Antinomie stellt vielmehr gegen die von Harpagon vertretenen Normen gewinnmaximierender Rationalität (und trotz aller vom Autor gewollten Verzerrungen erscheint diese Gestalt in allen wesentlichen Punkten als rational und berechnend[122]) den Vorrang von Gefühlsbindungen, kurz: Geld gegen Liebe. Allerdings darf man für das Verständnis des Stücks auch diese Formel nicht unhistorisch verallgemeinern. Die Entgegensetzung hat ihren historischen Ort zum einen in einer Reflexion über die oben näher dargestellten Entwicklungstendenzen der Gesellschaft, sie wertet zudem nicht einen abstrakten Ort reiner Gefühle auf, sondern

---

122 Harpagon läßt etwa seine Pferde fast verhungern – dieses Verhalten erscheint auch wirtschaftlich irrational (vgl. III,1). Doch sind die Pferde trotz der drastischen Darstellung ihres Zustandes durch Maître Jacques durchaus noch imstande, die jungen Damen spazierenzufahren (vgl. IV,2). Man beachte außerdem etwa die Raffinesse, mit der Harpagon Cléante zum Eingeständnis seiner Liebe bringt (IV,3). Allerdings verliert Harpagon in einem gewissen Sinn seinen Verstand, als er sich seines Geldes beraubt sieht. Aber sein Verhalten in dieser außerordentlichen Situation kann nicht als beständiges Verhaltensmerkmal gelten; es zeigt eher, daß der Raub des Geldes von Harpagon als massive Gefährdung seiner ökonomischen Existenz verstanden wird.

idealisiert, und dies hat Bernhard Zilly überzeugend dargestellt[123], einen historisch vorhandenen Bereich, nämlich die
Gesellschaft der *honnêtes gens*. Allerdings wird man diese
positive Setzung der Komödie nicht, wie dies in der Interpretation Zillys geschieht, aus einer proaristokratischen
Grundeinstellung Molières erklären können.[124] Vielmehr
zielt die Aufwertung dieser Sphäre bei Molière auf die
Entwicklung einer ständisch ungebundenen Utopie von
gesellschaftlichen Verkehrsformen. Dies soll abschließend
näher dargelegt werden.

5

»Ô Ciel! quels sont les traits de ta puissance!« –
Zum utopischen Gehalt des »Avare«

Aus den bisherigen Ausführungen ergibt sich: Die Komödie entwirft eine bestimmte Sichtweise der im vorhergehenden Abschnitt untersuchten Aspekte der gesellschaftlichen
Wirklichkeit. Diese Perspektive ist das Resultat einer Konstruktion der Handlung, die darauf abzielt, daß der Zuschauer einerseits Harpagon als Verkörperung bestimmter
Probleme wahrnimmt, die sich aus der aktuellen wirtschaftlichen Entwicklung ergeben, daß er andererseits zugleich
mit dieser Wahrnehmung Partei ergreifen soll. Die Bün-
delung, Übersteigerung und Verzerrung der für das Milieu
der *finance* charakteristischen Verhaltensweisen führt nahezu unausweichlich dazu, daß der Zuschauer die negative
Bewertung des von Harpagon vertretenen, auf schrankenlosen Gelderwerb ausgerichteten Normensystems übernimmt.
Diesem negativen Urteil entspricht umgekehrt eine positive Identifikation mit den jugendlichen Protagonisten des

---

123 Zilly, *Molières »L'Avare«. Die Struktur der Konflikte*, S. 68 f., 99 f.
124 Vgl. ebd., S. 105, 109 f.; vgl. auch Anm. 88 zum Nachwort.

Stücks, deren Verhalten in der Logik des Handlungsaufbaus das kritische Gegenstück zu der untersuchten spezifischen Verarbeitung ökonomischer Fragen darstellt. Valère, Cléante und Élise ist ein großer Teil der Exposition reserviert, in dem sie in langen (und bisweilen recht ermüdenden) Dialogen ihre edlen Gefühle und Wertvorstellungen darlegen können, und Mariane, die hier aus dramaturgischen Gründen noch nicht auftreten kann, wird den dreien, sobald sie frei sprechen kann, ihre volle Übereinstimmung bekunden.[125] Erst nach dieser uneingeschränkt positiven (Selbst-)Darstellung der jugendlichen Protagonisten tritt dann Harpagon in der Exposition im ersten Akt als störende und zerstörerische Instanz auf, und er befindet sich nach seiner Auseinandersetzung mit La Flèche bereits im Unrecht, ehe noch der eigentliche Konflikt voll entfaltet ist. Diese eindeutig wertende Konstruktion des Konflikts zieht sich dann durch die gesamte Komödie bis hin zu dem glücklichen Ende, durch das ja abschließend das Verhalten und die Wertvorstellungen der jungen Verliebten im Recht bleiben.

Entscheidend für diese Sympathielenkung ist dabei, daß durch die Anlage des Konflikts die Konfrontation der konträren Wertvorstellungen sich explizit oder zumindest implizit[126] immer zugleich auf die gegenseitige Zuneigung der jungen Protagonisten auswirkt. Nun ist eine Konfliktkonstellation, in der ein verliebter Alter der Zuneigung und den Wünschen jugendlicher Protagonisten im Weg steht, ein beliebtes Handlungsmuster vieler Komödien. Molières spezifische Leistung, die sich schon in früheren Komödien andeutet,[127] besteht daher gerade darin, diese Liebesproble-

---

125 Vgl. I,1, I,2 und IV,1 sowie Anm. zu 10,20–12,5 und 118,7–15.
126 Auch der Konflikt zwischen Harpagon und Cléante in II,2 hängt ja mit dieser Problematik insofern eng zusammen, als Cléante auf der Suche nach Krediten ist, um seine Heiratswünsche realisieren zu können.
127 In unterschiedlicher Intensität kann man dieses Vorgehen bereits in der *École des maris* und der *École des femmes* verfolgen.

matik durch ihre Verbindung mit einer gesellschaftskritisch
gemeinten Normendiskussion dramatisch zu intensivieren.
Dadurch wird die positive Identifikation des Zuschauers mit
den jungen Liebenden implizit zu einer Identifikation mit
dem durch die Anlage der Komödie positiv bewerteten
Normensystem der *honnêteté*.

Eine zusätzliche Verdichtung dieser Konfliktkonstellation
ist dadurch gegeben, daß die Liebesbeziehungen selbst als
vom Prinzip ökonomischer Rationalität bedroht erscheinen.
Harpagon ist nicht nur der Konkurrent seines Sohnes, sondern er würde auch unabhängig von dieser Konkurrenz
seine Kinder nur nach Kriterien materiellen Nutzens verheiraten, wie dies in der stereotypen Wiederholung der Formel
»sans dot« zum Ausdruck kommt.[128] Indem diese Replik
jeden noch so gewundenen Versuch Valères zunichte macht,
Harpagon gegenüber die Wünsche und Bedürfnisse Élises
zur Geltung zu bringen, wird bereits drastisch dargelegt,
daß ökonomische Rationalität Gefühle nicht berücksichtigen kann, sondern sie um der schrankenlosen Anhäufung
von Geldvermögen willen zu zerstören bereit ist.

Aus diesem Abschluß der Exposition ergibt sich zunächst
ganz drastisch der grundsätzliche Konflikt des Stücks, der
bereits in der Formel ›Geld gegen Liebe‹ beschrieben wurde.
Dieser Konflikt ist einerseits vor dem Hintergrund jener
historisch-gesellschaftlichen Situation zu sehen, die im vorhergehenden Abschnitt dargestellt wurde. Durch die Art der
Wertung, die der Konflikt aus der Anlage des Stücks erhält,
dadurch, daß dieses implizit Partei ergreift für einen Primat
der Gefühle und der Kultivierung gesellschaftlicher Um-
gangsformen, greift die Komödie auf einer globalen Ebene
in die Auseinandersetzung um die Entwicklungsperspekti-
ven des Bürgertums ein. Zugleich beinhaltet der Konflikt
›Geld gegen Liebe‹ auch eine aktuelle Anspielung auf die
Heiratspraktiken des vermögenden Bürgertums, die denje-

---

128 Vgl. I,5 (S. 42).

nigen Harpagons durchaus ähnlich waren und die, wie es ein zeitgenössischer Roman drastisch ausdrückt, darauf hinausliefen »de marier un sac d'argent avec un autre sac d'argent«[129]. In der Verschärfung kirchlicher und zivilrechtlicher Vorschriften und Erlasse im 17. Jahrhundert zeigt sich deutlich die Tendenz, möglichst jede Heirat ohne das Einverständnis der Eltern auszuschließen, oder zumindest, wenn sie nicht zu verhindern war, durch automatische Enterbung der so Verheirateten wirtschaftliche Nachteile von den betroffenen Familien abzuwenden.[130]

Der in dieser Weise exponierte normative Konflikt erhält nun in den Auseinandersetzungen zwischen Harpagon und Cléante eine gesellschaftliche Dimension. Die Lebensart und die Wertvorstellungen Cléantes können Harpagon nur als eine seinen ökonomischen Zielsetzungen zuwiderlaufende Anpassung an einen aristokratischen Verhaltenskodex erscheinen.[131] Man darf diese Bewertung Harpagons allerdings nicht ohne weiteres als eine richtige Beschreibung der Konfrontation übernehmen. Zwar ist für Harpagon als Alternative zu seinen Maximen nur das unproduktive und verschwenderische Verhalten des Adels denkbar, Cléante jedoch bezieht sich nie zur Rechtfertigung seiner Position auf diese soziale Gruppe. Seine Kritik an Harpagon besagt ausdrücklich, daß Harpagons Wucher seinem eigenen Stand, nämlich dem bürgerlichen, nicht gemäß sei und diesem Stand das gesellschaftliche Ansehen nehme.[132] Ausdrücklich geht es Cléante also um die Etablierung eines anderen Verhaltenskodex für das Bürgertum (es wurde oben schon

---

129 A. Furetière, *Le Roman bourgeois* (1666), zit. nach: Antoine Adam (Hrsg.), *Romanciers du XVIIe siècle*, Paris: Gallimard, 1958, S. 919 (»daß man einen Sack voll Geld mit einem anderen verheiratet«).

130 Vgl. J. Gaudemet, »Législation canonique et attitudes séculières à l'égard du lien matrimonial au XVIIe siècle«.

131 Vgl. Anm. zu 60,1 f.

132 Vgl. den Dialog in II,2, auf den Anm. 75 Bezug nimmt. Der zentrale Vorwurf Cléantes gegen Harpagon ist: »déshonorer votre condition« und »sacrifier gloire et réputation«.

darauf hingewiesen, daß gerade in diesem Punkt ein wesentlicher Unterschied zwischen dem *Avare* und seiner wichtigsten Quelle, Boisroberts *La Belle Plaideuse*, liegt).

Das Bezugssystem Cléantes wie auch der anderen jugendlichen Protagonisten in diesem Konflikt bildet das Ideal der *honnêteté*. Zweifellos umgreift dieses Verhaltensideal adlige wie bürgerliche Träger, doch impliziert es weit mehr eine »Verbürgerlichung« des Adels als eine Anpassung des Bürgertums an adlige Normen. Das ergibt sich bereits daraus, daß die *honnêteté* ständeübergreifend wirken soll, indem das Urteil über einen Menschen eben nicht mehr nach dessen Standesherkunft, sondern nach seinen individuellen Qualitäten gefällt werden soll.[133] Mehr noch: indem mit ihr Wertvorstellungen formuliert werden sollen, die aus der »Natur« des Menschen begründet werden, bedeutet *honnêteté* zumindest der Tendenz nach geradezu eine Negation jener Rangzuweisung nach der *condition*, die die Ständegesellschaft eigentlich ausmacht.[134] Die Liebesbindungen, die am Schluß des *Avare* triumphieren, verweisen gerade auf diesen Aspekt. Valère und Élise, Cléante und Mariane fühlen gemeinsam und verstehen sich, ohne daß der Standesunterschied zwischen ihnen (der zwar erst am Ende des Stücks deutlich zutage tritt, Valère und Élise aber von Anfang an bewußt war)[135] auch nur einen Augenblick ein Problem darstellt.

Bildet somit das standesübergreifende gemeinsame Fühlen der Liebenden die Grundlage für das im Stück propagierte neue Wertsystem, so stehen dessen Durchsetzung dennoch unüberwindliche Hindernisse im Weg. Harpagon kann sich bei jedem Schritt zur Durchsetzung seiner Pläne auf die rechtliche Stellung als Familienoberhaupt berufen, die von

133 Vgl. dazu: Werner Krauss, »Über die Träger der klassischen Gesinnung im 17. Jahrhundert«, in: W. K., *Gesammelte Aufsätze zur Sprach- und Literaturwissenschaft*, Frankfurt: Klostermann, 1949, S. 321–339, bes. S. 328 ff.

134 Vgl. dazu: Papin, »Le Sens de l'idéal de l'honnête homme au XVIIe siècle«, S. 67 ff.

135 Vgl. dazu I,1.

keinen moralischen oder normativen Vorbehalten einge-
schränkt ist. Dies zwingt Molière, will er die Normen der
honnêteté triumphieren lassen, zu einer Konstruktion des
Stücks, die dessen Schluß auf den ersten Blick als völlig
unwahrscheinlich erscheinen läßt. Mariane muß zunächst
arm und vaterlos sein, damit es plausibel erscheint, daß sie
auf die Avancen Harpagons eingeht.[136] Andererseits bedarf
es am Ende ihres Vaters, der allein rechtlich und moralisch
ein Gegengewicht darstellen kann, um Harpagons Pläne
zum Scheitern zu bringen.[137] Zwar könnte auch der Gesin-
nungswandel der Mutter, der am Schluß angedeutet wird,
schon die Heirat zwischen Harpagon und Mariane verhindern, doch wäre ohne die Zustimmung Harpagons zu der
Doppelheirat das glückliche Ende immer noch fraglich – und
wenn es trotzdem zu einer Heirat der beiden Paare käme,
wäre zumindest deren materielle Zukunft völlig ungewiß.
An dieser Situation kann auch die Erpressung Harpagons,
die Cléante durch den Diebstahl der Kassette in die Wege
leitet, allein noch nichts ändern. Zwar zeigt Harpagons
Reaktion auf diese Manöver erneut und auf äußerst drasti-
sche Weise, daß er sogar im Konflikt zwischen seinen eigenen Gefühlen und seinem Besitz vom Primat des Gelderwerbs nicht abgeht, doch erfolgt ja seine endgültige Zustimmung erst, als er auch sein ursprüngliches Ziel, nämlich die
Verheiratung seiner Kinder, ohne jede Kosten erreicht. Nur
das Vermögen des auf wunderbare Weise wiederaufgetauch-
ten Vaters, der sich gleich in seinen ersten Sätzen als ein
vollkommener Vertreter der Normen der *honnêteté* zeigt,
kann daher einen Schluß der Komödie bewirken, der die
glückliche Vereinigung der jungen Liebenden beinhaltet und
dennoch Harpagon nicht zu einem Abgehen von den von

---

136 Vgl. IV,1.
137 Die Funktion Anselmes ist in dieser Hinsicht strukturell analog zu der des
Enrique in der *École des femmes*, einem Stück Molières, das, von der Geizproblematik einmal abgesehen, in bezug auf die darin diskutierten Normen in
mancher Hinsicht dem *Avare* verwandt ist.

ihm vertretenen Normen zwingt. Harpagon muß nur auf seine Liebe verzichten – und diese bedeutet ihm nichts im Vergleich mit seinem Geldbesitz.

Diese Komplexität des Schlusses macht in einem anderen Sinne gerade seinen Realismus aus. Realistisch ist der *Avare* darin, daß Molière bis zum Schluß kompromißlos an der drastisch übersteigerten Charakterisierung Harpagons festhält, was die Bedrohlichkeit der darin zum Ausdruck kommenden Verhaltensweisen nachdrücklich verdeutlicht. Dieser Umstand unterstreicht die gesellschaftliche Bedeutung des kritisierten ökonomischen Denkens; er unterstreicht auch, wie außerordentlich prekär es ist, dagegen den implizit propagierten Verhaltensidealen der *honnêteté* zum Durchbruch zu verhelfen. Gegen die Durchsetzung wirtschaftlicher Interessen vermag nicht einmal der so mächtige König etwas, den Molière in einer ähnlich aussichtslos scheinenden Peripetie im *Tartuffe* als Retter einsetzt (aber dort geht es primär nicht um wirtschaftliche Interessen, sondern um ideologische Kontroversen). In dieser aussichtslosen Situation, die aber eben nicht aussichtslos bleiben darf, kann nur die Vorsehung helfen. Ihr Eingreifen hat damit strukturell genau dieselbe Funktion wie dasjenige des königlichen Offiziers, der am Schluß des *Tartuffe* im Auftrag des Königs alles zum Guten wendet: Eine in welchem Sinne auch immer »realistischere« Lösung des Konflikts wäre ohne ein zumindest teilweises Nachgeben Harpagons nicht möglich gewesen. Gerade dies aber ist aus der Anlage der Komödie heraus genauso undenkbar wie eine gütliche Einigung zwischen Orgon und Tartuffe. Molière steht hier wie auch bei einer ganzen Reihe anderer Komödienschlüsse vor einem Dilemma. Folgte er einem an der Realität orientierten Wahrscheinlichkeitskriterium, so müßte ein guter Teil seiner Komödien tragisch enden, denn so gut war es häufig um die Überzeugungskraft der in seinen Stücken positiv bewerteten Normen und Wertvorstellungen nicht bestellt – schon gar nicht, wenn einer Liebesheirat wirtschaftliche Interessen im

Weg standen. Stärker noch als bei anderen Autoren der
französischen Klassik ist jedoch bei Molière die Tendenz,
das Kriterium der Wahrscheinlichkeit als Postulat zu ver-
wenden: Wahrscheinlich ist dann nicht so sehr das, was
möglich ist, sondern das, was sein soll. Wenn man sich nun
an die in Abschnitt 2 dieses Nachworts ausgeführte Funktionsbestimmung des Komischen erinnert, so wird in diesem
Zusammenhang der utopische Anspruch des *Avare* deutlich:
In der Perspektive, in der das Stück konstruiert ist, bewirkt
die Vorsehung, daß dem Verhaltensideal der *honnêteté* eine
höhere Wahrheit zukommt als der ökonomischen Rationalität.

Gegen die dominanten Tendenzen der wirtschaftlichen Entwicklung seiner Zeit entwirft der unwahrscheinliche Schluß
des Stücks also den utopischen Triumph eines Normensystems, das Molière in der konfliktreichen gesellschaftlichen
Bewegung seiner Zeit offenbar als einzig mögliche Alternative für das Bürgertum erschien. Obwohl vom König in
diesem Stück nirgends die Rede ist, kann man vielleicht
schon in der gewaltsamen Art, in der diese Utopie verwirk-
licht wird, einen Anhaltspunkt für einen wachsenden Skep-
tizismus Molières gegenüber der Politik des Königs sehen,
auf die er zu Beginn seiner großen Erfolge weit mehr gebaut
hatte. Es war schon die Rede davon, daß auch der im
gleichen Jahr gespielte *Amphitryon* ähnliche Schlußfolgerungen nahelegt, Schlußfolgerungen, die in ganz anderer
Weise auch aus dem bösartigen Spott des ebenfalls 1668
entstandenen *Georges Dandin* gezogen werden können.
Nicht nur auf Grund seiner persönlichen Erfahrungen mit
dem über vier Jahre verbotenen *Tartuffe*, sondern auch
wegen der Tendenzwende in der Politik der Monarchie hat
das Urteil Antoine Adams über diese Periode seine Berechtigung: »Molière, pendant quelques années, a failli devenir
amer.«[138]

138 Adam, *Histoire de la littérature française au XVIIe siècle*, Bd. 3, S. 370
(»Einige Jahre lang wäre Molière fast verbittert geworden«).

Die in diesem Nachwort immer wieder betonte Zeitgebun-
denheit von Thematik, Struktur und Ablauf des Stückes
muß man gerade dann bedenken, wenn man die Frage stellt,
welche Bedeutung der *Avare* für die Gegenwart hat. Diese
Bedeutung kann schwerlich, soviel sollte deutlich geworden
sein, mit einem vorgeblich überzeitlichen Fortwirken der
klassischen Werke der Literatur begründet werden. Gültigkeit hat der *Avare*, wie so viele als klassisch angesehene
Werke der Literatur, gerade dann, wenn man seine Zeitge-
bundenheit erkennt, wenn man also erkennt, wie darin einer
bestimmten, gesellschaftlich problematischen Situation in
einer artistischen Konstruktion ein utopisches Ideal menschlicher Verkehrsformen abgewonnen wird.[139] Bei aller Zeit-
gebundenheit dieser Utopie sollte dabei nicht vergessen
werden, daß der unbedingte Vorrang ökonomischer Rationalität in unserer gesellschaftlichen Gegenwart weit bedroh-
licher geworden ist, als er es in einer Zeit war, in der sich
ihren bei weitem noch nicht voll zur Entfaltung gekomme-
nen Formen nicht nur in der Literatur die Hoffnung auf
deren Überwindung entgegensetzen ließ.

---

139 Vgl. dazu die einleitenden Überlegungen Erich Köhlers in seinem Aufsatz
»Über die Möglichkeiten historisch-soziologischer Interpretation«, in: E. K.,
Esprit und arkadische Freiheit, Frankfurt a. M.: Athenäum, 1966, S. 83 ff.

Literaturhinweise

Texte, Quellen und Dokumente

Œuvres de Molière. Nouvelle édition. Hrsg. [...] von Eugène Despois und Paul Mesnard. 13 Bde. Paris: Hachette, 1873–1900.

Molière: Œuvres complètes. Hrsg. [...] von Georges Couton. 2 Bde. Paris: Gallimard, 1971–72. (Bibliothèque de la Pléiade.). [Zit. als: OC.]

Adam, Antoine (Hrsg.): Les premières satires de Boileau. Genf: Slatkine Reprints, 1970. (Lille ¹1940.)

Boisrobert: La Belle Plaideuse. In: Edouard Fournier (Hrsg.): Le Théâtre français au XVIe et XVIIe siècles. Genf: Slatkine Reprints, 1970. (Paris ¹1871.)

Chappuzeau: La Dame d'intrigue. In: Victor Fournel (Hrsg.): Les Contemporains de Molière. Bd. 1. Genf: Slatkine Reprints, 1967. (Paris ¹1863.)

Clément, Pierre (Hrsg.): Lettres, mémoires et instructions de Colbert. Bd. 2,1. 2,2. Paris: Imprimerie impériale, 1861.

Eckermann: Gespräche mit Goethe. Hrsg. von Heinrich H. Houben. Wiesbaden: Brockhaus, ²⁵1959.

Furetière: Le Roman bourgeois. In: Antoine Adam (Hrsg.): Romanciers du XVIIe siècle. Paris: Gallimard, 1958. (Bibliothèque de la Pléiade.)

Mélèse, Pierre: Répertoire analytique des documents contemporains d'information et de critique concernant le théâtre à Paris sous Louis XIV, 1659–1715. Paris: Droz, 1934.

Molière jugé par ses contemporains. Hrsg. von Auguste Poulet-Malassis. Genf: Slatkine Reprints, 1967. (Paris ¹1863.)

Montgrédien, Georges (Hrsg.): Recueil des textes et des documents du XVIIe siècle relatifs à Molière. 2 Bde. Paris: Éditions du CNRS, 1965.

Savary, Jacques: Le Parfait Négociant. Paris: Louis Billaine, 1675.

Stendhal: Racine et Shakespeare. Hrsg. von Roger Fayolle. Paris: Garnier-Flammarion, 1970.

Über L'Avare und allgemeine Darstellungen zu Molière

Albanèse, Ralph: Argent et réification dans l'*Avare*. In: L'Esprit
    créateur 11 (1981) S. 15–30.

Baader, Renate (Hrsg.): Molière. Darmstadt: Wissenschaftliche
    Buchgesellschaft, 1980. (Wege der Forschung. Bd. 256.)

Bray, René: Molière, homme de théâtre. Paris: Mercure de France,
    1959.

Görschen, Fritz: Die Geizkomödie im französischen Schrifttum. In:
    Germanisch-Romanische Monatsschrift 25 (1937) S. 207–224.

Gutwirth, Marcel: The Unity of Molière's *Avare*. In: Publications
    of the modern Language Association 76 (1961) S. 359–366.

Hayer, Horst-Dieter: Die Komödien Molières und ihr sozialer
    Träger. In: Rolf Kloepfer [u. a.] (Hrsg.): Bildung und Ausbil-
    dung in der Romania. Bd. 1. München: Fink, 1981. S. 59–77.

Hubert, James D.: Theme and Structure in *L'Avare*. In: Publica-
    tions of the Modern Language Association 75 (1960) S. 31–36.

Jauß, Hans Robert: Molière. *L'Avare*. In: Jürgen v. Stackelberg
    (Hrsg.): Das französische Theater vom Barock bis zur Gegen-
    wart. Bd. 1. Düsseldorf: Bagel, 1968. S. 290–310.

Müller, Franz Walter: Molière und die Anciens. In: Romanistisches
    Jahrbuch 10 (1959) S. 119–146.

Nerlich, Michael: Notizen zum politischen Theater Molières. In:
    Lendemains 2 (1976) Nr. 6. S. 27–61.

Stenzel, Hartmut: Molière und der Funktionswandel der Komödie
    im 17. Jahrhundert. In: Lendemains 7 (1981) Nr. 22. S. 63–77.

– Adelskritik und Atheismusproblematik. Zur widersprüchlichen
    Einheit von Molières *Dom Juan*. In: Romanistische Zeitschrift für
    Literaturgeschichte 7 (1983) S. 319–352.

Tout sur Molière. [Sonderband der Zeitschrift *Europe*.] Paris
    1976.

Walker, Henry: Action and Ending of *L'Avare*. In: French Review
    34 (1960) S. 531–536.

Zilly, Berthold: Molières *L'Avare*. Die Struktur der Konflikte.
    Rheinfelden: Schäuble, 1979.

Zur Literatur- und Geistesgeschichte im 17. Jahrhundert

Adam, Antoine: Histoire de la littérature française au XVIIe siècle. 5 Bde. Paris: Del Duca, 1952 [u. ö.].

Köhler, Erich: Vorlesungen zur Geschichte der französischen Literatur. Klassik II. Stuttgart: Kohlhammer, 1983.

Krauss, Werner: Über die Träger der klassischen Gesinnung im 17. Jahrhundert. In: W. K.: Gesammelte Aufsätze zur Sprach- und Literaturwissenschaft. Frankfurt a. M.: Klostermann, 1949.

Lough, John: Paris Theatre Audiences in the Seventeenth and Eighteenth Centuries. Oxford: Oxford University Press, [3]1972.

Nerlich, Michael: Kritik der Abenteuerideologie. 2 Bde. Berlin: Akademie-Verlag, 1977.

Papin, Claude: Le Sens de l'idéal de »l'honnête homme«. In: La Pensée 104 (1962) S. 52–83.

Szondi, Peter: Die Theorie des bürgerlichen Trauerspiels im 18. Jahrhundert. Frankfurt: Suhrkamp, 1973.

Thoma, Heinz: Literatur – Didaktik – Politik: Zur Rezeptionsgeschichte der französischen Klassik. In: Rolf Kloepfer [u. a.] (Hrsg.): Bildung und Ausbildung in der Romania. Bd. 1. München: Fink, 1979. S. 165–185.

Zur Sozialgeschichte des 17. Jahrhunderts

Bouvier, Jean / Germain-Martin, Henri: Finances et financiers de l'Ancien Régime. Paris: P.U.F., 1964.

Delumeau, Jean: Le Commerce extérieur français au XVIIe siècle. In: XVIIe Siècle 70/71 (1966) S. 81–107.

Dessert, Daniel: Finances et société au XVIIe siècle. À propos de la chambre de justice de 1661. In: Annales. Économies, Sociétés, Civilisations 4 (1974) S. 847–882.

Gaudemet, Jean: Legislation canonique et attitudes séculières à l'égard du lien matrimonial au XVIIe siècle. In: XVIIe Siècle 102/103 (1974) S. 15–30.

Goubert, Pierre: Louis XIV et vingt millions de Français. Paris: Fayard, 1966.

Hauser, Henri: Les débuts du capitalisme en France. Paris: F. Alcan, 1927.

Hook, Jochen: Structures de l'échange et mentalités marchandes. Les Marchands de Rouen 1650–1750. In: Studies on Voltaire and the Eighteenth Century 83 (1983) S. 27–49.

Mandrou, Robert: La France au XVIIe et XVIIIe siècles. Paris: P.U.F., 1974.

– Staatsraison und Vernunft 1648–1775. Berlin: Propyläen, 1976.

Martin, Germain Louis / Bezançon, Marcel: Histoire du crédit sous le règne de Louis XIV. Paris: Larose-Tenin, 1913.

Mousnier, Roland: La Venalité des offices sous Henri IV et Louis XIII. Paris: P.U.F., ²1971.

Murat, Inès: Colbert. Paris: Fayard, 1981.

Rémond, André: Economie dirigée et travaux publics sous Colbert. In: Revue d'histoire économique et sociale 37 (1959) S. 295 bis 327.

Rothkrug, Lionel: Critique de la politique commerciale et projets de réforme de la fiscalité au temps de Colbert. In: Revue d'histoire moderne et contemporaine. 8 (1961) Nr. 2. S. 81–102.

Sée, Henri: Que faut-il penser de l'œuvre économique de Colbert? In: Revue historique 52 (1926) S. 181–194.

Inhalt

Reclam – Weltliteratur

Textausgaben
von der Antike bis heute

Textsammlungen, Reader

Lexika

Einführungen

Interpretationen

Literaturgeschichte

Das komplette Programm und Detailinformationen
zu jedem Titel recherchieren und bestellen unter
www.reclam.de

Reclam